Ferdinand Gustav Kühne

Deutsche Charaktere

Fichte, Jean Paul, Schleiermacher und weitere

Ferdinand Gustav Kühne

Deutsche Charaktere
Fichte, Jean Paul, Schleiermacher und weitere

ISBN/EAN: 9783742893666

Hergestellt in Europa, USA, Kanada, Australien, Japan

Cover: Foto ©ninafisch / pixelio.de

Manufactured and distributed by brebook publishing software (www.brebook.com)

Ferdinand Gustav Kühne

Deutsche Charaktere

Inhalt.

	Seite
I. Jean Paul	1
II. Ludwig Tieck und die Romantiker	65
III. Heinrich v. Kleist	135
IV. Fichte	197
V. Schleiermacher	239
VI. Arndt	291
VII. Uhland	325

I.

Jean Paul.

Kühne, Deutsche Charaktere. IV.

I.

Jean Paul.

Am 21. März 1863 feierten wir den hundertsten Geburtstag Dessen, der lange Zeit hindurch unter den deutschen Dichtern als der deutscheste galt. Es war nicht wie bei Schiller die in ihrer Gesammtheit sich fühlende Nation, die den Tag feierte; litterarische Gesellschaften, Lehrer- und Turnvereine begingen die Feier, auch wohl im Stillen einzelne Frauenkreise, obschon das vestalische Feuer am Altar verschwisterter Logen nicht mehr so schwärmerisch heiß wie ehedem für ihn loderte. Als er starb, 1825 den 14. November, da war es Börne gewesen, der in seiner Grab- und Trauerrede den Cultus der Deutschen für ihn noch einmal in glühender Begeisterung zusammenfaßte, derselbe Börne, der gegen Goethe in dessen Verhalten zur Nation scharfe Lanzen brach, selbst gegen den Dichter der Freiheit, gegen Schiller, bittern Widerspruch erhob. Ein Hoherpriester, rief er, sei uns in Jean Paul gestorben, das Jahrhundert werde zur Neige gehen und die Sonne nicht wieder Seinesgleichen sehen!—Aber die Kritik der Neuzeit hatte schon vielfach an seiner Größe gemäkelt, das Postament, auf dem sein Bildniß stand, untergraben. Heine hat ihn den „confusen Polyhistor von Baireuth" gescholten, und eine Fremde, Frau v. Staël, ihn den eingefleischten deutschen Kleinstädter, wenn auch einen genialen, genannt. Und wenn im Mittelalter bei jeder Heiligsprechung ein Advocatus diaboli mit Versuchen zur Schmähung nöthig war, so war hier in beiden Fällen die Kritik sehr thätig gewesen, schönseligen Schwärmern das Idol ihres eignen Wesens, wo nicht zu stürzen, doch zu schmählern. Jedes seiner Werke gewährt uns den Anblick einer gestrandeten Flotte, keines ist mit Takelwerk, Steuer, Ruder und Kompaß segelfertig und seetüchtig, oder sticht es in See, um ein großes Ziel in großen Bahnen zu erreichen, so läuft es mit geschwollenen Segeln nur aus, um steuerlos ins Weite zu irren, zwischen Klippen zu scheitern, oder schiffbrüchig in einem Nothhafen anzulegen.—Das ist nur ein Bild; aber wer wie Jean Paul in Bildern denkt, in Bildern schwelgt, muß auch in Bildern begriffen werden. Wir rechtfertigen nicht gern und nicht ganz damit Heine's Wort über ihn. Aber dies Wort trifft den Künstler im Poeten Jean Paul, und ein Dichter will und soll auch Künstler sein, und als solcher nicht blos Musiker, auch Architekt. Ohne die aufgelöste Form seiner Werke können wir uns allerdings Jean Pauls Wesen gar nicht denken. Dann aber wird die Anklage zur Wehklage, und diese trifft dann nicht blos ihn, sondern, wenn er wirklich der Deutscheste der Deutschen, das Deutschthum selber in seiner Ohnmacht, sich aus Zerflossenheit und Verwilderung in feste, sichere, gesunde Form zu retten. Und wenn er als „genialer

Kleinstädter" der deutscheste Dichter ist, so betrauern wir, daß in solchem Kuhschnappel, wie er am liebsten seine mannichfachen Krähwinkel nennt, das Beste und Tiefste vom deutschen Leben Gefahr drohte zu verkümmern. Er war tief, dieser Dichter, aber seine Tiefe grenzt ans Bodenlose. Er war groß, dieser deutsche Dichter, ob er schon keinen Vers machen konnte; seine Rede war schranken- und bandenlose Rhythmik, als nähme das Roß Pegasus sich am schönsten aus, wenn es durchgeht. Kein Dichter ist ohne Plastik denkbar, und doch schien Mutter Natur einmal in Jean Paul eine Ausnahme machen zu wollen. Aber auch wenn sich in ihm nun Dichtungen gestalten sollten, die rein als Musik zu nehmen wären, so halten seine Werke sogar auch selten die Form von Symphonien fest, sie geben, auch als Musik genommen, lieber nur Phantasie'n über ihr Thema, als daß sie dies Thema gestalten und erledigen. Zu Versen gehört nicht blos Ton-, sondern auch Baukunst. Jean Pauls Polymeter und Streckverse sind schäumend aufgelöste Dithyrambensprache ohne Maß, Form und Halt. Es ist viel Musik in seiner Prosa, aber er ist ein Musiker, der für die Singstimme nicht setzen kann, seine Orchesterrhythmen stürmen sprachlich und logisch bandenlos einher und seine Harmonistik möchte gern alle, auch die muthwillig und spielerisch aufgenommenen Dissonanzen lösen, kommt aber bei dem Wust aus allen Ecken und Enden der Welt zusammengestapelter Gelehrsamkeit doch nicht aus dem Brei der Auflösung heraus. Die einfachste Idylle verbrämt und verschachtelt er mit Einfällen aller Weisen und aller Narren der Welt.

Die klarste Scene eines simplen Lebens, die er zeichnet, erdrückt er mit Arabeskenschnörkeln. Der beste Humor seines Herzens erlahmt an dem Gewusel seiner gelehrten Citate, sein Schiff geht entweder unter am Ballast seiner Ladungen, oder an der Quertreiberei zwischen Steuer und Ruderstangen. Es ist nie Unsinn in seinen Witzen, aber ihr gelehrter und gequälter, oft geschmackloser Tiefsinn grenzt an den Wahnwitz der „Erlustigungen" unter der Hirnschaale seiner Riesin. Seine Phantasie war diese Riesin, diese Polyphema, die er selber schildert; sein Ungeschmack in Curiositäten ist ebenso riesenhaft. Das „harmlose Wetterleuchten" seiner Einfälle, um ein Shakspearisch Wort zu brauchen, ist doch oft nur ein müßiges Feuerwerk, und wenn der Witz, statt zur Hochzeit ein Polterabendfest zu geben, blos eine Polterkammer von Seltsamkeiten liefert, so taugt er nicht.*)

*) Zu Jean Pauls sprachlichen Manierirtheiten gehört auch in seiner Rechtschreibung die Tilgung des s in zusammengesetzten Doppelwörtern; er schimpfte gegen die „S-Krätze" in der deutschen Sprache. Den englischen Besitz-Genitiv, z. B. in Kingsbench, hält er für gerechtfertigt, denn das s gebühre dem Zeugungsfalle. Dann ist aber auch Landsmann, zum Unterschied von Landmann, gerechtfertigt. Jean Paul läßt auch diesen Unterschied bestehen, aber er will dann Lands Mann geschrieben wissen.—Klopstock seiner Zeit verlor sich in grammatikalischen Pedanterien, Jean Paul in Willkür und eigensinniger Sonderbarkeit. Die Sprache ist nicht sowohl ein logischer, als ein vegetativer Organismus. Die Laune der Natur hat auch ihr Recht in ihr, das s ist nicht angeklebt und eingeflickt, es besteht, auch wenn es keinen Besitz-Genitiv ausdrückt, kraft des Rechts der Vegetation, als freie Bereicherung, als Schmuck und Zierrath, so daß wir poetisch und prosaisch wechselnd sagen können: Bergesgipfel und Berggipfel. Die Häufung der s-Genitive führt freilich auch zu Monstren. Bundestagsversammlung z. B. statt Bundtagver-

Jean Paul war, wie ihn schon äußerlich seine Geburt in der Wende zwischen Winter und Lenz dazu machte, ein ewiger Frühlingsmensch. Die schönen Seelen, sagte er, sind Bienen, sie suchen nach Blüthen und Blumen; nur die garstigen Seelen, die Wespen, gehen nach den Früchten! Er gab den Apfel jederzeit gern hin für die Apfelblüthe, und hat dies doch, sich selbst bespöttelnd, zu seinen „Jugendeseleien" gezählt. Sein eigner Witz war immer das beste Correctiv gegen seine verschwimmenden Phantasien. Just wenn er am glühendsten schmolz und ätherisch verduftete, warf er seinen Gedanken und Empfindungen am liebsten gleichsam den Knüppel zwischen die Beine, dergestalt, daß seine Ideale in ihrem stolzesten Gange über Erbärmlichkeiten in der wirklichen Welt stolperten. Am liebsten war ihm, wenn er mit seinen idealen Gestalten gar nicht zu gehen brauchte, weder auf Vers-, noch auf andern

sammlung hat zwei s, weil zwei Zeugefälle, und — erzeugte doch selten etwas! Warum soll aber das Monstrum blos in der Sache, nicht auch im Worte liegen? Und nicht blos das s, auch n und en verhilft unsern Doppelwörtern zur angenehmen Zierde im Klang, wie in Blumenpfad statt: Blumpfad. Thiersch seiner Zeit entgegnete Jean Paul, die Sprache sei weiser als Jeder von uns. Das wohl nicht, aber freier, gemächlicher und zu unserem Besten regelloser. Logisch in rechthaberischem Sinne entsteht und wächst keine Geburt im Mutterleibe. Auch gehen wir oft in der Sprache in den Kleidern unserer Eltern einher; schlottern die Falten um unsere Glieder, so dürfen wir sie uns wohl zurechtschneiden und anbequemen, aber doch mit Pietät; niemand wird sich leicht aus den Hosen seines Großvaters eine Narrenkappe machen, so nöthig ihm solche auch wäre. Friedrich der Große schlug zur phonetischen Verbesserung unserer eintönig in en auslaufenden Zeitwörter vor, ihnen ein a anzuhängen, statt reden zu sagen: redena. Welcher Aberwitz allerdings eine Narrenkappe verdiente, wenn auch nicht aus Großvaters Hosen.

Füßen; am liebsten war es ihm, zu fliegen, aber die Schwingen erwiesen sich ihm selber oft genug als wächsern, und wenn diese an der Sonne schmolzen, fand er sich plötzlich aus allen seinen Himmeln auf die gemeine platte Erde versetzt, fühlte sich freilich auch da im Winkel und im feuchten Erdenstaube, wenn auch mitunter verzweifelt wohl, meist aber weich und warm gebettet und befruchtet wie wenn sanfter Frühlingsregen die harte Winterscholle durchdringt. Dieser Frühlingsregen war sein Thränenthau, den er so gern, und so überselig weinte. Er war, so rein und keusch wie Keiner, ein Hoherpriester, der zugleich wie ein Kind mit dem Verlornen weint, ein Priester, der den Unglücklichen an sein Herz drückt, ihn Bruder nennt, wenn er ihn rettet, segnet und erlöst. Er war wie Keiner ein Hoherpriester des Frühlings und der Frömmigkeit. Die Wörter Frühling und Frömmigkeit waren ihm wie Freude und Friede die liebsten Allitterationen; reimen konnte er nicht, bei ihm war Alles ungereimt, aber auf Anklänge und Anreime gab er sehr viel, wie denn auch seine Werke bedeutsam groß und schön in ihrem Wurf und Anlauf sind, um unharmonisch, ungereimt, oder gar nicht zu enden. Morgen- und Abendroth hat dichterisch niemand so wie Jean Paul gemalt. Aber auch nur das. Und bei diesem magischen Scheine der auf- und untergehenden Sonne war ihm die Goethesche klare helle Mittagssonnenwelt entzogen, die ganze Er: gleichsam — um mit ihm falsche Bilder zu brauchen — in Webstuhl rosenrother Nebelträume. Ueber Träume kommt er nicht hinweg, und in Goethe ist Alles leuchtende Wirklichkeit. Selbst der Mensch in ihm, Friedrich Richter, war zum Menschen Goethe das leibhafte Gegenstück. Dieses polartigen Gegensatzes war er sich auch in der Auffassung von Welt und Leben bewußt; Musik steht immer der Plastik gegenüber. Seine „Wahrheit aus Jean Pauls Leben" begann er im höhern Alter mit einem Seitenhiebe auf Goethe's Dichtung und Wahrheit aus dessen Leben. Goethe stellte seine Person hin als das Erzeugniß der Elemente seiner Zeit. Jean Paul schalt ihn, daß er gefürchtet nichts übrig zu behalten, wenn er sich nähme was ihm die Verhältnisse gegeben; der Mensch, behauptet Jean Paul, sei sein eignes Licht, er bringe dies, er empfange es nicht. Und das sagte derselbe Autor, dessen polyhistorische Werke wie Sammeleien eben jenes Bienenfleißes aussehen, der aus den Fluren aller Zeiten und Zonen emsig in seine Zelle zusammenträgt, um Honig zu bereiten. Neben solchem Eigensinn der Ichsucht erscheint Goethe's Spinozistische Bescheidenheit, sich den Objecten der Welt unterzuordnen, bewundernswürdig. Aufrichtig naiv aber war auch persönlich Jean Pauls Eingeständniß im Gefühl des Gegensatzes zu Goethe, wenn er sagte, Diesem erscheine Alles bestimmt, in festen Linien, ihm aber Alles zerflossen. Goethe fühlte auf Reisen seine Sinne, namentlich sein Auge, erst recht geschärft; Jean Paul gestand, unter fremden Gegenständen verschwimme ihm Alles chaotisch; er reise durch Städte, ohne etwas zu sehen, für ihn hätten nur Gegenden mit unbestimmter Romantik einen Reiz. Seine mit der Phantasie gegebenen Schilderung der Borromäischen In-

seln und des Lago Maggiore im Titan ist viel gepriesen
worden; allein sie ist verschwommen und es giebt in der
dichterischen Landschaftsmalerei auch Uebertreibungen, die
man Caricaturen ins Schöne hinein schelten kann; das
Schönheitsgefühl kann in Schönseligkeit ausarten. Jean
Paul trug keine Brille, aber er griff zu Lupe und Fernrohr,
um die Dinge in engster Nähe und in weitester Ferne aufzufassen; was für den gesunden Sinn dazwischen lag, sah er
nicht. Auch sah er die Welt immer durch ein Prisma; somit
hat er stets Aurora- und Irisfarben im Auge. Auch Frauen
gegenüber, in der Liebe, war er der ewige Frühlingsmensch.
Sein Herz blieb im Stadium einer ewigen Bräutigams-
epoche; er verlor sich gern an allgemeine Liebeseligkeit,
selbst unter den Händen die ihn verhätschelten. Auch in seiner
„Liebeart" war er ein Gegenstück Goethe's bei dessen entschiedener Eroberungslust im Verkehr mit Frauen. Unverfälscht
reines Glück hat für ihn eigentlich nur die harm- und sorglose
Kindheitsepoche; und in der Erinnerung an sie haben wir, wie
er lehrt und in seinen schönsten Ergießungen sie feiert, eine zweite
Jugend, die er wie ein noch heiligeres Paradies festhält und
mit dem flammenden Schwerte des Engels schirmt. Das gelte,
sagt er, für den Menschen. Aufgabe des Dichters aber sei,
was Andere nur einmal im Leben erführen, stets zu sein,
nämlich verliebt. Das macht ihn zu diesem ewigen Bräu-
tigamsmenschen. Aber er liebte mehr die Liebe als deren Gegenstände. Als Dichter musicirt und phantasirt er lieber noch
über die Gestalten seiner Neigung, als daß er sie ins Leben

ruft und in Scene treten läßt. Und wo er nicht blos Musiker, sondern Maler ist, da läßt ihn der Stift zur Zeichnung doch meistens in Stich, er malt mit Regenbogenfarben oder taucht seinen Pinsel in Morgen- und Abendroth, um die Träume der Engel im Himmel, und auf der Erde die Träume der Blumen zu schildern, die Nachts den Kelch schließen, also schlafen und träumen. Selbst die Menschenseelen hielt er, wie ein indischer Priester, für Blumengeister; die animalischen Gewalten in der Menschenwelt kannte er wohl, aber wußte sie nicht zu schildern, blos zu verspotten. Kritik war ihm verhaßt, er schalt sie Zuchthausarbeit. Und wo er gegen sich selber Kritik übte, was er in seiner ehrlichen Wahrheitstreue nicht anders konnte, da erlebten seine Ideale aus ihrem Kothurnschritt plötzlich ihren possierlichen Soccusgang, fielen aus ihrem sonnenumsäumten Wolkensitz herab in den feuchten Staub des ärmsten, engsten Erdenwinkels. Das selige Lächeln der Kinder im Schlaf erläuterte er dann selber gern als eine bloße Säure im Magen. Seine barocken Humoristen vertreten uns diese Säure im Magen der modernen Menschheit, während seine idealen Gestalten das Lächeln sind, das über ein Kinderantlitz flattert. Und jene Sonderlinge seiner komischen Ader sind uns fast noch mehr Zeugnisse seiner Schöpferkraft; das Glück in der Hütte des Elends und der Armuth, die Seligkeit im beschränkten Winkelleben seiner Schulmeister, Dorfpfarrer und Armenadvocaten, hat er jedenfalls wahrer und mit mehr plastischer Gestaltenkraft gezeichnet, als seine verduftenden Idealfiguren. Er war und ist hier als ein dichte=

rischer Teniers weit mehr Künstler als wo er Glück und
Schmerz der hohen Schwärmer zeichnet, in deren Aether-
regionen ihm die Sonnenpferde seines geflügelten Denkens und
Empfindens durchgehen. Der Mensch, sagte Jean Paul, hat
hienieden nur zwei und eine halbe Minuten Zeit, eine
Minute zum Lächeln, eine zum Seufzen und eine halbe zum
Lieben; denn mitten in dieser dritten Minute stirbt er. Große
Seelen aber suchte, fand und schilderte er nicht in großen
Thaten; er erkannte sie nur an großen, oft ziel- und gegen-
standslos bleibenden Empfindungen und an der Einsicht in
die Nichtigkeit alles menschlichen Thuns. So besteht seine
Poesie nur in einer Flucht vor der Welt und allen ihren Erscheinungen und Gestalten. Sie ward zu einer Zuflucht der
Bedrängten, zu einer geheimen, stillen Nachtmahlsfeier für
müde Seelen, für bedrückte und gequälte Geister, für Alle die
mühselig und beladen sind. Unglückliche, die sich von der
Welt abwenden, weil sie an deren Gestaltung verzweifeln,
spielen in seinen ernsten Werken die Hauptrollen, auch un-
verschuldet Unglückliche, Schwindsüchtige, Blinde, Wahnsinnige. Sein Humor, dieser Nothbehelf, wo die Ideale zer-
flattern und nichtig werden, ist der Humor des weinenden
Herzens. Er selber sagt, der ächte Humor falle vom Verstande
ab, um vor der Idee das Knie zu beugen. Das thut eben
das betende Herz am liebsten, wenn es bankerott ist am
Glauben an die Welt, während Verstand und Vernunft die
Idee zu verwirklichen streben. Die Weltgeschichte war für ihn
kaum vorhanden, er war mit seiner Poesie, mit seinem ganzen

großen weiten Herzen auf die Gegenwart verwiesen, und diese Gegenwart, die er kannte und beherrschte, war eng und klein, nur die Begnüglichkeit und tiefe, anbetungsbedürftige Liebe wohnte in den Hütten und in den beschränkten Menschenherzen, die er schilderte. Die Geschichte der Menschheit, trat sie nicht ganz zurück aus seinem Denken und Fühlen, war ihm nur eine Rumpelkammer, aus der er sich blos Excerpte, Beispiele und Belege für seine Axiome holte. „Ich konnte", sagt er in der Vorrede zum Quintus Fixlein, „nie mehr als drei Wege, glücklich zu werden, auskundschaften. Der erste, der in die Höhe zieht, ist: so weit über das Gewölk des Lebens hinauszudringen, daß man die ganze äußere Welt mit ihren Wolfsgruben, Beinhäusern und Gewitterableitern von weitem unter seinen Füßen, wie ein eingeschrumpftes Kindergärtchen liegen sieht. Der zweite ist: gerade herabzufallen ins Gärtchen und da sich so einheimisch in die Furche einzunisten, daß, wenn man aus seinem warmen Lerchenneste heraussieht, man ebenfalls keine Wolfsgruben, Beinhäuser und Stangen, sondern nur Aehren erblickt, deren jede für den Nestvogel ein Baum, und ein Sonnen- und Regenschirm ist. Der dritte endlich, den ich für den schwersten und klügsten halte, ist der, mit den beiden andern zu wechseln".— Und in der That, er wechselte zwischen beiden, er flog entweder oder kroch; seine Gestalten konnten mit ihm nie aufrecht gehen.

Jean Paul war eine große Nothwendigkeit zur Entfaltung dessen, was am Deutschen das Deutscheste war. Die Muse unseres Volkes hatte lange genug französirt und hellenisirt. Ehe sie mit den Romantikern auch romanisirte und endlich orientalisirte, wollte sie sich am heimischen Heerde zu Krähwinkel noch ein Gütchen thun und die kaum noch glimmenden Kohlen dort schüren. Und aus dem Elend der nächsten heimischen Welt stiegen mit ihm ungeahnete Glückseligkeitsträume, an der fast erkalteten Feuerstelle Flammen auf, die der germanische Vestatempel hüten sollte. Jean Paul war ein nothwendiger Gegensatz zu unsern Classikern. Beim fortgesetzten Hellenisiren wären wir vielleicht Gefahr gelaufen im Terrorismus der Formen zu verknöchern, zu versteinern, oder hätten den deutschen Inhalt und was als Brot des Lebens noththut eingebüßt. Mit den Romantikern theilte Jean Paul weder den Rückfall ins Mittelalter, noch die Allerweltsrichtung der Windrose. Aber den nothwendigen Contrast zu Jenen bildete er wie Diese. Er seinerseits freilich kehrte in den Hütten des Elends ein und schilderte Lust und Leid des armen Volkes, das zu den Palästen der Großen in der goldnen Litteratur mit seinen Schmerzen und Freuden keinen Zugang fand. Darin war er und bleibt er groß, ein liebevoller, weinender und lachender Seelsorger, der den heimlich verborgenen Himmel des innern Glücks im tiefsten Jammer noch aufdeckt und predigt, den Wiedergewinn verlorener Paradiese im geknechteten Elend unserer Nation verkündigte. Für die Sabbathsfeier stiller reiner Seelen giebt es keinen bessern Priester. Ist er bei alledem eine Sonderlingsnatur, so kommt das auf Kosten des gewaltsamen Durchbruchs aufgestauter Elemente und versagter Rechte. Und wenn wir nachweisen

wollen, wie er geworden, aufdecken, was an ihm verfallen
und vergänglich, so müssen wir freilich wohl hindeuten
auf das was an der Zeit ist, aber auch eingedenk bleiben seines
eignen Spruches, daß die Sonnenuhr nicht die Sonne meistern
darf. Börne, Heine und Frau v. Staël hatten in ihren Auffassungen Jean Pauls sämmtlich Recht, aber Jeder nur sehr
einseitig. Er war ein Hoherpriester, er war ein confuser Polyhistor und ein genialer Kleinstädter, aber Alles zugleich und
in vollem Maße. Glücklicherweise hat er keine Schule gestiftet,
kein Nachgefolge, keine Nachahmer von Belang gehabt; er
steht in deutscher Litteratur- und Culturgeschichte als ein Uni-
cum da.

Hans Paul — warum ihn nicht bei seinem deutschen
Namen nennen, da es zu seinen Ungereimtheiten gehörte,
sich zu französiren? — Hans Paul Friedrich Richter ver-
lebte im Geburtsorte Wunsiedel nur die zwei ersten Jahre
seiner Kindheit. Sein Vater, bisher Schullehrer und Or-
ganist, wurde Dorfpfarrer in Jodiz. Dort war der Schauplatz von des Knaben erstem Stillleben und jenen Kindheits-
glückseligkeitsträumen, die er im Spiegel seiner Erinnerungen
und so oft in seinen Werken mit hinreißender Phantasie als
sein Paradies festhielt. Die Enge armseliger Bedürftigkeit
und die Begnügsamkeit seiner Seele bei einem brennenden
Wissensdurst des Geistes gab ihm den Haus- und Winkelsinn,
den er mit dem ganzen Zauber seiner Innigkeit geschildert.
Man wird feinhörig in der Stille; die Fühlfäden der Seele
umziehen in der Einsamkeit die ganze, nie gesehene, nur er-

träumte Welt. Und er war auf seiner Glückseligkeitsinsel wie ein Robinson Crusoe ganz auf seine eigne Hand verwiesen, mußte als Autodidakt sich Alles aus den rohesten und einfachsten Anfängen erringen. Das macht Urmenschen, aber auch Sonderlinge, jedenfalls ein Original. Das eigene Erlebniß, das nächste Thatsächliche, das der Tag im Kleinleben bringt, erhielt mehr Werth für Jean Paul, als was der Schooß der Jahrhunderte an Großthaten bietet. Die Geschichte mit dem ganzen Reichthum der Vergangenheiten war ihm nur dazu da, um aus ihr für seine Axiome, Glaubenssätze und Idiosynkrasien sein Rüstzeug, oft staubiges und rostiges, zu anekdotischen Beweisführungen mühsam hervorzuholen. Das classische Alterthum war ihm nicht viel, und während die Dioskuren unserer „goldnen" Litteraturepoche sich an die Antike zu verlieren, oder vom Schooß des Volksthums abzuirren Gefahr liefen, mußte eben im Reiz des Gegensatzes aus der eingepferchten Enge des Winkellebens ein stiller Genius langsam erwachsen, der nichts hatte, nichts verstand, nichts umfaßte als deutsches Elend, deutschen Schmerz und deutsche überschäumende Liebe. Ihm gab die Antike keinen Formensinn, aber auch die Sehnsucht der Romantiker, sich kopfüber in deutsches Mittelalter zu stürzen, theilte und verstand er nicht. In ihm war nichts lebendig als das Herz, und das Herz greift zum Allernächsten, schneidet aus dem nächsten Busch seine Pfeifen und gleicht in seiner Begnügsamkeit jenem stillen Naturforscher, dem der Strohhalm ausreichte, um Gott zu erkennen, während ein Astronom gestehen mußte, er habe den ganzen Himmel durchforscht und Gott nicht gefunden. Jean Paul fehlte, wie gesagt, die classische Bildung. Der Vater ließ ihn streng arbeiten, aber chaotisch, Alles durcheinander. Formenlehre, Zeichnenkunst fehlten ganz in seinem Jugendunterricht. Für die Plastik antiker Kunst eignete er sich erst spät als Mann im Gefühl dessen was ihm fehlte, eine Erkenntniß an, die nicht weiter die Genesis seiner Natur bestimmen half. Die Tonkunst war die Seele seiner Poesie, die Werkmeisterin seiner Gedanken und Gefühle. Dabei übte er technisch Musik nie aus, kannte keine Note. Der Knabe Hans Paul erhielt von seinem clavierfertigen Vater keine Anweisung, in die Tasten zu greifen, aber er trommelte trotzdem auf einem klimperigen Starkleisekasten seine kindischen Phantasien ab. In gleicher Weise schrieb er als Autodidakt seine Werke. Ein großer Herzensdrang gab ihm einen großen Plan, aber er vergriff sich in der Ausführung, verlor den Faden, nestelte viele durcheinander und endete mit dem Bankerott aller seiner Entwürfe. Er spottete auf die geregelten Parkanlagen in den Goetheschen Dichtungen. Seine Bücher sollten ganz naturwüchsig sein, und seine Curiositätensucht trieb ihn mit seinen Gedanken und Empfindungen in die Wildniß. Schon als Knabe träumte er sich in Alles hinein, was er lernen sollte. Um den großen Kutschkasten des Ofens in der Joditzer Familienstube liefen zwei Bänke; dort hat er, still gedrückt, aber in seinem Gott vergnügt, seine ersten Gedankeneier ausgebrütet. Und wenn er später dort nicht mehr hockte, sich aufraffte und gehen lernte, so ward und blieb er doch in unserer Dichtkunst der große seltsame Nachtwandler. Schon früh gewöhnte er sich, als Schutzmittel gegen Sorgen, Noth und Bedrängniß, heimlich ein Andachtsbüchlein zu führen, in welchem er ascetisch nicht blos sich selbst beobachtete, sondern auch, wie ein Fetischanbeter, jedes Steinchen im Wege, das ihm Anstoß geben mußte zum Nachdenken über Gott und Unsterblichkeit. Sind doch seine größten Werke nur ebenfalls solche Tagebücher geblieben, und man klagt über die Gefahren der Selbstpeinigung solcher Tagesbekenntnißbücher. Nahm sein Empfinden eine weitere Form an, so war es die Form des brieflichen Ergusses. Er selber nannte seine Schriften erweiterte Briefe, subjective Geständnisse, die er an die Welt richtete, an die Menschheit, die er im Rausch seiner Allerweltsliebe wie einen Bruder an sein Herz drückt.

Schon im Knaben entfaltete sich seine Sammelwuth, aus allen Ecken und Enden der Welt Notizen aufzustapeln und Zettelkasten anzulegen. Er plünderte die Gebiete aller Wissenschaften, um für Nothfälle Belege zur Hand zu haben. Sein Fleiß war fabelhaft, aber ungeordnet. Eh' er auf die Hochschule ging, hatte er, beim nomadenhaften Herumschweifen seiner Studien, schon zwölf Quartbände Notizen aus seiner Lectüre beisammen. Seine eignen Bücher wurden ebenfalls damit zu Speichern, wo freilich der Reichthum gegen alle Ordnung streitet. Ueber seine Collectaneen legte er sich förmliche Register an, um in jedem Falle über alles Einschlagende, über alle Einfälle der ganzen Welt gebieten zu können. So ward jedes seiner Bücher zu einer Blumenlese, jedes seiner Werke ein Kaleidoskop. Und er war sein eigener Calculator, der das Repositorium seiner Allwisserei registratorisch nachschlug und — oft genug pedantisch, gesucht und geschmacklos — ausbeutete. Solche Quartbände voll pikanter, ironischer Bemerkungen, fremd und eigen, brachte er in der Zahl auf Zwanzig. Dieser Hang zu Witzen war seine einzige Ausschweifung im Leben und Denken. Diese Sammelwuth machte ihn zum stupenden Polyhistor. Armuth machte ihn als Leipziger Studenten zum Schriftsteller. Schon in Hof hatte der Gymnasiast mit der bittersten Noth gekämpft; der hungernde Musensohn, der in Leipzig 1781, in Lessings Todesjahr, sein Triennium begann, gestand, sein Abendbrot meist für sechs Pfennige bestritten zu haben, während es auch Mittags keinen Freitisch für ihn gab. Der Tod seines Vaters hatte plötzlich die gänzliche Verarmung der Familie zur Folge. Einer seiner Brüder suchte in den Fluthen einen freiwilligen Tod, um nicht den Nothstand der Mutter zu vermehren, ein anderer ging moralisch anderweit verloren. Das färbte schwarz und düster genug des akademischen Jünglings Sinn und Gemüth. Und statt frei studieren zu können, mußte er auf Broterwerb sinnen. Er zwang sich zur Anlage einer „satyrischen Essigfabrik." So nannte er selber den gezwungenen Humor seiner ersten Periode, während es doch eigentlich sein gutes Herz war, das ihm den ächten Humor gab. Er ward in seiner bittern Noth, wie Horaz und Martial, zum Satyriker. Schon in seinem achtzehnten Jahre, in der ersten Leipziger Studienzeit, schrieb er, nach Erasmus, ein „Lob der Narrheit", das er in sein erstes Werk verarbeitete. Er bekam (von Voß in Berlin) Honorar dafür, aber doch nicht genug, um nach einer Spende an die arme Mutter seine Schulden decken zu können. Er entwich heimlich von Leipzig, wenige Monate bevor Schiller in der Pleißestadt einzog, wo ihm Freunde einen Rettungshafen eröffneten. Ein Jahr nach Schillers Räubern erschienen anonym Jean Pauls „Grönländische Processe", sein erstes Werk, das, gesucht, geschraubt und frostig, weder ihn noch die Welt erquicken konnte. Sechs Jahre lang hat er dann kümmerlich, „ohne Halsbinde und ohne Zopf," was er selbst so komisch beklagte, in Hof gelebt, gemeinsam mit der Mutter, die sich ihr Brot mit Spinnen erwarb, getreu mit ihr am Hungertuche nagend. Dreizehn Jahre lang ist er auch mit seinen nächsten Schriften in der Litteratur noch ein dunkler Mann geblieben. Für seine trostlose „Auswahl aus des Teufels Papieren", die nur ein armer Teufel so widerwärtig verschroben ersinnen und zusammenstellen konnte, erhielt er ebenfalls Honorar, 2½ Thaler für den Bogen, aber in so schelmisch beschnittenen Goldstücken, daß ein gut Theil von der Summe schwand. Auch den Stoff und die Gestalten zu seinen Büchern mußte er sich sehr mühsam erwerben. Er ward Hofmeister auf dem Lande, dann Schulmeister im Marktflecken Schwarzenbach. Das Leben eines Landpfarrers war die idealste Realität, die er kennen lernte; aus dieser Sphäre und aus der Schulstube stammen seine besten Gestalten, sein Schulmeisterlein Wuz, sein Quintus

Fixlein, sein Fibel. Sein Jubelsenior, sein Leben eines schwedischen Pfarrers, das sind die Perlen, die ihm das arme Dasein an den Strand warf, — Perlen freilich, wie sie ein Krösus selten besitzt. Ich zweifle, ob er ein guter Präceptor gewesen, denn Herz und Phantasie gingen mit ihm durch und der Verstand klepperte mühsam hinterdrein. Auch griff er wieder zur Feder und suchte sich eine Schwinge daraus zu machen. Er wollte für die deutsche Menschheit Pädagog sein, und alle seine Bücher haben auch in der That den Anstrich pädagogischer Romane. Nach seiner Schulmeisterzeit hat er eine Zeitlang zum zweiten Male in Hof bei der Mutter gelebt und dort bis zu deren Tode ausgehalten. In Leipzig schrieb er dann, pseudonym als Hasus (1794), seine „Mumien oder die unsichtbare Loge." Wilhelm Meisters Lehrjahre mochten mit ihrem Plan, von einer geheimen Loge aus die Menschen zu erziehen, den Anreiz dazu gegeben haben, so sehr auch die barocke Art der confusen Durchführung des Plans in Jean Pauls bizarrer Manier von aller hellen Mittagssonne Goethescher Beleuchtung weit abliegt. An verborgenen Drähten soll das Schicksal der Menschheit pädagogisch geleitet werden. Held Gustav wird von einem Herrnhuter in einer Katakombe erzogen. Zu seinem Aufgange an den hellen Tag der Erde wird er wie zu seinem Tode vorbereitet, und so hält er die leuchtende Welt, die ihm mit ihrem Sonnenglanz, Sterngefunkel und Blumenthau plötzlich aufgeht, in der That für ein Land Jenseits, für den Himmel, in den er, dem Erdengrab entstiegen, eintritt. War doch

Hans Paul selber bisher wie in einer dunklen unterirdischen
Höhle gefangen gehalten, durch Noth und Jammer vom
Glück der Sonnenwelt getrennt! Und der Ausbruch seiner
Schwelgerei und Schwärmerei für die Natur geschah gleich-
zeitig mit den Romantikern, der trocknen Wissenschaft, dem
hölzernen Kirchen- und Buchstabenglauben des Zeitalters
gegenüber. Sein Knabe Gustav ist jedoch in der unterirdischen
Zucht mit einem „feinen porzellanenen Leibe" angethan. Der
Vater Rittmeister wird toll, daß der Herrnhuter ihm den
Jungen ruinirt hat. Nicht einmal zu einem Feldprediger
tauge der Bube, denn ein solcher müsse auch fluchen können.
Gustav wird Cadett, und dann, statt Soldat, Secretär. Was
komisch in den Figuren und Situationen, ist von Wirkung; in der verhimmelnden Sentimentalität liegt aber bei
Jean Paul eine entnervende Verschwommenheit, eine Ver-
dunstung alles realen und wahrhaftigen Lebensgehaltes. Der
gute Gustav liebt Beaten, entsagt ihr aber, weil er ihrer
nicht würdig sei, und mit stillem Verzichten am besten das
Ideal der Liebe erreiche. Das Leben der Menschenwelt, dieses
Centrum, dieser Schooß der Wahrheit in Höhe und Tiefe, ist
in Jean Pauls verschrobener Auffassung gar kein Träger
des Göttlichen, das er doch selber so rein und voll im Busen
fühlt; das Dasein auf Erden ist ihm nichts als eine Flucht
von einer Gruft zur andern. Die Kindheit, der Nachklang
vom Paradiese, beginnt erst jenseits wieder, wenn das leere
Schattenspiel der Welt zu Ende ist. Der höchste hienieden
erschlossene Gehalt des Daseins wird damit verspottet, Tu-

gend und Laster in der hohlen Maskerade zu bloßen Capricen. Jean Pauls glühendste Begeisterung für das Schöne, Gute, Wahre richtet sich selbst damit zu Grunde, denn die Abcschule der armen Erdenwelt hienieden ist nicht im Stande, auch nur die Anfangsbegriffe in der Wissenschaft des Lebens begreiflich zu machen. — Ein nachgebornes Geschlecht erst hat philosophisch angefangen, im Leben der Menschen den Kern der Offenbarung Gottes zu begreifen und die Summe der Wahrheit nicht in ein Jenseits zu verflüchtigen.

Seltsam, daß Jean Paul die Unsichtbare Loge für sein bestes Buch hielt! Noch 1821 verhieß er zu diesen „Mumien" eine Schlußmumie, wenn ihn das Schicksal nicht selbst zur Mumie machen würde. — Erst mit dem „Hesperus" (1795) zog er die Aufmerksamkeit der Kritik auf sich; dieser Abendstern wurde für seinen Ruhm ein Morgenstern. Er nannte sich hier zum ersten Mal Jean Paul. Aus der Fratze seiner bisherigen Sathre entwickelte sich hier auch zuerst sein Humor. Es fehlt freilich auch dem Hesperus nicht, wie keinem seiner Bücher, an bizarren Launen. Schon der zweite Titel des Buchs und die Capiteleintheilung in 45 Hundsposttage, weil dem Autor ein Hund in der Kürbisflasche von jenseit des Oceans den Stoff gebracht, ist ein barocker Einfall; jeder festgehaltene Witz aber wird lahm und pedantisch. Der akademischen Haltung unserer classischen Poesie gegenüber gefiel sich die Opposition in Tollheiten, und Jean Paul überbot in ausgelassener Laune noch weit Ludwig Tiecks Prinzen Zerbino, Gestiefelten Kater und Verkehrte Welt. Dem Terrorismus der Form zum

Possen predigte man die Auflösung aller Formen! — Jean
Paul nannte seine Bücher gar nicht Romane; er wollte an
nichts gebunden sein, sich nicht verpflichten zu folgerechter
Entwicklung eines Stoffes oder Thema's; statt Begebenheiten,
Thatsachen, Ereignisse zu erzählen, zog er vor, sie vorauszusetzen und neben ihnen einherzugalloppiren. Er nannte
seine Romane Biographien; aber auch diesen Namen tragen
sie nicht mit Recht, denn er verwirrte jeden Lebensfaden eines
Helden zu einem zehnfach verschlungenen Knäul; seine Biographien sind eben nur biographische Belustigungen unter
der Hirnschaale seiner Riesin Phantasie. Bei all der Kreuzung
eines Hin und Her ist aber doch ihre Maschinerie sehr mono-
ton, die Gestalten, die Situationen immer dieselben. Auch
war Jean Paul der Meinung, jeder Dichter habe eigentlich
nur zweierlei Charaktere zu schildern, die zwei polartigen
äußersten Endpunkte seines Ichs, seinen Engel und seinen
Teufel. Die wirkliche Menschenwelt liegt aber mit ihrer Axe
mitten inne zwischen Himmel und Hölle. So hat auch fast
jeder Jeanpaulsche Idealist seinen Schatten, von ihm abge-
löst, als ein Zerrbild seiner selber zur Seite; die ganze Welt
seiner Schilderungen schwankt zwischen den Extremen, zwischen Sternenschimmer und jenem dunklen feuchten Erden-
staub, vom gesunden Menschenverstande Koth genannt. —
Der Held im Hesperus, Victor, ist der Gustav aus der Unsichtbaren Loge; was da der Herrnhuter, ist hier Emanuel.
Dieser mondscheinartige Bramine aus Indien hat Alle, die er
geliebt, begraben und glaubt an sein Scheiden über's Jahr

in der Johannisnacht. Selig in seinem gebrechlichen Körper, lebt er nur von Pflanzen und Blumenduft; er glaubt heilig an Gott und Unsterblichkeit, aber das diesseitige Leben hält er für einen Fehler in der Schöpfung. Klotilde im Hesperus ist ganz ätherische Hofdame, doch ohne hysterische Launen, ohne nervöse Vapeurs, Tugend und feinen Ton verschmelzend. Victor liebt sie, aber ohne Eroberungslust, ohne Geständniß, mit dem Weben und Schweben seiner Empfindung still begnügt und hintaumelnd im seligen Verdämmern seiner besten Kraft. Das Vorurtheil der Standesunterschiede — von Goethe im Wilhelm Meister glorreich überflügelt, glänzend überwunden — legt hier den alten bleiernen Bann auf die Liebenden. Der Blumenduftpriester aus Indien giebt Victor den Rath: Liebe für die zweite Welt, mein Sohn, die arme kleine dunkle dumpfe Erde ist nicht für Liebe geeignet! In solcher falschen Transscendenz liegt Entnervung, Entmannung, Schwindsucht, aller Goetheschen Poesie gegenüber, die uns hienieden die Tiefe und die Fülle des Daseins erschließt, auch aller Schillerschen Dichtung gegenüber, welche die Menschenwelt für den Schauplatz zur Verwirklichung der höchsten Ideale hält, und ebenso aller Philosophie gegenüber, welche das Absolute nicht hinter der Erscheinung, sondern in ihr sucht.

Auch „Siebenkäs" fällt in das Jahr 1795. Diese Schilderung des Armenadvocaten, seiner Noth im Haushalt und seiner Schriftstellermisèren entzückte die Deutschen, als wenn sie in diesem Spiegelbilde sich getroffen fühlten. Die

Begnüglichkeit des engen Kleinlebens, dieser schamhafte Himmel mitten im Elend der Armseligkeit, giebt der geschäftigen Lenette eine reizende Atmosphäre, die Sabbathsstille vergnüglicher Seelen, den Athemzug eines geweihten Daseins, während Siebenkäs selber gleichsam Lachen und Weinen in Einem Sack hat. Diese Ehestandsgeschichte ohne Liebesepoche giebt den ganzen Jammer eines unglücklichen Paares im Wechsel zwischen Humor und Verzweiflung. In dieser Polterkammer des hungernden Elends, im Contrast dieser thränenreichen und doch jederzeit zur tollen Lustigkeit aufgelegten Armuth, ist Malerei von Teniers' Pinsel und mit Rembrandts Beleuchtung. Aber es ist nur ein Bild, ein Bild ohne Genesis, ein Situationsgemälde ohne Entwickelung und ohne richtige Perspective. Der Kant'sche Pflichtbegriff, der unsern Schiller hob und beflügelte, erlebt in Jean Paul eine Verspottung, die zu jener Schwebereligion „schöner Seelen", führt, welche die moralische Weltordnung auflöst. Auch der Humor hat sein Sitten- und sein Schönheitsgesetz, sonst wird er ein Selbstmörder und erhängt sich, als Fratze seiner selber, am Nagel des Aberwitzes. Siebenkäs fingirt das Gaukelwerk seines Todes, um Lenetten und sich frei zu machen. Unter neuem Namen kann er Natalien lieben und ein frisches Leben beginnen; Lenette aber heirathet den Schulrath Stiefel, den alten bockbeinigen Hausfreund, und beweint ihren verrückten Firmian getreu an dessen vermeintlichem Grabe.

Im „Campanerthal" und in der „Selina" sucht Jean Paul in einem Labyrinth von Beweisen und Widersprüchen nachzuweisen, daß der reine Glanz der Kinderstimmung, des einzigen, aber verlornen Paradieses hienieden, im Lande Jenseits als ewige Jugend wiederkehre. Die Rede des todten Christus, daß kein Gott sei, ist viel gefeiert als ein Glanzstück phantasiereicher Hypothesen. Das Thema der Unsterblichkeit der Seele war für Jean Paul sein ganzes Leben hindurch ein stehendes. Seine Phantasie nimmt nur keine Vernunft an und seine Vernunft, der das Licht des einfachen Verstandes fehlt, gefällt sich in gebrochenen Regenbogenfarben und in den Dämmerlichtern einer Milchstraße von Unendlichkeiten. Wir glauben seitdem nicht blos an eine Unsterblichkeit der Seele, sondern sogar an eine Ewigkeit des Geistes. Und unsere Beweise dafür sind mathematische, wenn auch apagogische; denn wir folgern, da Nichts untergeht, auch von der Materie nicht, sondern sich Alles wandelt: wie kann da der Geist untergehen, der doch auch eine Thatsache ist? Wir beginnen die Ewigkeit des Geistes freilich nicht erst im ungewissen Lande Jenseits, sondern bereits hienieden. Die Ewigkeit ist eine Kette von Momenten und in jedem Erdenmoment beginnt sie schon.

An die Unsichtbare Loge reiht sich der Entstehung nach Wuz, an den Hesperus Firlein, an das Campanerthal der Jubelsenior, diese Perlen deutscher Dichtung in der Idylle. Wie Vater Fibel, der Welt entzogen und ganz verschollen, in der Einsamkeit nur im Umgang mit Gott und mit Thieren lebt, weil nur Gott und Thiere, sagt er, gut sind, nicht aber die Menschen, — so begeht der Jubelsenior, als Gegen- und Seitenstück mit seiner Feier des ätherisch verklärten Greisenalters im Schooß seiner Familie und Gemeinde, seinen hohen Ehrentag mit seiner Jubelpredigt und mit der Einsegnung des fünfzigjährigen Paares durch den Sohn. Rechnen wir unter Aufsätzen dazu: Ueber das Immergrün unserer Gefühle, die Neujahrsnacht eines Unglücklichen, die Apologie der Charlotte Corday; unter Humoresken: die Belagerung der Festung Ziebingen und die Doppelheerschau in Großlausau und Kauzen, sowie des Luftschiffers Gianozzo Seebuch, in welchem Jean Paul den Luftflug seiner eigenen Poesie bespiegelt: — so gestehen wir zugleich ein, daß nicht seine größeren Werke als Ganzheiten, vielmehr nur Episoden darin und diese Klein- und Einzelbilder die wirklichen und ächten Diamanten in Jean Pauls Dichterkrone sind. Sein Krähwinkel mit Dorfidyllen wechselt nur die Namen, heißt bald Flachsenfingen, Hukelum, Kuhschnappel, wie er selbst in Wuz, Fixlein, Siebenkäs sich giebt und Derselbe ist.

Erst nach diesen Arbeiten lieferte er sein Hauptwerk, den „Titan", innerhalb von fünf Jahren (1797—1802). Der Held, früher Gustav und Victor, heißt diesmal Albano; Schoppe im Siebenkäs, halb verrückt, heißt Leibgeber. Die entschiedene Kehrseite des Idealismus ist jedoch in dem blasirten Cyniker Roquairol gegeben, der, ein Tieck'scher William Lovell in der Ausschweifung der Sinnlichkeit, sich erschießen will, aber sich nur am Ohrläppchen verletzt und über alle ätherischen Seelen die Geißel schwingt. Aus Beaten und Klotilden ist eine Liane geworden, dieselbe Essenz, aber zum Superlativ gesteigert. Liane ist so nervenzart, daß sie zweimal bei heftigen Gemüthsbewegungen erblindet. Sie theilt auch den Jeanpaulschen Geisterwahn, daß sie zu gut sei für diese Erde, nur für ein Jenseits bestimmt sein könne. Dieser Wahn bestätigt sich in der harten Thatsache, daß sie auf des Vaters Geheiß feierlich vor dem Altar ihre Liebe zu Albano abschwören muß. Darauf siecht und stirbt sie hin; ihr Motto ist: Je ne suis qu'un songe. Albano wird dann von dem Gefühlsstrudel der Titanide Linda erfaßt. Aber diese ist zu sehr Mannweib; sie will ihn unterjochen mit ihrer Liebe, ihm keine Luft lassen, ihm nicht die Freiheit gestatten, als Mann auch der Welt etwas zu sein.

Zu Jean Pauls Linda ist Charlotte v. Kalb das Urbild; er selbst nannte diese Frau seine Titanide. Sie hatte nach dem Bruch mit Schiller für ihre „Schwebereligion", um dies Wort Bettina's zu gebrauchen, in Jean Paul ihr entsprechenderes Idol gefunden. Sie lud ihn ein, nach Weimar zu kommen, indem sie ihm schrieb: „Sie sind ein tiefer Forscher, ein ferner Seher in Zeit und Zukunft, ein Phänomen dieser Zeit, die Sie bedarf. Krieg und Kampf ist überall, oder ödes, todtes, kaltes Nichts, schaale Form, kein Inhalt. In Ihnen aber erscheint uns ein Geist mit Herz und Seele, der Tausende aus ihrem Todtenschlummer wecken könnte. Unsere Erwartungen sind nicht zu kühn." Er selbst schrieb (1797) an seinen Freund Friedrich v. Oertel: „Die Welle, die mein geworfener Dintentropfen macht, dehnt sich immer mehr aus, besonders in den höhern Classen." Der Poet der deutschen Hütte, der deutschen Schulmeisterstube und des deutschen Winkelelends erhielt plötzlich Zutritt zum Boudoir sublimer Frauen; er ergänzte damit seine Sphäre, Hütte und Palast wurden die Pole seiner Schilderungen. In den Titan fallen die Erlebnisse von fünf Jahren, die ihm sein Aufenthalt in Weimar, Berlin und Hildburghausen brachte. Es eröffnet sich damit die Galerie der Frauen in Jean Pauls Leben und Dichten. Die Gestalten sind jedoch nur scheinbar verschiedene; die Fluth, in die sie mit ihm tauchen, ist immer dieselbe. Im Aether der Empfindung verduftet ihnen das reale Leben; das Gebot der Sinne ist ungültig, aber auch alle Berechtigung der gegenständlich vorhandenen und moralisch in sichern Formen anerkannten Welt. Der Verduftungsproceß dieser Schönseligkeit steigt bis zur magnetischen Hellseherei und bis zur gläubigen Vertröstung auf ein Wiedersehen Jenseits, wo körperlose Seelen sich angehören dürfen ohne Gesetz, Fessel und Schranke.

Schon als Leipziger Student soll Hans Paul einen nervösen Reiz für des Kupferstechers Bause Töchterlein empfunden haben, aber sie starb hin in der Blüthe der Jahre. Er war bei seinem Liebesbedürfniß im Stande, sich eine Geliebte zu fingiren, ähnlich wie Klopstock ehedem eine zukünftige Geliebte besang. Drei wirkliche Karolinen treten dann abwechselnd mit Zwischengestalten in den Kreis seines Lebens und Empfindens. Die Erste dieser Drei gehört der Periode in Hof an, wo er nach seinem heimlichen Weggang von Leipzig mit der betagten Mutter kümmerlich lebte. Es war ein harmloses Mädchen, das wenig von ihm verstand, nicht begriff, was es heißen wolle, für die Liebe eines großen, weiten Dichterherzens

das Gefäß zu sein. Er äußerte brieflich, ihre idyllische Traum-
seele werde keinen Boden auf Erden finden! In Jean Pauls
Munde ein seltsamer Vorwurf! — Nachdem er ihre Empfindung
aufgewiegelt, mußte er sie schließlich herabstimmen, ihr Frieden predigen. Erst Weimar und die dortigen Frauen sollten
ihn (seit 1796), wie er selbst sagt, zum „Titan" erziehen,
zumal Charlotte v. Kalb, das starkgeistige, schamanenhaft
empfindende Weib. Jean Paul sagte von ihr: „Sie hat zwei
große Dinge, große Augen, wie ich keine noch sah, und eine
große Seele." Er schrieb an Christian Otto, wenn sie die fast
ganz zugesunkenen Augenlieder himmlisch in die Höhe schlage,
so sei es ihm als wenn Wolken den Mond wechselnd ver-
hüllten und entblößten. Hier war Grund, hier war Anker zu
fassen für Jean Paul. Jeder Besuch bei ihr ist ihm „eine
Himmelfahrt", denn: sie ist ihm die Natur, das Universum,
und er „giebt ihrem Herzen Alles, was der große Geist in ihm
erschafft." Seitdem sie ihn kenne, schrieb sie, habe die Ephe-
mere eine Pforte der Ewigkeit gefunden. Das Seelenbünd-
niß war geschlossen und hielt, — nicht für eine Ewigkeit —
doch für einige Jahre vor. Nach Hof zurückgekehrt, gelobte
er ihr, an ihrem Geburtstage auf den Bergesgipfel zu steigen;
das solle sie auch thun, in die sinkende Sonne mit ihm blicken
und beten, auf daß sich die Wolke des Schicksals zerstreue,
die sich vor ihr Glück dränge. Die Wolke des Schicksals war
Charlottens Ehe mit Herrn v. Kalb. In Schiller widersetzte
sich der Mann, der Cato, gegen die Lüge der doppelzüngigen
Illusion und gegen die weichliche Entschließungslosigkeit, ein

verhaßtes Band zu zerreißen. Frau v. Kalb schrieb an Jean Paul: „Du hast den Gifttropfen einer ewigen Sehnsucht in meine weiche Seele geworfen." Im August 1798 war er wieder in Weimar. Schon von Leipzig aus schrieb er ihr auf der Hinreise: „Ich sehe eine himmelblaue Zukunft vor mir und einen Engel, dessen Flügel mich tragen." Sie schien, Jean Paul gegenüber, entschlossen, das fesselnde Band zu lösen, um ganz ihm angehören zu können. Plötzlich aber „mochte" er nicht. Das geschraubte Verhältniß löste sich dann auf; es erfolgte jedoch ihrerseits kein Zornausbruch wie bei der Trennung von Schiller. Charlotte bat (noch 1798) um Jean Pauls dauernde Freundschaft; sie schrieb ihm: „Von einem mächtigen Geiste vernichtet zu werden, ist viel erhabener als die höchste Ehre, Genuß und Fülle, so die Welt geben kann. O nimm mich auf, damit ich sterben kann, denn ich kann entfernt von Dir nicht leben und nicht sterben! Laß mich nur in Deiner Nähe, daß ich Dein Antlitz schaue! Laß mir den Schmerz, laß mir die Thränen um Dich!" — Seine Briefe hat sie, wie die Schillerschen, verbrannt. Es giebt aber der Zeugnisse von anderer Seite genug, um den Jeanpaulschen Frauencultus in jener brieflichen Freundschaftsperiode als eine krankhafte Schwelgerei der Empfindungen zu bezeichnen. Die Anräucherungen waren oft gegenseitig. Jean Paul selber schreibt an Frau v. Krüdener: „Briefe sind Silhouetten der Seele; ich bitte Sie gleich stark um einen Brief und um eine Locke. Diese würde ich nicht, wie der Berenice ihre, in den Himmel versetzen, denn sie ist mir eine r." Das Geschwafel der Helmine v. Klencke, späteren Chezy, erging sich also: „Ich stelle Sie mit nichts in Vergleich als mit der Schönheitsfülle der himmlischen Natur, in der man — wie in Ihren Werken — vor dem überströmenden Genuß ihrer Reize tausende übersieht, die man erst beim zweiten, beim tausendsten Ueberblick genießt, und die man ewig neu findet, und der man so wenig schmeicheln kann wie Ihnen, da man es nie ausdrücken kann" u. s. w. Das Zeitalter von heute ist Gott sei Dank! einfacher geworden, freilich auch nüchterner.

Frau Emilie v. Berlepsch, früh verwittwet, 38 Jahre alt, um 4 Jahre älter als Jean Paul, erlebte mit ihm 1797 eine Begegnung in Leipzig, wohin der Dichter, nach dem Tode der Mutter, von Hof auf einige Zeit übergesiedelt. Sie war eine noch geschlossene, noch nie im Leben verstandene Frauenseele. Jean Paul löste ihr die Zunge, befreite ihr streng zusammengehaltenes Herz. Darauf erfolgte ein Erguß an ihn. Er seinerseits ließ sich blos lieben, ließ sich die Anbetung gefallen, auch in ihren Folgen; er hatte sie zur Steigerung seiner Stimmungen nöthig, weil Alles bei ihm geflügelter Schwung war. Er hat über sein Verhältniß zu Emilie v. Berlepsch ein sehr offenes, fast nüchternes und schreckhaftes Geständniß gemacht; er schrieb: „Ihre Seele hing an meiner heißer als ich an ihrer. Sie bekam über einige meiner Erklärungen Blutspeien, Ohnmachten, fürchterliche Zustände; ich erlebte Scenen, die noch keine Feder gemalt. Einmal, an einem Morgen (13. Jänner), unter dem Machen einer Satyre von Leibgeber, ging mein Inneres auseinander; ich kam

Abends und sagte ihr die Ehe zu. Sie will thun was ich will, will mir das Landgut kaufen wo ich will, am Neckar, am Rhein, in der Schweiz, im Voigtland. So lieben und achten wird mich Keine mehr wie Diese; und doch ist mein Schicksal noch nicht entschieden von — mir." Er ging (1798) mit ihr nach Dresden und fand sie in Weimar wieder. Als er sich von ihr loswand, zuckte sie schmerzlich zusammen und schleuderte ihm das treffende, strafende Wort zu: „Das Schicksal lasse die Sonne in Ihre Fingalshöhle scheinen und bessere Ossianische Träume auf Ihrem Boden wachsen!" Sie hat sich später bekehrt, erholt und beruhigt: sie heirathete einen Landwirth in Mecklenburg. Gründliche Heilung!

Eine Josephine v. Sydow, Französin von Geburt, folgt in der Reihe edler Frauen, die Jean Paul geliebt. — Für seraphische Seelen läuft Bewunderung und Liebe in einander. Geronnene Milch ist aber keine Milch mehr, und doch lange noch nicht Käse. Für den Dichter war Josephine ein leicht verrauschend Bild. Und doch hatte seine Schwärmerei auch im Fluge Inbrunst; er schrieb ihr: „O meine Josephine, meine Schwester, ich werde Dein Bruder sein — nicht blos reiner, sondern auch länger als Andere wollen wir uns lieben." Dies Immergrün und Jelängerjelieber hielt aber nicht vor; noch während die espritvolle Französin ihn reizte, knüpfte sich für sein Herz schon ein anderes, tiefer greifendes Bündniß an. Es war ein kurzer, aber sehr lebhafter Liebestraum; nicht blos Gott Amor ließ sein Feuer dabei lodern, auch Hymen war schon bereit, die Fackel anzuzünden. Und zwar für eine

zweite Karoline. Karoline v. Feuchtersleben war Hofdame in Hildburghausen. Jean Paul schrieb 1799 von ihr: „Das edelste weibliche Wesen, mit dem ich meine vorigen Spiel'kamerabinnen der Liebe gar nicht vergleichen darf, wird im künftigen Jahre mein, wenn die verneinenden Verwandten bejahen." Sie hatte den Dichter ebenfalls als solchen vergöttert, bevor sie persönlich seine Bekanntschaft machte. Sie fühlte dann für den Menschen eben so warm, edel, zart und gut. Sie hatte, nachdem ihr Entschluß gereift war, sogar den Muth, zuerst das Wort zu sprechen: Willst Du mein sein? Dann aber, nachdem sein Ja gesprochen, quälte sich ihr Zartgefühl, ihre mädchenhafte Scheu bei dem Gedanken, er habe sich vielleicht nur aus Mitleid entschlossen, ihr die Hand zu reichen. So hoch hielt sie den Dichter in ihm, daß sie meinte ein solcher könne sich nur herablassen, ein sterblich Wesen zu lieben. „Dein Bild geht mit mir wie der Regenbogen", hat sie ihm gesagt, „Seele, habe Dank, Du hast mich erzogen, veredelt, beglückt, und wohl mir, wenn ich Dir lohnen kann."
— „Du Treuer, dessen Hand mich durchs Leben führen will, wenn ich an Deinem Herzen ausruhen und mich ausweinen werde, und wenn ich unaussprechlich glücklich bin und nicht sprechen kann zu Dir, weil ich Dich zu sehr liebe, dann sage Du selbst: das Alles gab ich ihr, und dann belohne Dich Dein eignes Gefühl, wenn ich es nicht kann." Karoline v. Feuchtersleben war entschlossen, die Hindernisse, die ihr der Wahn der Standesunterschiede auferbaute, mit Gewalt hinwegzuräumen. Die Mutter willigte nur widerstrebend ein; ein

Oheim wandte sich von dem Mädchen ab. Die Verwandten stellten Bedingungen, die der Dichter Fesseln schalt. Trotzdem ward eine, zur Verlobung angesetzte Zusammenkunft anberaumt. Unter Herders wohlmeinender Einwirkung löste sich aber das Verhältniß; der Verzicht war beiderseits schmerzlich, für Karolinen bestimmend auf das ganze Leben. Später, nach seiner Verlobung mit Karoline Meyer in Berlin, war Jean Paul so harm- und tactlos, ihr seine Braut zuführen zu wollen. Karoline v. Feuchtersleben erwiederte ihm auf diese Zumuthung: „Ja, wenn Du eine Unglückliche sehen willst!" Sie war in der That bereit dazu; sie hatte sich bekämpft und überwunden.

An allen diesen Frauengestalten hat Jean Paul — naiv und verwegen zu gleicher Zeit — seine Studien zum Titan gemacht. Erst später machte die Nemesis ihre Rache an ihm geltend und forderte ein schmerzliches Todtenopfer. In den Titan schrieb und dichtete er alle die wechselnden Gestalten hinein, die er geliebt, um sein Bedürfniß nach Liebe zu stillen, sein lange vereinsamtes Herz zu füllen. Er liebte und lebte so planlos wie er schrieb. Ueber Alles was er erlebte, breitete er seine Morgen- und Abendröthe oder tauchte es in die Irisfarben seines schillernden Regenbogens, der ihm zwischen Erde und Himmel die einzige Brücke war. Der große Schwärmer war wie im Leben und im Verkehr mit Frauen, so auch im Dichten naiv genug, mitten in der Arbeit am Titan einem Freunde zu schreiben: er sei „selber neugierig", wen sein Albano „eigentlich kriegen werde", ob die Liane, die Linda oder sonst wen. — Der erste Band des Titan erschien 1800, „den vier Schwestern auf dem Throne gewidmet", den vier gebornen Prinzessinnen von Mecklenburg, der Königin Luise von Preußen, der Herzogin von Hildburghausen, einer Fürstin Taxis und der Prinzessin Solms, nachheriger Herzogin von Cumberland und Königin von Hannover. Die Königin Luise hatte er erst in Berlin, die andern drei Schwestern schon in Hildburghausen kennen gelernt. Hildburghausen gab ihm auch den Legationsrathstitel. Charlotte v. Kalb, damals noch für ihn flammend, rieth ihm ab, den für ihn sinnlosen Titel anzunehmen. „Du sollst, schrie sie ihm zu, den Namen Deines Gottes (Gott Apollo's?) nicht mißbrauchen"; ein irdischer Titel schmählere den Rang, den der Dichter als Gotterkorener habe! Jean Paul Friedrich Richter ließ sich den Legationsrathstitel gefallen, nannte sich aber meist nur abgekürzt und schelmisch „Legaz". Dem Jahre 1800 gehörte sein Berliner Aufenthalt an. Hier ward, namentlich in den Kreisen der Rahel Levin und der Henriette Herz, die nach einer nicht blos christlichen, sondern nach einer Allerweltsreligion dürsteten und einen Priester dazu brauchten, der Jeanpaulcultus bis ins Sublimste getrieben. Im Schlafrock früh Morgens schon ward er von den Frauen fanatisch bestürmt; man trug vom Pudel Ponto Haare auf der Brust. Königin Luise führte ihn selbsteigen in Sanssouci umher. Der König knurrte; ihm wurden diese Huldigungen zuviel; er fragte unwirsch: Wenn das schon einem Romanschreiber geschieht, was soll man denn für einen wirklichen General übrig haben! Friedrich Wilhelm der Dritte hatte für Jean Paul allerdings nichts übrig. Der Dichter, auch der von purem Aether lebende, brauchte Geld; Papa Gleim in Halberstadt hatte ihn schon bitten müssen, über seine Casse zu verfügen. Jean Paul dachte, etwas Fixes, so etwas wie ein kleines Canonicat, würde in Berlin für ihn abfallen können, „damit er seinen Körper durch das ewige Silberausbrennen seines Geistes nicht vor der Zeit einäschere." Es blieb aber, wie später auch bei Schiller, in Berlin bei prahlerischen Versprechungen. Als eine Präbende erledigt war, entschied sich der ehrsame Monarch für den Romanschreiber Lafontaine statt für den Romanschreiber Jean Paul. Erst seit 1809 bezog der Dichter vom Fürsten Primas ein Jahrgehalt von 1000 fl., welches Baiern seit 1815 ehrenhaft genug war fortzubezahlen.

Berlin aber lieferte ihm den höchsten, den besten und dauerhaftesten Schatz seines Lebens. Die dritte Karoline, die ihn geliebt, ward sein Weib. Es war endlich ein Weib, das ihn anzog, reizte und fesselte, keine amazonenhafte Heroine, keine schamanenhafte Schwärmerin, keine Titanide mit starkem Flügelschlag und erbärmlich schwachen Nerven, sondern ein wahrhaft liebendes, treu sorgendes, pflichtergebenes Wesen, das dem Menschen angehörte, obschon sie zum Dichter in ihm andächtig aufblickte. Alle die früheren Frauen hatten ihn mehr mit der Phantasie, als mit dem Herzen geliebt, und er kannte, auch wohl in Folge eigner sorgloser und fahrloser Verschuldung, genugsam die Dornen an jenen Pracht- und Fackeldisteln, die das Zeitalter geniale Weiber nannte.

— Karoline Meyer, die 1800 Jean Pauls Braut, im nächsten Jahre seine Gattin wurde, war die Tochter eines Tribunalrathes in Berlin. Mit Verhimmelung über den Dichter begann auch ihr Verhältniß, aber es endete oder es vertiefte und verwerthete sich mit den Aufgaben der Gattin und der Mutter. Etwas Treibhauspflanzencultur steckte vielleicht im Berliner Mädchen; sie trieb Astronomie und Botanik, konnte in diesen Fächern gar wohl Jean Pauls Secretär sein, bis die Haushaltungskunst ihr bestes Fach zu werden schien. Man hat nicht glühendheiße, aber warme, liebenswürdige, tief innerliche und doch gesunde Briefe von der Braut Jean Pauls. Aecht mädchenhaft fühlt sie sich arm dem Dichter gegenüber; er werde wenig an ihr haben, aber da sie ihn so unaussprechlich liebe, so glaube sie selbst, daß sie g u t sei, denn Er und das Gute seien Eins; das Gefühl der Wichtigkeit ihrer Bestimmung, ihm anzugehören und sein Weib zu werden, stimmt sie ernst und feierlich.

Jean Paul war fast 38 Jahre alt, als er diese dritte Karoline heimführte. Er ging mit ihr zuerst an die kleinen Höfe von Meiningen, Koburg und Hildburghausen, wo seine Vergötterungscomités ihren festen Sitz hatten, wo ihm jedoch das fränkische Bier, das er sich nachsenden ließ, zu theuer kam, bis er sich, zum Theil um diesem wesentlichen Umstand abzuhelfen, 1804 dauernd in Baireuth niederließ. — Mit seinem festen Bündniß datirt für den Dichter und für den Menschen in ihm eine neue Epoche, die Epoche des humoristischen Realismus. Auch in seiner äußern Erscheinung ging mit seiner Person eine Veränderung vor. Sein Biograph schreibt: „Bisher hager, bleich und die Unruhe seiner Seele in einem hastigen Wort, in dem suchenden Auge und der unstäten Bewegung ausdrückend, von einem Fleck zum andern eilend, nirgends mit einem festen Entschluß und dem Gefühl des Bleibens, selbst im Gespräch nirgends verharrend, wölbte sich plötzlich seine ganze Gestalt, es füllte und bräunte sich plötzlich sein Gesicht, er bekam ein äußerst robustes Ansehen, und man konnte ihn von da an bis zu seinem Ende dick nennen, auf eine Weise, daß seine früheren Freunde ihn kaum wiederzuerkennen vermochten." Seine Arbeitsamkeit als Schriftsteller blieb eine ungeheure, sein Einsammeln und Ausgeben von Gedanken und Empfindungen ein unendliches. Mit dem Wachsthum der Jahre wünschte er sich nur das Wachsthum der Weinfässer; „mit dem Heidelberger, sagte er, wollte ich Jeden überleben und überschreiben." Als er den Hesperus schrieb, stand eine Flasche Burgunder neben seinem Tintenfaß. Das Baireuther Bier blieb leiblich sein bester castalischer Quell und die „Rollwenzlin", die gute Wirthin am Kulm bei Baireuth, hat es ihm im Gartenhause, wo er schrieb, 20 Jahre lang kredenzt. Er schrieb trinkend und trank schreibend, während seine Seele sich im Duft der Rosenblätter berauschte oder in rosige Wolkensäume sich verlor. Die Baireuther Epoche war die Zeit seines Glücks. Ueber seine Frau schrieb er an Emanuel am Tage der Geburt seines ersten Töchterchens: „Ich bin weit über meinen Werth hinaus selig, und habe nichts als Demuth und die Thräne dazu. Seh' ich rund umher dies ungleich ausgetheilte Leben an und das Schicksal der Besten und vergleiche: so schwelge ich noch tiefer und weine die Freudenthränen nur gebückt. Aber sie verdient alles, was ich geschenkt bekomme von Gott; und daher sag' ich ihr immer, daß ich mich recht sehr auf sie verließ, Gottes wegen." — „Wie ein Engel, zerschmolzen in Schmerzen und wieder in Liebe und Wonne, so liegt sie da und ist mit allem zufrieden."

An der Gattin Seite, in der vollen Manneskraft und im gesättigten Glück des Familienschooßes schrieb Jean Paul (1802—4) seine „Flegeljahre", das kräftigste, mächtigste und schlagendste seiner Werke. Groß und genial ist das Thema dieses komischen Romans, wirkungsvoll der Entwurf zum Plan und der Anlauf dazu; entspräche dem die Durchführung der Idee, wir hätten damit in der Litteratur des Komus ein tiefsinniges Werk dem spanischen Quichote an die Seite zu setzen. Ein Kabinetstück des Humors ist die Testamentseröffnung. Ein Sonderling hat, um habsüchtige Erbansprecher zu närren, seinen letzten Willen dahin bestimmt, daß nur wer sichtlich und vor Zeugen über den Gestorbenen weinen kann, zum Erbantheil berechtigt sei. Die Sippschaft der Krähwinkler sitzt nun in corpore und preßt und drückt krampfhaft auf die Thränendrüsen. Schon glaubt der Nachmittagsprediger zu triumphiren, bis Candidat Gottwalt Harnisch Universalerbe wird. Zu den einzelnen Meisterstücken deutscher Poesie gehören auch Gottwalts und seines Bruders Schulstubenerinnerungen mit der ganzen Seligkeit gläubiger Kinderseelen. Menschen von beschränktem Geist, aber überwallend

liebevollem Herzen und einer Phantasie, die freilich immer sich
selber spornt bis sie wild geworden durchgeht: sind Jean
Pauls Lieblingsfiguren. Der Titel des Romans ist eben so
gesucht und schief wie ehedem Grönländische Processe, Mumien, Teufelspapiere, Hundsposttage. Das Werk könnte am
passendsten „Zwillinge" heißen, denn die Parallele zwischen
Walt und Vult ist der Kern in der Charakterzeichnung. Der
Candidat der Rechte und der weggelaufene Flötenbläser
sind von Jean Pauls eigenem Wesen die persönlich gewordenen Hälften, die mit einander streiten, und sich doch uner-
gründlich lieben, sich nothwendig sind und sich ergänzen.
Walt macht Streckverse, Vult hat die Grönländischen Processe
geschrieben und macht Satyren. Beide wollen zusammen ein
Buch schreiben, in welchem der Eine weint, der Andere lacht,
Jener den Evangelisten darstellt und Dieser den Vierfüßer dazu.
In der Residenz Haslau kündigen sie ein Concert an, zu
welchem sich Vult, um anzulocken, als Flötenbläser blind stellt.
Walt aber war in der Kindheit wirklich blind gewesen und
hatte von einem weiblichen Wesen einen Blumenstrauß erhalten, dessen Duft sein Leben und seine Seele durchzieht. Dies
Wesen, das er jetzt sieht und sehend liebt, dem Kalender nach
hoch genug betagt, ist die Tochter des Grafen Klothen, der
ihn als Canaille behandelt. Immer dasselbe Thema der für
Jean Paul unübersteiglichen Schranken der Ständeunter-
schiede, und immer wieder die Feier der Blindheit, als wenn
er selber, was in seinen letzten Lebenstagen wirklich geschah,
Homers Schicksal theilen sollte! In all diesen Scenen sind

Charaktere und Stoff bereits erschöpft. Dem Geist des Werks fehlt der Leib, um sich auszuleben, dem Plan die Ausführung. Dem Universalerben Walt sind zum Antritt des Erbes Bedingungen gestellt, die ihn nöthigen mit den Miterben darum zu kämpfen. Gottwalt Harnisch hat aber gar nicht Harnisch genug, seine neun Arbeiten zu leisten. Walt ist ein Herkules, der seine Heldenthaten schuldig bleibt, wie sein Dichter für die Idee den Stoff, für den Gedanken das Material. Es ist geistvoll ironisch genug erdacht, daß die mangelhafte Lösung der an Walt gestellten Aufgaben ihm jedesmal ein Stück des Erbes kostet; wehmüthig lauert im Hintergrunde des unvollendeten Werks die ironische Ahnung, daß List und Habsucht schließlich triumphiren werden, die junge Dichterseele des Candidaten, die aus dem dörflichen Frieden gezwungen wird in die Welt zu treten und mit Menschen zu kämpfen, sich Stück auf Stück um sein großes Erbe bringt, um wie der Poet bei Schillers Vertheilung der Welt leer auszugehen. Vielleicht ist es kaum ein Unglück, daß das große Werk unvollendet blieb, denn es würde mit Nichts enden, nachdem es so reich und voll, so groß und erschütternd komisch begonnen. Auch von Vult, dem Vagabunden, dem Gegenfüßler Walts, gab der Dichter weniger die Abenteuer eines abenteuerreichen Lebens, als vielmehr nur die Stimmungen dazu. Schnörkelhafte Arabesken und Randglossen, auch wenn sie von Geist strotzen, ersetzen aber nicht das fehlende Gemälde. Statt Vults Leben und Thaten zu einem neuen Anlauf aufzunehmen, schrieb Jean Paul später (1807 und 8) „Katzenbergers

Badereise." Dies körnige Buch giebt das Aeußerste von der barocken Kehrseite seines Idealismus. Doctor Katzenberger ist der cynische Kauz, der im Menschen nur das Thier sieht und, ohne schlüpfrig zu sein, keine Bloslegung des nackten Sachgehalts scheut, alle flache Bildung und Zimpferlichkeit zur Verzweiflung treibt und in die Flucht jagt. Auf Frauen wirkt der verrenkte und verkrüppelte Humorist Katzenberger abstoßend.

Ein Jahr zuvor (1806) erschien die „Levana." Die römische Göttin dieses Namens nimmt neugeborne Kinder in Schutz beim Aufheben der Väter von der Erde (levare). So nimmt sich dies Buch mit Rousseau's liebvollem Naturgeist, mit Fichte's hohem Ernst und mit den Ergebnissen seit Basedow und Pestalozzi der verwahrlosten Kinder an nach Leib und Seele. Die junge Seele, sagt er, sei vor allem für Religion empfänglich. Aber die Lehre müsse wie eine That in das Kindergemüth eingreifen. Wenn das Große in die Natur hineintritt, sagt Jean Paul, der Sturm, der Donner, der gestirnte Himmel, der Tod: dann sprechet vor dem Kinde das Wort Gott aus! Nicht aber um düster zu schrecken, sondern um zuversichtlich aufzurichten und groß zu stimmen. Heiterkeit der Seele forderte er zu allen großen Gefühlen. Und was froh und selig mache, sei vor allem Thätigkeit und eigne Erfindung, die versuchsweise die Kraft prüft. Hier greift seine Lehre da ein, wo Friedrich Fröbel in unserer Zeit weiterarbeitete. Jean Paul warnt die Erzieher, am Ge- und Verbieten Lust zu haben; Anleitung zur Selbstentwicklung ist der beste Unterricht. Strafet nicht spottend und zürnet nicht nach! rief er. Eure Uhr geht, wenn Ihr sie aufgezogen, und Kinder wollt Ihr ewig aufziehen und laßt sie nicht gehen! Er eiferte gegen die damalige Verhüllung, Verpuppung, Verweichlichung in Tracht und Gesinnung. Er drang auf Rousseau's Forderung an die Mütter, die besten Erzieherinnen zu sein; Frauen, sagt Jean Paul, sind geborene Geschäftsleute. Unsere gelehrten Schulen betreffend, verlangte er, daß die römischen Schriftsteller Männer, nicht Knaben lesen.

Ein neues, ein thatfähiges Geschlecht heranzuziehen, that dem deutschen Vaterlande damals hochnoth. Und Jean Paul war der große Bußprediger in der Marterwoche Deutschlands zur Zeit unseres schlimmsten Wehs, unserer traurigsten Zerfahrenheit und tiefsten Demüthigung. Als patriotischer Publicist hatte er mit sein edelstes und bestes Wirken. Schiller, der Prophet, hatte sein Wort gesprochen und war todt; Goethe wandte sich ab vom Aufraffen des Volks in sich selber; andere Sterne kreiseten wie Kometen weit ab vom Centrum alles Lebens. Jean Paul stand am großen Gährbottich einer chaotischen Zeit und achtete auf deren Zeichen seit 1809, wo Oesterreich erlag und sein Tyrol vergeblich blutete. Ein frommer Wahrsager, Augur und Priester, betete er, wie Virgils Schiffer, an jeder Klippe, denn jede sei geeignet, auf ihr, wo man scheitern kann, einen Altar zu errichten. — Der erste Anlaß zu seiner publicistischen Thätigkeit war ein persönlicher. Er hatte seine „Vorschule zur Aesthetik" dem Herzog von Gotha gewidmet, die philosophische Facultät zu

Jena aber den Druck des Zueignungsschreibens verboten. Darob empört, gab er 1805 sein Freiheitsbüchlein, seinen Briefwechsel mit dem Herzog und seine Dissertatiuncula pro loco über die Preßfreiheit. Bücher, weil sie der Ewigkeit angehören, sagte er, können nicht von vergänglichen Menschen verboten werden; oder, wenn Censoren sein sollten, so müßten es möglichst viele sein, nämlich das ganze Publicum. Schon 1808 sagte er in seiner "Friedenspredigt", man könne der Wahrheit nur noch den Hof verbieten, nicht mehr Stadt und Land; hinter stummen Lippen knirschen die Zähne! 1809 u. 10 gab er seine "Dämmerungen für Deutschland." Er eiferte gegen Deutschlands Unglauben an sich selbst, war ein Wecker der Zuversicht, daß auf dem Reichskirchhofe deutscher Nation ein Auferstehungsfest werde gefeiert werden. Glücklicherweise hatte der deutsche Fürst, der ihn zum "Legaz" gemacht, ihn nicht zugleich an seinen Hof gebannt, ihn vielmehr frei und ruhig bei dem schäumenden Bierkruge in Baireuth sitzen lassen. Das erhielt seine Gesinnung volksthümlich, obschon freilich sein Styl Manier wurde, das Volk mehr über das müßige Feuerwerk seiner Witze und das Rothwälsch seiner Gelahrtheit staunte. Aber die Geistreichen verstanden ihn, die sich damals noch sehr vornehm von der Empfindung der Massen fern hielten; ihnen war seine Vogelschau und seine Symbolik in den Eingeweiden geschlachteter Thiere begreiflich. 1810—12 gab er seine "Politischen Fastenpredigten während Deutschlands Marterwoche." Aus dem Chaos der Erniedrigung, schrieb er, werde eine neue Welt erstehen. Die Schriftsteller der Zeit sollten ablassen vom weinerlichen Ton, ein Held zeige wohl seine Narben, aber nur Bettler ihre Wunden. Der Sieg, rief er, kommt meist ungeahnt, aus tief verborgener Stille! Und wer siegte einst über Rom, an dessen Riesencadaver eine ganze, daran gekettete Welt vermodern mußte? — Das Dörfchen Betlehem! — Auf den feigen Verrath preußischer Junker, auf die Uebergabe von Magdeburg, Küstrin, Stettin schrieb er „die Belagerung der Reichsfeste Ziebingen", gegen die Nachäffung Napoleons an Duodezhöfen „die Doppelheerschau in Großlausau und Kauzen." Eine Revue, ein Scheingefecht, wird hier zum wirklichen Scharmützel, jedes Heer erobert unversehens des andern Staates Hauptstadt und die Fürsten schicken nach Paris, um das Dasein ihrer Länder dem Herrn der Welt nachzuweisen. Palm ward in Jean Pauls Nachbarschaft ergriffen und erschossen. Der satyrische Patriot mußte sich scheuen, Namen zu nennen, Thaten und Zustände zu schildern, sich oft begnügen, weinenden Herzens und doch im Stillen mit jubelnder Seele über unsere Schmach und Niederlagen, über des Volkes Gottvertrauen und Hoffnungen zu phantasieren, meist mit sanfter Flöte, die ja überall in seinen Büchern eine Rolle spielt. Als Fasten- und Bußprediger tritt er, um das Palladium deutscher Freiheit zu retten, oft so leise und schlau auf, als hätte ihm der vor Schmerz und Unglück wahnsinnige König Lear den Vorschlag gemacht, die Pferde seiner Reiterei mit Filz zu beschlagen, um ganz ohne Lärm die Festung des Feindes zu überrumpeln. Er sprach das

Wort Napoleon nicht aus, aber er rief mit den Juden: Schlagt den Haman todt! Und das N. B. (Napoleon Bonaparte) sagte er, sei das NB. für Fürsten und Völker. Auf seiner Jagd nach Witzen und Wortspielereien hetzt er freilich auch hier seine Gedanken zu Tode.

Oft aber ist sein Wort stark und groß. Seine Mahnreden „An die Fürsten" sind Luthers und Ulrich Huttens würdig. Nach dem Frieden lautete sein Gebet: „Habe Dank, Dunkler, Großer, Liebender hinter den Sternen, daß ich es gesehen habe, wie Du die Welt errettest und die weiten alten Wunden der Völker schließest, und wie Du Heil vom Himmel niedersendest auf die sündhafte blutige Erde!" Auf dem Leipziger Schlachthügel knieten drei Monarchen und gaben ebenfalls Gott die Ehre, — um sie nicht den Völkern zu geben. Jean Paul sagte 1815: „Völker haben Fürsten befreit und freie Fürsten werden freie Völker dulden und bilden, und altdeutsche Herzen werden sich ein altdeutsches Vaterland erobert haben!" Er glaubte wirklich noch, Staaten könne man von oben bauen, wie die Bienen ihre Körbe. Friedrich und Joseph waren solche freidenkende Fürsten gewesen, aber sie hatten das gesunkene deutsche Reich nicht aufgebaut, der Eine weil er nicht wollte, der Andere weil er nicht konnte. Den Fürsten rief Jean Paul 1815 zu: „Glaubt Ihr daß das Volk, das in der Noth und im Gefühl nach Rache während der Feuersbrunst Riesenlasten trug, auch im Frieden in der Anspannung aushalten sollte? O nein, und Ihr benutztet seine Abspannung zu eigensüchtigen Vortheilen aus Furcht vor Denen, die Euch und den Staat gerettet, und aus niedriger Scham, daß Ihr Euch retten ließet. Oeffentlicher Geist und großer Gemeinsinn mußten gepflegt werden, und Ihr legtet sie brach!" — Jean Paul sprach damals das große Wort: „Völker werden leichter vergiftet als verfinstert!" Er mahnte an Hellas, wie dort nach den Siegen über Xerxes alle Blüthen des Volksthums aufbrachen, und nach den Siegen über den neuen Xerxes knickten Deutschlands Fürsten die Blüthen ihres Volks. Selbst Fichte, Arndt, Schleiermacher standen auf der Liste der Schwarzsehercentralcommission als verdächtig gegen Ordnung und Ruhe. „Ihr wolltet Kirchhofsruhe, schrieb Jean Paul, fürchtetet Euch vor den Regungen des Friedens, nachdem Ihr das Volk zum Kriege verbraucht. Ihr fürchtetet den Tugendbund, und wußtet nicht, daß ein solcher in Germanien seit Tacitus bestand und immer im Stillen zur Befreiung vorbereitete. Bedenkt, daß die Völker Euch gegen den Prätendenten Europa's vielleicht treuer geblieben als Ihr ihnen gegen ihn, und zu einer Zeit, wo er Eure Throne nur zu Treppen und Treppengeländern für den seinigen machte! Nichts wiederholt sich schwerer als Begeisterung. Und doch wiederholte Deutschland seine Begeisterung und Opferlust, den Tyrannen in Paris zu vernichten, ihn, der den Franzosen, die er knechtete, doch noch vom großen Umsturz mehr Bürgerfreiheit ließ, als Ihr je gewährtet." Kein Deutscher hat damals edler und kühner gesprochen als Jean Paul.

Als er Fichte's „Reden an die deutsche Nation". beurtheilte, in der Sylvesternacht 1807, schrieb er die goldnen Worte: „Erziehet deutsche Kinder, so habt Ihr nur Euch verloren; erziehet Euch, so habt Ihr nur Zeit verloren!" Dazu: „Auf die Gräber der Schlachtfelder lasset uns lebendige Ehrenbildnisse stellen, heilig und deutsch erzogene Kinder!" Auf die am 19. Juli 1810 gestorbene Königin Luise machte er den Polymeter: „Als Du das weiße Brautkleid für eine höhere, für uns nur bleiche Welt anlegtest, und der Erde Deine Krone zuwarfst, und nur mit dem Erntekranz Deiner ausgesäeten Ernten auf dem Haupte emporgingst, da weinte, wer von Dir gehört; da weinte noch mehr, wer Dich gesehen; aber die, die Du an Dein Herz gedrückt, konnten damals keine Thränen vergießen und nachher keine mehr zählen." Im Jahre 1812 schrieb er seine „Sphinxe", 1813 über „die Schönheit des Sterbens in der Blüthe des Lebens und einen Traum von einem Schlachtfelde." Am 14. October 1814 hatte er das Traumgesicht von Napoleons Rückkehr von Elba, nachdem er über den Elbischen Robinson gespottet; in dasselbe Jahr gehört sein „Mars und Phöbus' Thronwechsel." Als die derberen Kraftburschen mit Jahn und Anhang auf seine weiche Verschwommenheit schalten, klagte er über die deutschthümelnden Maulhelden, die sich als Kraftmenschen hinstellten und sich doch mit frommen Lämmleinsliedern begnügten. Er aber seinerseits glaubte an die Hellsehereien und die Wunder des Magnetismus als an Fingerzeige von Drüben.

Gegen die Romantiker, welche Kunstsinn und Stimmung schon für schöpferische Macht in der Kunst hielten, eiferte er

Anfangs stark; er schalt auf den „frechen Poetenwinkel in Jena", erkannte an den Schlegeln mit Recht nur das Talent des Uebersetzens und der Kritik an, während in dieser jedoch auch ihre philosophischen und ästhetischen Entdeckungen meist fremdes Gut seien. Sein persönlicher Verkehr mit ihnen milderte seine Strenge und nach seinem Aufenthalt in Berlin (im Winter 1800—1) hielt er den Geist von Jena für ein heilsames Antidoton gegen den alten nüchternen Berolinismus. Fichte war in Berlin der Mann des Tages geworden, und mit Schleiermachers Reden hatte eine neue Philosophie, die sich mit dem geoffenbarten Glauben harmonisch machen wollte, das Ende der Herrschaft Kants verkündigt. An die Stelle des kategorischen Imperativs der Pflichtenlehre trat als lebenregelnde Macht die Liebe zum Guten, der Genuß im Pflichtvollziehen, das Glück der Seligkeit, das die Tugend giebt. Das stimmte zu Jean Pauls Glauben an die Herrschaft guter Dämonen und er machte in seiner „Vorschule zur Aesthetik" (1804) den Romantikern große Zugeständnisse. Dies werthvolle Schatzbüchlein für jeden Kunstjünger hat Gervinus ungebührlich herabgesetzt, weil er weder Philosoph genug ist, die Winke und Fingerzeige des unbewußten Genius zu verstehen, noch Künstler, um die dort hingeworfenen Edelsteine und Goldkörner zu fassen und zu verwerthen. Das Werk ist freilich keine systematische Aesthetik: es ist keine regelrechte Ernte, aber eine reiche Aehrenlese; mithin auch nicht sowohl eine Vor- als eine Nachschule zur Lehre vom Schönen.

In diesem Werke wurde Jean Paul auch dem hohen Schiller gerecht. Frühere Aeußerungen über ihn, dem ersten Besuch in Thüringen angehörig, galten nur der Person. Er schrieb aus Jena vom „felsichten Schiller, an dem wie an einer Klippe alle Fremden zurückspringen." Schillers Gestalt nannte er „verworren, hart und kräftig, voll Edelsteine, voll scharfer, schneidender Kraft, — aber ohne Liebe. Er spricht beinahe so vortrefflich als er schreibt." Er hat mit Schiller oft bis Mitternacht herumgestritten, gegen dessen Reflexionspoesie, „Prosaglanz" und eingelegten „Juwelenschmuck" eifernd. — Schiller seinerseits schrieb über ihn: „Ich habe ihn ziemlich gefunden wie ich ihn erwartete, fremd wie Einen, der aus dem Monde gefallen ist, voll guten Willens und herzlich geneigt, die Dinge außer sich zu sehen, nur nicht mit dem Organ, womit man sieht."—Jean Paul wehklagte überhaupt gern über getäuschte Ideale beim Anblick der Großen. Goethe fand er 1796 „kalt für alle Sachen und Menschen, einsylbig, einen Gott im Palaste." Später, als Goethe den chaotischen Bewegungen der Nation gegenüber erkaltet zu sein schien, äußerte Jean Paul in einem Briefe an Knebel, in so stürmischen Zeiten bedürfe man eher eines Tyrtäus als eines Properz. Eine treffende Bemerkung, über die Goethe empfindlich wurde. Der Pfeil, der in den Xenien auf Jean Paul abgeschossen war, lautete aber ebenso wahr: Hieltest Du deinen Reichthum nur halb so zusammen wie ein Anderer, Manso, seine Armuth, du wärest unsrer Bewunderung werth! Goethe verglich ihn dem Chinesen in Rom, den die

Architektur der ewigen Stadt belästigt gegenüber den Säulchen und dem Schnitzwerk seiner vergoldeten Hölzer, und „den reinen Gesunden für krank hält", damit er selbst nur, der Kranke, für gesund gelte. Später, in den Noten zum Divan, hat er Jean Pauls Verwandtschaft mit orientalischen Weisen und Dichtern gefeiert.

Gegen Fichte wurde Jean Paul erst nach dessen Tode ganz gerecht. Seine Clavis Fichtiana war eine Verspottung des sich vergötternden Ichs; schreibend und redend blieb er dagegen in Harnisch. „Mit Fichte krallte ich mich oft sechs Stunden lang herum", schrieb er aus Berlin an Jacobi. Dieser Philosoph mit der aufgelösten Empfindsamkeit des Instincts und dem unmittelbaren Vernehmen des Ueberfinnlichen ohne allen Beweis, war recht eigentlich der Mann der sympathischen Wahlverwandtschaft Jean Pauls. Noch mehr, in persönlichem Verkehr gesteigert, Herder, der hoch aufhorchende, imposante, salbungsreiche Priester, der sich zutraute, das Christenthum zu einer Allerweltsreligion zu gestalten. Jean Paul feierte in Herder denjenigen, „der zuerst die Schwingen der Prosa losband und den Falken des Genies ohne Faden und Haube steigen ließ." Herder, weich und bandenlos, obschon hoch aufgerichtet und stolz, wirkte auflösend in alle dem, was Lessing zwar frei gemacht, aber zugleich im Gesetz der Form gebunden hielt. In formloser Auflösung aber schwelgte Jean Pauls Genius am liebsten. Er nennt Herder „ein Herz mit tausend Fibern und mehr als zwei Herzen"; Beide waren gleich sehr betäubt und trunken von Schätzen, die sie wohl heben, aber nicht formen konnten. „Dieser durchgötterte Mensch", schrieb Jean Paul an Herders Gattin, „dessen Brust im Aether steht, und dessen Fuß in der Erdenluft und der nicht die Blätter des Erkenntnißbaumes, nicht die Zweige, sondern den ganzen Baum ergreift, und nicht diesen, sondern wie im Erdbeben den Boden statt des Baumes schüttelt — Dieser verhüllt hinter Scherz seine höhern Wünsche und seine Ueberlegenheit über das Jahrhunderte!" Velleitäten freilich waren es blos, Spinoza mit dem Christenthume zu vereinbaren und die von Herder unverstandenen Widersprüche zwischen beidem salbungsvoll mit priesterlichem Faltenwurf zu verdecken. Herders Miene der Ueberlegenheit über das Jahrhundert aber legte sich schon Goethe gegenüber in neidisch hypochondrische Falten. — Persönlich war Hans Paul im Herderschen Hause wie ein Sohn, wie ein unmündiges Kind, für das die Frau des Oberpriesters von Weimar selbst die Kleider einkaufte.

Hülfsbedürftig in äußerer Beziehung, that ihm persönliche Freundeshand vielfach noth; nur mußte zugleich seinem Bedürfniß nach Sympathie ein Genüge geschehen. Ein Secretär wäre ihm für seine Schriften heilsam gewesen. Christian Otto, dem er mittheilte was er schrieb, war eine ordnende Natur dieser Art, aber wohl von zu bescheidenem Einfluß. Der jüdische Freund Emanuel Osmund theilte weit mehr den Aether seiner Gefühle, seiner Religion und seines Humors; unter den Genossen in der fränkischen Heimath war aber Emanuel seltsamer Weise nur Rathgeber in Geldsachen und

Bierlieferant. Ein anderer Freund Jean Pauls war Friedrich von Oertel, ein reizbarer Hypochonder, der längere Zeit in Rußland, dann bei Leipzig lebte und in einer Schrift „Vom Adel" gegen Kotzebue aufgetreten ist. Emil Thieriot, Leipziger von Geburt, vagabundirend, bald Geigenspieler, bald Schulmeister, voll Witz und Schwung, eine confuse Kometennatur wie Jean Pauls Lieblingsfiguren, war wohl nur ein bloßer Ableger und Absenker der Jean Paul'schen Muse. Ebenso J. B. Hermann, ein mit sich und der Welt zerfallener Schwarmgeist, bald wie eine Lerche in den Wolken singend, bald in einem Dreckloch auf der Erde nistend, wie Jean Paul selbst von ihm sagte, voll Cynismen wie sein Katzenberger und doch von jungfräulich reiner Seele, zwischen Schlamm und Aether rasch wechselnd.

Von Frauen trat ihm noch im späten Leben ein Schwesternpaar von Bedeutung entgegen, die Herzogin Dorothea von Kurland und Elisa von der Recke, Beide geborene Reichsgräfinnen von Medem, in Löbichau bei Altenburg Hof haltend. Jene mit drei Töchtern, später vermählten Prinzessinnen von Acerenza, Hohenzollern und Sagan. Jean Paul nennt sein Leben in diesem Frauenkreise einen wahren Freudenhimmel. Bis zum Erscheinen seines Hesperus ein hungernder Poet, sollte er gegentheilig auch Gefahr laufen, von Rosenblättern begeisterter Liebe erstickt zu werden. Dem vertrauten Juden Emanuel hat er in seiner Spätzeit das Geständniß gemacht, man werde dieses sogenannte Verehren doch endlich satt; Jünglinge und Männer, klagt er, drängten sich an sein Herz, „und die Weiblein, setzt er übermüthig hinzu, heb' ich nesterweise aus." Sein altes, weltweites Herz, sagt man, sei mitten im gesicherten Hafen des häuslichen Glücks ganz spät noch einmal aufgeschäumt in Leidenschaft für Sophie Paulus, die in einem kurzen Eheversuch August Wilhelm Schlegels Gattin gewesen. — Eine düstere, schmerzvolle Episode für ihn im Verkehr mit Frauen machte die unglückliche Maria, deren schwärmerische Begeisterung für ihn sich bis in den Tod aus freier Wahl verirrte, indem sich ihr glühendes Schmerzgefühl nur in den Wellen zu kühlen wußte. Es war bald nach der Zeit (1814), als er seinen „Kometen, Nicolaus Marggraf" entworfen und begonnen. Maria war die Tochter eines deutschen Mannes, der unter dem Henkerbeil der Pariser Schreckensherrschaft geendet. Aus Pipitz' und Fink's Bibliothek auserwählter Memoiren erhielten wir Aufschluß über ihre lange Zeit räthselhaft gebliebene Person. Ihr Vater war jener Adam Lux, der zur Zeit des Convents seine Begeisterung für Charlotte Corday mit dem Tod unter der Guillotine büßen mußte. Rief vielleicht Jean Pauls begeisterte Apologie des Heldenmädchens von Frankreich in der Seele des deutschen Kindes zuerst die Entzückung für den Dichter wach? Sie hat den Schöpfer ihrer Träume, das Ziel ihrer weiblichen Wünsche, den Abgott ihrer Anbetung nie leibhaftig gesehen. Schon in ihrem zehnten Jahre war Jean Paul ihr Idol. Der Jungfrau erwuchs er zum Inbegriff des Höchsten, was er geschaffen, zum reinsten Menschen, zu einem Heiligen, einem Christus. Das Pult, in welchem sie sein

Bildniß und alles barg, was sie von seinen Werken abgeschrieben, war ihr Altar. Sie schrieb ihm gleich in ihrem ersten Briefe, da sie nicht sein Kind sein könne, so würde der Tod „ein Strahl des Himmels" für sie sein, der sie zu ihm führe, und in einer bessern Welt werde sie ihn lieben dürfen; nur quält sie der Gedanke, ob er sie jenseits, unter den vielen Seelen, die ihn umfassen würden, erkennen und anerkennen werde! Dann aber will sie hienieden ihn noch sehen, sein Haus betreten, ihm als Magd wie ein Käthchen ihrem hohen Herrn dienen, denn sie scheue zu Hause auch die schwerste Arbeit nicht. Ueber diese plötzlich sinnliche Wendung ihrer Wünsche erschrickt aber die Unschuld ihrer kindlichen Seele, und da die Antwort ausbleibt, so ergreift sie in Scham und in der Furcht, er müsse sie nun verachten, den Entschluß, in den Tod zu gehen, sich in den Strom zu stürzen. In der Dämmerung eines Maimorgens steht sie bereits auf der Brücke und hat ein Messer auf ihr Herz gezückt, als die ahnende Schwester herbeistürzt und sie um der Liebe zur armen verlassenen Mutter willen beschwört, von dem unseligen Vorhaben abzulassen. Sie ließ sich beschwichtigen; auch kam Jean Pauls Antwort. „Ihre vier Briefe eines guten und überwogenden Herzens hab' ich empfangen", begann er. Er ermahnt sie zum Hinblick auf den gestorbenen Vater, der vom Himmel auf sie niederblicke; sogar der mächtigste und heiligste Mensch, Christus, sei sanft, mild und ruhig gewesen; sie dürfe in ihrem Innern fliegen, aber mit ihrem Aeußern nur schreiten, ihr Herz auflodern lassen in ungemessene Flammen, aber nicht eher handeln als wenn die Gluth Licht geworden. Er wolle ihr geistiger Vater sein und sie Tochter nennen, er liebe sie und grüße sie von seiner Frau. Da gestand sie ihm ihren Entschluß in der schreckenvollen Mainacht. Der Dichter erbebte über soviel Kühnheit und Todeslust, aber wohl auch über die Wirkungen, die er machte. „Sie denken viel zu gut von mir als Menschen", schreibt er ihr; er sucht nun das Ideal von ihm in ihren Gefühlen herabzudrücken. „Kein Schriftsteller kann so moralisch sein wie seine Werke, wie kein Prediger so fromm als seine Predigten. — Erschüttern und entzücken wird mich einmal unsere Zusammenkunft. — Dein Vater J. P. F. R." Auf eine zeitweilige Beruhigung folgte aber neuer Sturm in ihr; die Liebe eines Vaters genügte ihr nicht, sie liebe ihn süßer, aber deshalb könne sie ihn nie auf Erden sehen, nur der Tod sei für sie der Weg zu ihm. Sie verbittet sich die gutgemeinten weisen Lehren und verlangt eine Locke von ihm und ein wenig Gegenliebe. Er sendet ihr die Locke und schreibt, seine Frau habe sie ihm von seinem Glatzkopf abgeschnitten; er male sich die Stunde schön, wo sie zuerst seine Karoline und seine Kinder und dann ihn selbst sehen werde. „Quäle Dich nicht, sonst quälst Du mich und Deine Schmerzen verdoppeln sich zu meinen!" Darin las sie Gegenliebe, und ihre Leidenschaft stieg zur Wildheit der Begierde. Sie ergoß sich wieder in glühenden Briefen, schreckte aber von neuem schamhaft zurück, als er strafend antwortete und es schalt, daß sie ihn vergöttere, aber nicht seinen Lehren folge; er verlangte nicht blos Briefe von ihr, sondern die gesammten Tagebücher ihres Lebens. Sie aber verstummt, sie will verschwinden in Angst, Scham und Liebe. Nur Mutter und Schwester hat sie noch zu berücksichtigen. Jene stirbt, diese verlobt sich; nun hält sie sich für frei und schreibt ihren letzten Brief. Sie habe gefehlt, aber sei unverstanden; es werde im großen Universum doch noch einen Ort geben, wo sie sich wieder erholen und endlich so sein könne, wie sie sein wolle. Sie will unbemerkt verschwinden und vergessen sein; niemand wisse um ihre Geschichte, alle Bücher und Tagebücher habe sie verbrannt, nur die Locke Jean Pauls solle an ihrem Halse bleiben, um sie mit hinüberzunehmen. Ihr unglücklicher Geist werde ihn umschweben: „o dürft' ich Ihnen ein Zeichen geben, Ihnen sichere Kundschaft bringen!" — Ihrer Umgebung schien sie ruhig, bedächtig, mit häuslicher Anordnung erfüllt; so hatte sie keinen Verdacht erregt, als sie im Strom ihrer Vaterstadt (war es der Rhein, war es der Main?) die Stelle suchte, wo Mühlräder sie erfassen mußten. Fischer aber holten sie hervor. Allen Versuchen, sie zum Leben zurückzubringen, setzte sie mit voller Geistesmacht Widerstand entgegen. Sie sprach noch entzückt von den Augenblicken, wo ihr unter den Fluthen die Sinne schwanden, und die Seele, frei von irdischen Banden, in die lichte, helltönende Ewigkeit hinüberdämmern wollte, in das Land Jenseits, wo es kein Erröthen vor einer reinen Liebe giebt und Alles Licht ohne Schatten ist. Sie drückt das verschluckte Wasser gewaltsam zurück und endet mit einer spartanischen Kraft der Seele, unsträflich und rein, — wie sie

wähnte. Ein Weib kann riesenhaft in seiner Schwäche sein.
— Jean Paul zitterte vor Schmerz und Wehmuth. „Sie starb höher als Andere lebten", schrieb er dem Freunde Otto; er war froh, nicht so „erbärmlich" gewesen zu sein, „diese hohe Seele strenger noch von sich abzuweisen." — Mariens Geschichte ist eine furchtbare Rache der zurückgedrängten Sinne gegen den Geist. Das Kind war Anfangs ganz Seele, ganz trunken von dem Aether einer keuschen Entzückung, die Jean Pauls Poesien athmen. Durch das Zwielicht betäubender Düfte laufen Anfangs nur allmählich irre Funken der Begier, kleine mädchenhafte Wünsche, harmlos wie flatternde Genien, weiß in Unschuld gekleidet; aber es sind Vorboten aufglühender Leidenschaft, fliegende Wölkchen, die vor dem Gewittersturm tanzen. Wie sie erschrickt vor der Begier der Sinne, hält sie sich für gezeichnet, für entlarvt vor sich, vor ihm und aller Welt. Nachdem sie ihre Regungen für so rein gehalten wie der unberührte Schnee des Gebirges, tödtet sie ihr Schamgefühl; nur die Fluth konnte die Flamme ihrer Leidenschaften löschen und nur Jenseits glaubte sie rein vor Dem dazustehen, der in der verschwimmenden Sphärenmusik der Verzückung die Wahrheit forderte, nicht die arme Erde für den Schauplatz des waltenden Gottes erkannte. Sie hatte ihren Dichter nur halb verstanden. Im verkrüppeltsten Leben der Erdenwelt malt er noch den Himmel und das Glück der begnügsamen Seele. Sein Humor hielt seinen Idealen das schwerste Gegengewicht, diesen seinen Gegenpol; seine burleske komische Welt versteht freilich und liebt selten ein weibliches Herz.

Im Jahre 1821 erschütterte den Dichter der Tod seines hoffnungsvollen siebzehnjährigen Sohnes. Bezeichnend ist, wie er den fleißigen Heidelberger Studenten vor Hegel gewarnt, „diesem dialektischen Vampyr des innern Menschen", — als ob Jean Pauls narkotischer Aether die Gesundheit der Seele sicherte! — Im nächsten Jahre erlebte er in Dresden mit den Huldigungen schwärmender Frauengeister noch einmal „eine Trunkenheit von innen". Man brachte ihm schon um 5 Uhr Morgens Ständchen und überschüttete ihn mit Rosen, von denen er eine als Orden für sein Knopfloch auserwählte, und um die man sich Abends wieder riß, wenn sie schon halb entblättert war. Man trug den Erschöpften im Stuhl auf die Brühl'sche Terrasse und geizte nach einer Locke vom Pudel Alert oder Ponto; die seinigen waren vielleicht eben so weiß, aber seltener geworden. Was will der Hund? scherzte Jean Paul, geht mir's besser? Na, in Baireuth wird's wieder in Ordnung gebracht; da lassen sie mich ungeschoren! — Man hat oft geklagt über Jean Pauls unwirsche Launen im persönlichen Verkehr; der begeisterte Heinrich Voß aber schrieb von seinem wahrhaft holdseligen Lächeln, „um das ihn der seligste Engel beneiden könnte", und sein Auge habe „Gott nur in der höchsten Begeisterung schaffen können!" Und dies Auge sollte ihm erlöschen. Leibliches Absterben bezeichnete die letzten Jahre seines Lebens. Die Gicht störte seinen Humor nicht ganz, und halb taub schrieb er noch über die Vortheile, auf dem linken Ohr nichts mehr zu hören, was in der Welt vorgehe, da ihm das rechte, wenn er wolle, genug sei, das

Gute zu vernehmen. Er blieb unverwüstlich thätig mit Kopf und Hand; am wenigsten erlahmte sein Herz in großen, weltweiten Plänen zu neuen und für alte Werke. Seine Autobiographie gedieh nicht über die ersten Anfänge hinaus. Sein „Papierdrache", eine Sammelei aller seiner noch unerledigten Gedankenschnitzel, deren er, sagt man, noch 50 Bände hinterließ, blieb im Pulte, „Selina" unbeendigt, wie eigentlich alle seine Werke. Mumien, Biographische Belustigungen, Flegeljahre, Komet, Alles sollte noch Fortsetzungen erleben und erleiden, und er verhauchte seine reiche Seele in Entwürfen zu künftigen Werken und in Plänen zu Ab- und Ausschweifen, Auf- und Anschwellungen schon vorhandener. Zwei Jahre lang erlitt er das Schicksal der Erblindung auf dem linken Auge, während das rechte der graue Staar deckte. Ein rührendes Bild des ruhig duldenden und in der Herrlichkeit seiner unsterblichen Jugend doch sichtbar verfallenden Sängergreises! Seine Blindheit brachte oft eine schmerzlich komische Verwirrung in die Eintheilung seiner Tageszeiten; er frühstückte mitunter um Mitternacht und ging um drei Uhr Nachmittags schlafen, in der Meinung es sei schon Abend, wie König Lear sagte: Wir wollen heute Nacht zu Mittag speisen! — Abends den 14. November 1825, 8 Uhr, ging Jean Paul seiner Morgenröthe im Lande Jenseits entgegen.

II.

Ludwig Tieck und die Romantiker.

II.

Ludwig Tieck und die Romantiker.

Frau von Staël sprach in ihrem Buch über Deutschland von unserem Mangel an nationalen Vorurtheilen. Die Französin machte uns zum Vorwurf, was wir lange Zeit zu unsern Vorzügen rechneten. Das Herz Europa's, Germanien, ist an seiner Hingabe an Fremdländisches, an seiner Aufnahmefähigkeit fremder Elemente seit dem großen Glaubenskriege zu Grunde gegangen. Wir glaubten dann auf geistigem Gebiet kosmopolitisch das Verlorene wiederzugewinnen. Goethe schloß seine germanisch-gothische Jugend mit Götz, Werther und Faust gewaltsam ab; seine classischen Studien führten zu dem griechischen Kuppelbau seiner folgenden Dichtungen; Schiller suchte die Antike mit der Romantik zu vermählen. Da stieg aus einem Winkel ein Genius auf, der nichts weiter als deutsch sein wollte, so deutsch, daß er darüber zum Sonderling ward, der dem Zwang der Formen gegenüber sich in Formlosigkeit gefiel. Auch die Romantiker eiferten gegen den Terrorismus der antikisirenden Richtung. Das macht Jean Paul ungesucht zu ihrem Genossen. Aber er griff das Nächstliegende im deutschen Jammer als Stoff zur Dichtung auf, während jene nach den glänzenden Gütern der Vergangenheit gruben, um das verlorene Deutschthum wiederzufinden. Auf das Gefühl der Ohnmacht dem französischen Umsturz gegenüber folgte das Gefühl der Schmach unter dem Fußtritt des Corsen. Die Erinnerung an den hingesunkenen Glanz germanischer Macht und Hoheit stieg wie ein Traumbild mit den Lockungen der Wehmuth über das gesunkene Geschlecht. Nicht mehr fremde Macht und Größe anbeten: schien heimlicher Schwur für das junge Jahrhundert zu werden, im Schutt vergangener Zeiten nach den alten Schätzen suchen: das Losungswort. Damit begann die Macht des neuentdeckten volksthümlichen Geistes, aber auch die Macht der an uns vermißten nationalen Vorurtheile. Die romantische Schule grub fehl und fand nicht ganz die alten Schätze. Aber wie der Weg und die Arbeit zum Ziel oft mehr werth als dessen Erreichung, die irrenden Ritter, die nach dem Gral auszogen, Wunderbares leisteten auch wenn sie auf Montsalvatsch nicht endeten, die Kreuzfahrer im Orient Welt und Völker kennen lernten, auch wenn ihr Ziel, das heilige Grab, in Feindeshand blieb, so hat der ganze Durchbruch der Romantiker der Nation zu dem Drange verholfen, sich selber wiederzufinden, wenn auch der Hort nicht dazu entdecken war, wo die Sehnsucht ihn suchte, die berauschte Phantasie ihn träumte. Selbst die Herrlichkeit der alten Kaiserzeiten tauchte aus der Tiefe der Vergessenheit am fernen Horizont herauf, und Viele hofften noch in unsern Tagen politisch auf Morgenroth, wo kaum noch matter Abendschein alte Trümmer deutscher Macht und Einigkeit besäumte. Das Gefühl der Ohnmacht, die Scham der Niedertracht unter fremder Herrschaft, das lange verschwiegene Eingeständniß schmachvoller Auflösung in allem Inhalt, in aller Form, allen Rechten und Pflichten getreuer Zusammengehörigkeit und Ehre trieb die Edelsten verzweifelt an, sich kopfüber in die Dämmerungen des Mittelalters zu stürzen, weil von dort, wenn irgendwo, ein neuer Tag aufsteigen sollte. Sitte, Sprache, Sinn und Sage alter Dichtung mußte der Nation wieder neu erwachen und eine Macht werden, die uns mitten in der Schmach der Niederlage vom fremden Formelzwang erlöste. Viele von den irrenden Rittern, die auszogen das Heil zu suchen, verloren sich ausschweifend im Dickicht des Waldes auf Nimmerwiedersehen oder endeten wie der Rhein im Sande, ohne dessen Hort zu finden, oder in Wüsteneien wahnsinniger Einöden des Geistes. Aber der Drang, der nach dem Ziele trieb, an dem sich Deutschland wiederfinden sollte, war auch wo er verdeckt blieb oder ausartete, seinem Ursprung nach und in seinem Grundzuge tief und ächt. Ein Geist der Romantik war beim Wechsel der Jahrhunderte über das gesammte Geschlecht gekommen, und muß, auch wenn er als Schwärmerei in den einzelnen Vertretern seine Verwilderung und Verirrung fand, als eine große nationale Sehnsucht verstanden werden, die verlorene Volksthümlichkeit wiederzufinden, und wenn diese Romantik mit ihrem Rückschlag ins Mittelalter von der Schmach in der Wirklichkeit und von dem Terrorismus der Formen keine Rettung, sondern nur Trost dafür brachte, so trug sie doch in ihrem Schooße die Bedingungen, die Deutschland in der wiederwachenden Besinnung auf sich zu einer möglichen Neugeburt befähigte. Die alten Mährchen und Lieder, Sagen und Geschichten des Volks stiegen aus dem Schlund der Vergessenheit wieder herauf ans Tageslicht Tieck gab die Minnelieder heraus, sein altdeutsches Theater, Leben und Lieder des Sängers Liechtenstein; seine Schwester, Sophie Tieck (verheirathete Bernhardi und von Knorring) brachte Flor und Blancheflor, Moses Mendelssohns Tochter Dorothea (die sich vom Maler Veit trennte, um Friedrich Schlegels Gattin zu werden) die Rolandssage nach Turpin. Im „Dichtergarten" (1807) lieferte Friedrich Schlegel seine „Deutschen Sprüche in der Manier des Freidank" und „Eulenspiegels guten Rath". Arnim und Brentano's Volksliedersammlung: „Des Knaben Wunderhorn" erschien 1806—8 in drei Bänden. Herders „Stimmen der Völker" von ehedem waren im kosmopolitischen Sinne gesammelt und bei Ausmärzung haarsträubender Naturwüchsigkeiten in abgeschliffener, wenn auch nicht abgeschwächter Form wiedergegeben. Die verschmähte Naturwüchsigkeit auf deutschem Boden wurde in des Knaben Wunderhorn recht absichtlich aufgesucht und festgehalten. Alles in deutscher Kunst und Art sollte den verlorenen Stempel der Ursprünglichkeit, den Zauber der Volksthümlichkeit wiedergewinnen, auch wo die Barbarei alter Zeit und Weise in barocker, verwilderter Gestalt den Gesetzen classischer Schönheitsregeln Hohn sprach. Erst die Gebrüder Grimm brachten seit ihrer Sammlung alter Am-

menmährchen und Sagen aus dem Volksmund sowie mit
ihren geschichtlichen Sprachforschungen Halt und Licht in
Sinn und Sitte mittelalterlicher Dichtung, und Uhland
stellte in unsern Tagen die alten Schätze wissenschaftlich ge-
ordnet auf. Zu verwundern ist, daß die Romantiker nicht
gleich und gradeswegs auf die mystische Graldichtung, auf
Parcival und Lohengrin lossteuerten. Stürzten sie sich doch,
am nüchternen Licht der Aufklärung der Väter verzweifelnd,
kopfüber in der Frau Großmutter dunklen Schooß und fal-
tenreichen Mantel; scheuten sie sich doch nicht, sich im alten
Aberglauben des Volks zu berauschen, um vor der Nüchtern-
heit des Tages Rettung, in gewaltsam erzeugten Illusionen
vor dem Elend der Gegenwart Vergessenheit zu finden. Die
Sehnsucht nach der alleinseligmachenden Kirche, die manchen
der irrenden Ritter von der traurigen, wenn auch romantischen Gestalt befiel, wäre leicht als eine moderne Gralfahrt
zu deuten gewesen. Schon Jünger des classischen Zeitalters,
schon die Stolberge befiel 1800 ein Heimweh zum alten Groß=
mutterschooß, Friedrich Schlegel wurde 1805 in Cöln katholisch, Adam Müller folgte ihm noch in demselben Jahre nach,
und 1811 in Rom Zacharias Werner, der damit seine „Weihe
der Kraft" entkräften und entmannen wollte. Die Sehnsucht
nach einem neuen allumfassenden Glauben, der den Deutschen
die verloren gegangene Einheit wiedergeben sollte, war an
dem Gefühl der Ohnmacht gescheitert, dem Jahrhundert
eine neue Religion zu geben. Der alte heilige Gral winkte
dann den Schwarmgeistern als sanguis realis wie Wolfram

von Eschenbachs irrendem Helden. Kern und besten Inhalt des Mittelalters in den Rittergedichten der höfischen Tafelrunde zu finden und in diesen Gebilden die Sehnsucht nach der verlornen Deutschheit zu stillen, wäre freilich auch nur ein anderer Irrthum gewesen, denn in diesen Dichtungen athmet mehr modisch nachgeahmtes Wälschthum als deutscher Sinn und deutscher Volksgeist. Noch einen Schritt weiter mußten die fahrenden Ritter der Romantik wagen, um dann, zu ihrem Schrecken freilich, vor der urgermanischen Gewalt der Nibelungendichtung das ganze Traumgespinnst ihrer Illusionen fahrenzulassen. Hier sprudelt der Quell, hier wächst im Bergwerk deutscher verschütteter Vergangenheit blank und baar, aber freilich gewaltsam und wild unsers Volksthums Kern und Wesen. Das Nibelungenlied setzt das Christenthum in äußerer Sitte und Form nur voraus, hat aber dessen Welterlösung und Sühne gar nicht zum Inhalt, es strotzt von der keuschen Urkraft altheidnischer Ursprünglichkeit germanischer Natur, aber auch aller Versöhnung fremd, in unbeugsamer Rachsucht und starrer Tücke. Die romantische Schule wäre mit ihrem Glückseligkeitstraum eines pangermanischen Mittelalters vor Hagens und Kriemhildens Häuptern wie vor Gorgonenantlitzen erschreckt; ihre wollüstigen Fieberträume von altem Frieden und altem Heil wären verflogen, aber ihre Nerven hätten sich vielleicht gestählt an der eisenhaltigen Kraft des hörnenen Siegfried, statt sich zu schwächen an den eingebildeten und weichlichen Illusionen der liebesehnsüchtigen Minnesänger. Die Romantiker drangen bei ihrem Rückgang ins Mittelalter nicht bis zu dem Hort der Nibelungen vor; August Wilhelm Schlegels Hinweis darauf (im "Deutschen Museum" zu Wien 1812 und 13) war nur ein schwacher Sehnsuchtsruf nach diesem Stahlbad für liebesieche Verzärtelung und nach diesem Wogenschlag im Meer offener Leidenschaften. Die Volksbücher, zu denen die Romantiker griffen, sind nur abgeblaßte Umbildungen der altdeutschen Heldengedichte. Und auch da noch entsetzten sie sich über die formelle Rohheit der Volksdichtung und gestalteten sie um, versetzten sie entweder mit dem Salz und Pfeffer der Kritik ungläubiger Epigonen oder mit der Hyperromantik somnambuler Gelüste, störten aber in beiden Fällen der alten Sagen Unschuld, Wahrheit und Treue.

Ueber den Begriff Romantik ist viel gestritten und viel gefabelt. Der Sache und der geschichtlichen Entstehung nach gehört das Romantische dem Zwielicht der romanischen Völkerentwicklung an. Die römische Weltherrschaft war in Verwesung begriffen, eine Beute der Barbarenhorden, das antike Rom erlag der Faust der germanischen Völker, diese selbst aber erlagen der Cultur des alten heidnischen Roms. Aus diesem unklaren Ineinandergreifen sich bekämpfender Elemente entstanden die romanischen Sprachen und Reiche. Das Christenthum, welches Rom den Germanen brachte, war nichts weniger als Christi Lehre; es griff zurück zu den altjüdischen Formen und fußte auf den im Völkerleben vorgefundenen heidnischen Elementen. Das römische Christenthum selber war eine romanische Geburt, es ist die Romantik von

Christi Lehre. Roms Mission war, die Welt von neuem zu bezwingen und wo sie sich nicht bezwingen ließ, sie in ihrem Vorfunde zu bestätigen. Dies Ineinanderwirken altheidnischer und christlicher Elemente wiesen am besten die Gebrüder Grimm nach; aus dem netzewerfenden Thor wurde Sanct Petrus der Fischer, aus der Göttin Freia die Jungfrau Maria. Das ist romanisch und romantisch. Christlich und romantisch sind nicht für gleichgeltend zu nehmen; denn schon vorchristliche Poesie, die orientalische, bei ihrem Vorwalten der Lyrik, bei ihrem Unvermögen zur Dramatik, kann für romantisch gelten, wofern es erlaubt ist, den Begriff der Romantik seiner romanischen Herkunft zu entziehen. Jean Paul erklärt das Romantische als: „das Schöne ohne Begrenzung, das schöne Unendliche". Damit wäre denn auch schon die orientalische Architektur romantisch, insofern das Symbol die Sache nicht erledigt, sondern nur andeutet, während die antike Bildsäule in ihrer fertigen Abgrenzung nie romantisch heißen kann, wohl aber die Malerei mit ihrer Perspective wesentlich romantische Kunst ist. Wo aber die Malerei ihre Gestalten in fertiger Vollendung hinstellt, da nennen wir — nach unserm Sprachgebrauch — ihre Leistungen und Gebilde dennoch classisch. Classisch wird nicht blos die Plastik genannt, nicht blos die Antike, sondern in aller Kunst, in der Kunst jedes Zeitalters dasjenige Werk, in welchem sich der Inhalt voll und fertig ausprägt, Form und Inhalt sich decken. Raffael ist in der fertigen Herausgeburt seiner in der Sauberkeit der Grazie gehaltenen Gestalten anerkannt classisch, so romantisch auch seine Themata sind, wie Himmelfahrt, Verklärung. Heller offener Sonnenschein und Tageslicht ist classisch, auf- und untergehende Sonne, schon bei ihrem Farbenspiele im Kampf der Nebelmassen mit dem Licht, romantisch. Je südlicher ein Land, desto weniger hat es, bei Wolkenmangel, romantische Sonnenauf- und Untergänge. Damit wäre denn die hellenische Helle und Heiterkeit, physisch wie moralisch und künstlerisch begründet, jenes Element, das in Goethe, nachdem er seine germanisch-gothische Jugendrichtung erledigt, eine geistige Wiedergeburt erlebte. Bei Goethe ist Alles Sonnenlicht, Tagesbeleuchtung bei festen, fertig abgegrenzten Linien. Jean Paul giebt der romantischen Poesie im Gegensatz zur plastischen „die Unendlichkeit des Subjects zum Spielraum, worin die Objectenwelt wie in einem Mondlicht ihre Grenzen verliert." Und damit wäre denn mit Recht Tieck's „Mondbeglänzte Zauberwelt, die den Sinn gefangen hält" recht eigentlich als Romantik bezeichnet. Sonne und Tageslicht gehören zur classischen Kunst, Mondschein mit Dämmerlicht, Helldunkel, Unsicherheit der Schatten und Unendlichkeit der Perspective gehören der Romantik an. Sollte doch das Unsagbare, geheimnißvoll aus der Geisterwelt Hereinreichende, elementarisch in den Naturmächten Waltende, nach der Doctrin und Praxis der Romantiker die tiefste Poesie sein, so daß in ihren Gebilden gar nicht mehr zu entscheiden, wo Traum und Phantasie aufhören, Wirklichkeit und Wahrheit beginnen. In ihrer Tendenz war Haß gegen plattes Philisterthum und gegen nüchterne Aufklärung oft genug aus-

gesprochene Absicht, und als die romantische Schule ihre
Jenenser Epoche abgeschlossen hatte, entwickelte sie in Ber-
lin recht eigentlich ihre Polemik gegen allen flachen Aufklä-
richt, dergestalt daß auch Jean Paul seit seinem Berliner
Aufenthalt sich für ihre Richtung erklärte. Zu ihren Feld-
zügen gegen alle Nützlichkeitsprincipien und blos praktischen
Ziele gesellte sich auch ihr Spott gegen die abstracten An-
maßungen eines transscendenten Idealismus, der die reale
Welt von aller Wahrheit entblößte und im Egoismus des
Ichs und der moralischen Willenskraft das Centrum des
Lebens erfaßte. Fichte in seiner moralischen Ehrbarkeit hatte
sich zur Verbindung mit den Romantikern persönlich nur
geneigt gefunden, weil er Kampf gegen das Bestehende einzig
für Rettung gegen herrschende Uebel hielt. Innerlich war er
ihnen jedoch stracks entgegen. Im Sinne der Romantiker
führte die Freiheit des Ichs moralisch, politisch, religiös
zu einer Auflösung aller Formen, zu einer Verwirrung alles
Inhalts; in und mit Fichte wurde die Freiheit zu einer neuen
idealen Macht, zu einer Kraft, die Welt des Herkommens nach
heiliger Ueberzeugung neu zu gestalten. Schleiermacher hatte
anonym in den Briefen über die Lucinde gegen falsche Prüderie und mönchische Ascese, gegen „die Engländereien in
der Liebe" Opposition gemacht. Daß die Kunst, wie auch
die Liebe, Mysterium bleiben müsse und solle, konnte
sein Glaubenssatz bleiben, das Mysterium aber in der
buchstäblichen Sklaverei der römischen Symbole zu suchen,

hielt er für Verrätherei, wie er denn auch seines Busenfreundes Friedrich Schlegels Bekehrung nicht blos für einen Abfall von dem evangelischen Bekenntniß, sondern auch für einen Abfall von der Wahrheit und von der Freiheit der Kinder Gottes hielt. Von Wahrheit und Freiheit sind aber die Romantiker abgefallen, auch wenn sie sich nicht an den Buchstaben Roms gefangen gaben. Opposition gegen den Terrorismus der classischen Formen führte sie auf das deutsche Mittelalter zurück; aber sie, die wesentlich deutsch sein wollten, entdeutschten deutsche Dichtkunst nicht weniger, indem sie die Versformen der Litteraturen der romanischen Völker zu ihrem Studium und zu ihrer Praxis machten. Das Spiel mit den bloßen Formen ward damit nicht beendet, vielmehr nur die große, strenge Schule unserer Sprachbildung in antiken Maßen. Das formelle Sonetten-, Terzinen- und Canzonengereime mit dem Assonanzengeklingel war nur eine neue modische Coquetterie, unter der deutscher Nationalinhalt eben so sehr sich verflüchtigte, wenigstens nicht was noth that, zum Ausspruch brachte. War die Gefahr groß, daß unter und mit den Dioskuren von Weimar die Kunst sich selbst alleiniger Zweck wurde, so betrogen die Romantiker sich und die Nation noch viel mehr um ihr Ziel, in Kunst und Poesie wieder Deutschthum zur Geltung zu bringen. Was naturwüchsig und ursprünglich sein sollte, wurde damit ebenfalls wieder erkünstelt. Und wenn Tieck in seiner Spätperiode, in der Periode seiner Novellendichtung, statt zum Volk zu halten, zur eingebildeten ausschließlichen Gesellschaft zurückging, so war auch hier wieder Selbsttäuschung und Abfall. Als es galt, auf der deutschen Leier den Ton für's Volk anzuschlagen, um gegen die Fremdherrschaft die gesunkene Kraft der gesammten Nation aufzurufen, da waren, während Tieck, die Schlegel, Brentano verstummten, mit Arndt, Schenkendorf, Körner nur wenige Ausläufer der Romantik die Tyrtäen, die dem Vaterlande dienten, indem sie für's Höchste, für Freiheit und Glauben an's eigne Volksthum in die Saiten griffen. Die höchste Ausartung in der Künstelei erlebte aber die Romantik, indem sie in ihrer formellen Allerweltsliebedienerei sogar antike Maße mit romantischen Ingredienzien amalgamirte, A. W. Schlegel im Jon das antike Orakel mittelalterlich mystisch ausmalte und Friedrich, der im Alarcos Trimeter mit Assonanzen würzte, in der Verschmelzung der Antike und der Romantik das Höchste zu leisten gedachte. Damit verschuldeten sie den Spuk der neuen Schicksalstragödien Grillparzers, Müllners, Werners, Houwaldts, nachdem sie in Calderon den neuen Heiland deutscher Poesie entdeckt zu haben glaubten.

Mit dem von Tieck und A. W. Schlegel herausgegebenen Musenalmanach für 1802 begann der volle Durchbruch der romantischen Schule in ihrer Gegnerschaft zur classischen Poesie des Zeitalters. Quell und Ursprung dazu lagen schon im Jahrzehn vorher und sind am reinsten, tiefsten und edelsten in dem schon 1801 in seinem 28. Lebensjahre gestorbenen Novalis aufzufinden. Vor seinem Verkehr mit Tieck und den Schlegeln hatte er zwei Jahre lang in Jena studirt und mit gläubiger Andacht zu Schillers Füßen gesessen. Man kennt seinen Brief an Schiller, voll Schwärmerei eines Jünglings, fast mädchenhaft naiv; ein anderer Brief aus demselben Jahre 1791, an Reinhold in Jena gerichtet, spricht seine volle Begeisterung aus für den Dichter des Carlos und den hohen akademischen Lehrer. Er nennt ihn den „Erzieher des künftigen Jahrhunderts", einen jener seltenen Menschen, denen die Götter von Angesicht zu Angesicht das hohe Geheimniß offenbarten, daß Schönheit und Wahrheit eine und dieselbe Göttin sei, die Vernunft aber das einzige Heil, das den Menschen auf Erden gegeben, der einzig wahre, ächte Logos, der von Gott ausgegangen ist und zu ihm zurückkehrt. Novalis nennt Schiller mit Stolz seinen Freund. Jean Paul sprach vom „felsichten" Schiller, vor dem man wie an einem Felsen zurücksprang, so unnahbar, so hart und schroff und ohne Liebe sei er. Novalis lieferte dem entgegen von Schillers Persönlichkeit ein Bekenntniß. Er fand, als er zum ersten Mal zu ihm trat, sein mitgebrachtes Ideal noch übertroffen: „Sein Blick warf mich nieder in den Staub und richtete mich wieder auf. Das vollste, uneingeschränkteste Zutrauen schenkte ich ihm in den ersten Minuten, und nie ahnete mir nur, daß meine Schenkung zu übereilt gewesen sei. Hätt' er nie mit mir gesprochen, nie Theil an mir genommen, mich nicht bemerkt, mein Herz wäre ihm unveränderlich geblieben; denn ich erkannte in ihm den höhern Genius, der über Jahrhunderte waltet, und schmiegte mich willig und gern unter den Befehl des Schicksals. Ihm zu gefallen, ihm zu dienen, nur ein kleines Interesse für mich bei ihm zu erregen, war mein Dichten und Sinnen bei Tage und der letzte Gedanke, mit welchem mein Bewußtsein Abends erlosch. Eine Geliebte hätte ich für ihn weinend aus dem Herzen gerissen, wenn die Vorsehung ein so hartes Opfer verlangt hätte, meinem liebsten, Jahre lang gehegten Wunsche am Rande seiner Erfüllung entsagt; denn das Leben ist nicht das stärkste Opfer, was Enthusiasmus und Liebe ihrem angebeteten Gegenstande bringen können, denn wir fühlen nicht seinen Verlust. Sein Wort hätte Funken zu Heldenthaten in mir geschlagen, die keine Noth, kein Hinderniß hätten ersticken können, und vielleicht ist selbst das Gute und Schöne, dessen Spuren meine Seele trägt und tragen wird, schon durch sein Beispiel größtentheils mit sein Werk. Brächte ich einst Werke hervor, die einen innern Werth unabhängig in sich trügen, thät' ich etwas, das einen edleren Ursprung, eine schönere Quelle verriethe, so ist es doch größtentheils Schiller, dem ich die Anlage, den Entwurf zur vollendeteren Form verdanke" u. s. w. Ein solcher Jünger Schillers hätte bei mehr Kraft und Dauer die romantische Richtung vor ihrem Abfall vom hohen Dichterpropheten vielleicht behütet! Es war ihm nicht gegönnt, diese Werke von Belang zu schaffen; sein Nachsterben einer früh verblichenen Geliebten war nur der Anlaß für seine von selbst früh hinschwindende geistige wie leibliche Kraft; seine größeren Gedichte blieben entweder nur gedacht und entworfen, oder sibyllinische Bruchstücke, und die blaue Blume, nach der er mit den romantischen Genossen wie weiland Jason nach dem goldnen Bließe ausgezogen, blieb unentdeckt, war nur geahnet. Christliche Mystik war der Kern seines innern Lebens. Das verbrüderte ihn den Romantikern; wenn diese ihn aber den Johannes, den Lieblingsschüler eines Herrn und Heilandes nannten, der in ihrer Mitte wahrlich nicht erschienen war, so thut es noth, in jenen obigen Bekenntnissen nachzuweisen, zu welches Meisters Füßen dieser Jünger gesessen; schon in dieser Wahlverwandtschaft zu Schiller offenbart sich die tiefere Basis seiner Natur, und sein Bekenntniß deckt und begütigt vollständig den Unbill in Tieck's Aeußerungen und in A. W. Schlegel's Ausfällen gegen Schiller. Novalis theilte weit mehr die Gegnerschaft gegen Goethe bei dessen Abkehr von den germanischen Jugendidealen und Hinneigung zur epicuräischen Verweltlichung. In seinen Fragmenten schilt Novalis Wilhelm Meisters Lehrjahre „ein Evangelium der Oekonomie", Goethe's Schaffen sei wie „das Fabriciren des englischen Wedgewoodgeschirrs, in der Form antik und edel, im Gebrauch jedoch nur für Nützlichkeitszwecke." Erst die Wanderjahre Wilhelm Meisters verliefen sich im Sande solcher breiten Lebensflächen, und so kecken Aussprüchen dem großen Roman gegenüber entsprachen nicht des edelbesaiteten, aber schwachgeformten Dichters eigne Werke. Novalis suchte und verkündigte ein neues Jerusalem. Die Bibel zum alleinigen Kanon der Offenbarung machen, führe zum todten Buchstabenglauben, höchstens zu Streitsachen, die noch jetzt mit Strauß und Renan nicht ausgefochten sind. Auch in der Geschichte und im Leben der Menschen sei Offenbarung Gottes, heiliges Lebensfeuer in der wirklichen Welt anfachen, sagte Novalis, führe zum wahren, lebendigen Christenthum. Der Geist müsse eingehen ins Fleisch, sagte er; es fehlte ihm nur die Kraft, das Fleisch der Welt als vom Geist durchdrungen, die Materie als von Gott beseelt darzustellen. Nach ihm ist das Mährchen der Kanon aller Poesie; alles Poetische, will er, müsse mährchenhaft sein oder als Symbol dessen, was es bedeute, sich in Duft lösen. Aechte Kunst, lehrte er, müsse wunderbar die Natur mit der Geisterwelt mischen. Die Copie der Wirklichkeit dürfe nicht Wahrheit heißen; die Poesie müsse die vorhandene Welt vielmehr erst auflösen, um sie, da der Bestand ihrer Formen für den tieferen Geist nicht berechtigt sei, von neuem erst zu schaffen wie sie sein solle, sein würde ohne den Abfall vom Absoluten. Der ächte Dichtergeist müsse also, statt das Bestehende anzuerkennen, in die Zeit der allgemeinen Anarchie, und die Freiheit vor der Weltgestaltung, in den Naturstand der Dinge zurückgreifen, um als Schöpfer aufzutreten. Dieser kühne Sinn wollte also die Welt erst ins Chaos zurückwerfen, um sie neu erstehen zu lassen. Und in der That strebte der Roman „Heinrich von Ofterdingen" in den Kreuzzügen ein solches Chaos zu schildern, aus welchem eine neue Weltgestaltung wurde, indem der Orient und sein Mährchengeist in's Leben der offenbarten und im Abendland verwirklichten Religion sich eindrängte. Nicht blos das Leben eines einzelnen Sängers jener Zeit, sondern das ganze gährende Zeitalter selber wollte Novalis in jenem Romane schildern, blieb es freilich schuldig, hatte auf seiner

Pallette dazu weder die Farben eines Rubens, noch in seinem Pinsel die Charakterlinien eines Tizian; seine Raffaelischen Stimmungen ermangelten der Fähigkeit, den Stoff der Welt zu gestalten. Religion und Historie auf die Sphäre des Mährchens zu drängen, heißt die Welt ihrer Thatsachen entblößen, ihres Inhalts entleeren, den Zufall zu ihrem Werkmeister machen. Hier liegt in Novalis der kranke Keim der romantischen Schule. Und doch sollte bei ihm, um das Chaos der auflösenden Willkür zu gestalten, Alles wieder in mathematischen Formeln abgefaßt werden, wie in den „Lehrlingen zu Sais." Sein Studium des Bergbaues und der Physik unter Werner in Freiburg verführte ihn zu gewagten, aber nicht durchgeführten, müßigen Verschlingungen der kosmischen und der geistigen Welt. Sein allegorisches Mährchen von den Milchschwestern Eros und Fabel gehört zu den spielerisch verworrenen Phantasmagorien der Naturphilosophie. Er getraute sich Großes zu; er wollte in sechs Romanen seine ganze Weltanschauung in einer phantastischen Kosmogonie dichterisch zur Erscheinung bringen. Er hat sie kaum angedeutet, nicht einmal im Bruchstück ein Zeugniß seiner ganzen Kraft geliefert. Seine Vergötterung kranker Zustände gab ihm höchstens eine Visionsfähigkeit, war aber im Grunde nur psychischer Ausdruck seiner eignen schwindsüchtigen Körperkraft. Ein früh Vollendeter, aber ohne alle Vollendung dessen was er gedacht, gefühlt, gelebt und gewollt, blieb er selbst nur ein Bruchstück, in dessen Feier sich die Hinfälligkeit und die Wundersucht seiner Partei gefiel. Fertig schuf er nur, was in ihm selbst den Keim zum Fertigwerden trug, und dies sind allerdings einige kleine Perlen deutscher Poesie, lyrische Athemzüge der zartesten und reinsten Seele, seine Hymnen der Nacht, seine Marien- und seine Jesuslieder, die letztern wahre Zierden christlicher Gesangbücher. Der Geist des Herrnhuterthums, dem seine Eltern angehörten, gab ihm die Christusliebe ein, die wohl stärker und mächtiger, wie in Luther, Paul Gerhard, aber nie tiefsinniger im deutschen Liede ihren Ausdruck erhielt. Was Jesu Person für Lavater gewesen, der allezeit gegenwärtige Freund, und was er Goethe's schöner Seele war, der einzig Geliebte und Bräutigam des Lebens, das vereinigte sich in Novalis' Kirchenliedern. Das Gerücht, Novalis sei zum römischen Dienst übergetreten, hat Tieck (in der 5. Auflage der Ges. Schriften) mit einem Eifer widerlegt, als gälte es dabei seine eigne Sache. Novalis' Marienlieder verrathen blos den kindlich Gläubigen, der in aller Form zur Schönheit betet. Joseph von Eichendorf, der liebenswürdige Frühlingsvagabund in der Lyrik der Romantiker, suchte (in seinem hypochondrisch zelotischen Buche über den deutschen Roman des 18. Jahrhunderts) Novalis' Hinneigung zum Katholicismus recht geflissentlich, aber mit Unrecht, vorauszusetzen. Wer, wie Novalis, im ganzen Weltall gleichsam Messe zu hören glaubt, wird nicht ausschließlich den römischen Messedienst anerkennen. Wer die Brautnacht der Liebe als einen Opfertod feiert, den das Herz des Menschen dem großen Weltherzen darbringt, nicht blos Brot und

Wein, sondern alle Elemente des Daseins für fähig erklärt, Symbole des ewigen Lebens zu sein, dessen Religion ist gewiß nicht sowohl Katholicismus, als vielmehr die Mystik eines Pantheismus, in welchem die christlichen Formen und Begriffe verschwimmen. Novalis ist in seinen Marienliedern so wenig ausschließlicher Katholik als in seinen Jesuliedern ausschließlich Herrnhuter.*)

---

*) Rührend ist die anspruchslose Art, wie er seine Gedichte schuf, ohne ihrer zu achten, sie gleichsam nur wie Blüthen von seinen sobald geknickten Zweigen abwarf. Alsbald nach seinem Tode trat der Vater, der alte Freiherr von Hardenberg, in die Herrnhuterkirche seines Ortes und hörte die Gemeinde ein ihm frembdes, wunderseltsam schönes Lied singen, das ihn tief erschütterte. Er fragt, von wem es sei. Mein Gott! ist die Antwort, Sie kennen Ihres eignen Sohnes Verse nicht? — Das neue Leipziger Gesangbuch hat seine drei schönsten geistlichen Lieder aufgenommen; darunter zwei von der Liebe zum Heiland: „Was wär' ich ohne Dich gewesen, Was würd' ich ohne Dich wohl sein" ec. und „Wenn Alle untreu werden, so bleib' ich Dir doch treu" ec.; das dritte, Trost in Trübsal bietend, fast an das Lied des Harfners in Wilhelm Meister mahnend: „Wer einsam sitzt in seiner Kammer, Und schwere bittre Thränen weint". Der Austausch der Liebe zu einem geheiligten Wesen und die Wechselwirkung in der Erlösungslust und der Heilsbedürftigkeit ist niemals inniger zum Ausspruch gebracht. Vier andere Lieder von Novalis fänden ebenso gut in christlichen Gesangsbüchern ihre Stelle, obschon sie nicht ausschließlich kirchlich sind: „Wenn ich ihn nur habe", „Herr, es geschah Dein Wille", „Es giebt so bange Zeiten", „Ich sag' es Jedem" u. s. w. Von der Lyrik deutscher Romantiker sind in unsern Gesangsbüchern längst beglaubigt und aufgenommen: Rückerts Adventslied: „Dein König kommt in stiller Größe", Schenkendorfs Weihnachtslied: „Brich an, du schönes Morgenlicht" und Arndt's: „Aus irdischem Getümmel" ec. — Einige weltliche, lyrische Naturtöne von Novalis, am Fuß des alten Kyffhäuser Berges, in dessen Tiefe der Barbarossa sitzt, sind wie hingehauchte, halb verlorne, halb verschwiegene Klänge ächter Naivität und unbewußter stiller Tiefe.

Tieck's „Phantasus" wurde recht eigentlich der Mittelpunkt der romantischen Schule, die aus dem alten Schooß der deutschen Muttererde noch unerkannte Schätze unseres Volksthums muthete und mit der Wünschelruthe hob. Ganze Berggänge, halb verschüttet vom Geröll der Jahrhunderte, wurden frei gemacht, ganze Schichten voller Erze und voller Schlacken blosgelegt und in ein neues Zauberlicht gestellt. Elfen und Feen, Wassernixen und Bergkobolde traten aus langem Schlaf hervor, lockten und närrten, reizten und führten irre bis in die Sümpfe des dumpfen Aberglaubens, wo Phosphordunst in Irrlichtern des Wahnsinns gaukelt. Der alte, verlorengegangene Urzusammenhang des Menschengeistes mit den Naturelementen schien wieder entdeckt zu sein, und aus dem Ineinanderweben beider Mächte sollten die Räthsel des bisher unverstandenen Lebens gelöst, alle Geheimnisse der Menschenbrust, ja der Urgrund des Göttlichen gedeutet werden. Und mit den Nachtwandeleien der neuen Poesie gingen die Nachtwandeleien einer neuen Philosophie Hand in Hand. Schelling ist der Romantiker unter den deutschen Philosophen. Seine Identitätslehre suchte den Geist aus der Natur und die Natur aus dem Geiste zu erläutern. Die metaphysischen Begriffe wurden mit den physikalischen Gesetzen und Entdeckungen vereinbart, auf dieselben Wurzeln zurückgeführt, Gott und Natur als Weltseele amalgamirt, und selbst das Christenthum sollte nur dadurch entstanden sein, daß es die Mysterien des Heidenthums öffentlich machte, sowie Paulus den Heiden weiland den ihnen unbekannten

Gott im Gekreuzigten gepredigt. Der Mensch, wie Steffens sagte, ist aus den innersten Tiefen der uralten Vergangenheit des Planeten erzeugt und trägt mithin das Schicksal des Planeten und mit diesem das Schicksal des unendlichen Universums als sein eignes in sich und an sich. Und wenn der Mensch mit Lust und Grauen in den Elementen und Elementargeistern sich selber wiederfindet, wie der Enkel in alten, halb erloschenen Ahnenbildern seine eignen Züge erkennt, so tritt er dem Mysterium des Lebens in Geist und Natur nahe und hat, nicht eine Frage frei an das Schicksal, wie Schiller wollte, sondern eine Ahnung vom Centrum alles Daseins, wie die romantischen Dichter es schilderten. Schelling ward mit seinem System nicht fertig, bis ihn Hegel prosaisch überholte und scholastisch brachlegte. Was Oken und Bader fortsetzten, Schubert bis in die Nachtseiten des Seelenlebens verfolgte, faßte dann Görres in seiner Christlichen Mystik ab, um Alles im Schooß des alleinseligmachenden Roms zu begraben, oder irrlichterirte weiter in den Hellsehereien Kerners und Eschenmayers, in denen der Wahn ganz naiv sein dummes Spiel trieb. Das ernüchterte denn freilich die letzten Romantiker; denn wer von ihnen in Nacht, in Wahnsinn oder mit dem Bußsack über die Ohren nicht untergegangen war, rettete sich kraft der Selbstpersifflage und Ironie, die ja auch schon früh genug in der Doctrin der Romantik als der wahre Stempel dem Genius auf die Stirn gedrückt wurde. Man kann nicht sagen, daß Tieck als uralter Berliner, als der Sohn Spree-Athens, das Evangelium von der Ironie als der höchsten Staffel des Kunstbewußtseins ausschließlich erfunden habe; es war auch der Glaubenssatz der doctrinären Gebrüder Schlegel und fand noch andere schöpferische Missionäre. Aber Tieck war der Erste, der den Umschlag trunkener Begeisterung in Selbstbespöttelung dichterisch feierte. Damit entnervte er schon früh heimlich die glaubenstreue Innigkeit seiner mittelalterlichen Anschauungen und mischte in die harmlose Kindlichkeit der alten Sagen und Mährchen gezierte Affectation, erkünstelte Formen und greisenhafte Ueberklugheit. Das Lächeln der Lippe erschien dann bei dem Rausch im trunknen Augenpaar als Wahnsinn im Gemisch höchster Entzückung und tiefer Trauer und Schmerzen. Wo sein Phantasus in der Jugendblüthe sich noch frei erhielt von den gichtischen Nachwehen durchschwärmter Träume, da hat er allerdings sein Bestes, Reinstes und Tiefstes gegeben. In den „Elfen" ist die Mährchenkindlichkeit am ungetrübtesten, im „Runenberg" mit seiner geheimnißvoll lockenden Wahlverwandschaft zwischen Geist und Natur, Menschenwelt und Geisterspuk, am tiefsten. Wo die Mährchenknospe sich gewaltsam zur dramatischen Centifolie gestalten soll (Genoveva, Fortunat, Blaubart), da wird die Breite flach und stumpf. Ein breitgetretenes Epigramm ist ein Nonsens und ein eigensinnig festgehaltener Witz (im Gestiefelten Kater und in der Verkehrten Welt) wird zur gezwungenen Grimasse. Die Romantik huldigte nicht blos dem Glauben, sondern auch dem Aberglauben des Mittelalters, um allen Ernstes den verlornen Urkeim der vaterländischen Dinge wieder aufzufinden. Sie grub mit Achim von Arnim der

Alraunwurzel nach und lauschte bei deren Seufzen, zieht man sie aus der Erde, auf pythische Weisheit. Die Phantasie wird mit Novalis zum Schmetterling, der selbst Wüsten und Einöden durchfliegt, um die blaue Blume zu finden. Ein ächter Parcival, der den Gral sucht, glaubt an dessen Dasein, so quer auch die Irrungen der Leidenschaft ihn abführen vom Ziel; nicht am Heil, sondern an seinem Unwerth liegt sein Straucheln, Fehlen und Irren. Wenn die Romantiker aber ihr Ziel und Heil verspotteten, so trieben sie nur ein gefährliches Spiel mit ihren eignen heiligsten Entzückungen. Der Anachoret darf nicht spotten über die Wollust, die ihm die Geißelung giebt, sonst tritt nicht blos der Wahnsinn, sondern der Schalk aus der heiligen Andacht heraus und coquettirt mit der Grimasse. Den verlorenen Gott suchen und in Verzweiflung und mit Hohnlachen ausrufen: der Zufall ist es! heißt den Wahnsinn nüchtern predigen. Der Aberwitz giebt für Enttäuschungen keinen Ersatz. Die Romantiker erklärten den Zufall für das Gesetz der Welt und brauchten die helle Logik gesunder Vernunft nur zum Wetterleuchten mit Kolophoniumsblitzen. Der symbolische Sinn des Zufalls ward für das Mysterium der Religion, für den Machinator geheimnißvoller Weltregierung erklärt. Und wenn die Selbstironie vor Nonsens retten sollte, so war's als wenn der Böse leibhaftig hinter den erkünstelten Kulissen höhnisch drein kicherte. Dieser Geist der Selbstpersifflage war in Clemens Brentano fast persönlich geworden, der die Schwächen der Genossen, die Fouqué'sche Eisenfresserei, die Geisterseher auf der Irrfahrt zu den Nachtseiten der Natur, die Jahn'sche Turnerei mit ihren nebensächlichen Aftergebilden gleich stark wie sich selbst verhöhnte, bis er vor den Wundenmahlen der stigmatisirten Nonne Katharina Emmerich stier, stumpf und dummgläubig stehen und liegen blieb. Selbst noch im Kloster, in das er 1818 ging, war er, trotzdem er in Mußestunden geistliche Verse schrieb, frivole Gedanken nicht losgeworden und hatte sich ihm die heilige Miene in Teufelsfratzen verzerrt. In Clemens Brentano ist die Caricatur der Romantik verkörpert. Wozu freilich starke geistige Kraft gehörte, die das Rüstzeug hat, es auch mit dem Aeußersten aufzunehmen, denn das Aeußerste, die Caricatur Gottes, ist eben der Teufel. Seine „Mehrere Wehmütter" stehen als ein bedeutsames Zeugniß da, welche Zauberkraft sein Humor übte; mystische Spielerei, allegorisches Gespensterwesen und die prächtige Manier alter Puppenspiele ist nirgends so vollständig wieder als mit Brentano ins Leben gerufen. In seiner Persönlichkeit, in der wälschen Gelbbläffe des Gesichts und dem fast negerartig wollig gekräuselten Haarwuchs, offenbarte sich ebenfalls die ganze Seltsamkeit dieses Verwildertsten aller Romantiker, wie er denn selber seinen „Godwi" auf dem Titelblatte als einen „verwilderten Roman" ankündigte. Die Schauer somnambulistischer Phantastik sind bei ihm am gründlichsten zu erproben, denn mitten im Wirrsal wirklich krankhafter, nicht blos kränkelnder Gelüste blüht hier und da eine Pflanze von würzigem Duft, und mit seiner Schwester Bettina hat er den dreisten Glauben einer Kinderseele an sich selbst gemein. Den

Dünkel der Selbstsucht und Selbstverherrlichung theilen ebenfalls Beide. Er sei deshalb, sagte Clemens Brentano, mit seiner Poesie so zurückhaltend gewesen, weil Alles was er dichten wollte, zu sehr die heiligern Gefühle seines Innern offenbart hätte, als daß er es ohne Frechheit in das laue, untheilnehmende Tagewerk der Welt hätte einfügen dürfen. Als ob der ächte Dichter Anderes als sein Bestes und Heiligstes geben könne, solle und dürfe; das „Zu sehr" schmeckt nach mönchischer Entartung der hohen Mission, die Welt zu erlösen und zu beglücken, statt sich ihr zu entfremden. — Ihm zur Seite steht, noch verschärft durch den Fanatismus des Apostaten, Zacharias Werner mit seinen leuchtenden Karfunkelsteinen in unterirdischen Klüften. Seine Hinneigung zur blutrünstigen Größe geschundener Heiligen macht ihn in deutscher Dichtung zum spanischen Zurbaran, der die Torturen und die Selbstgeißelung der Märtyrer mit Wollust malte. Auch persönlich, mit dem pfäffischen Zelotismus seiner scurilen Kapuzinaden als Kanzelredner im Sanct Stephan zu Wien, ward er zur äußersten Caricatur deutscher Romantik. Im Menschen Brentano war ein höchstes Maß gereizter Raffinirtheit ausgeprägt. Er liebte Quassia, liebte Schönheit nur, wenn sie ihm als Gift erschien; die Blüthen der Belladonna gewährten ihm den höchsten Genuß. Wir wissen von andern Romantikern, von Friedrich Schlegel und Fouqué, daß sie Opium in Kügelchen genossen, dies Reizmittel unter Eingeweihten fast zur Mode machten. „Ich hätte mehr

Opium nehmen sollen, dann wäre der Alarcos geworden, was er sein sollte!" rief Friedrich Schlegel aus. Held Fouqué freilich bot in Berlin noch das Bild einer anderweitigen Ausartung, als er anfing nicht mehr im Rebensaft, sondern nur noch im gebrannten Wein Genuß zu fühlen. Und doch hatte er als Dichter der Undine am reinsten, klarsten Quell deutscher Romantik geschöpft und getrunken, und sein liebliches Mährchenkind, das gesündeste und naturfrischeste von allen vielleicht, berauscht ohne Narkose in Unschuld und harmloser Schönheit noch heute selbst die Welt Alt-Englands. Der wundersame Durst der Romantiker ging bei E. T. A. Hoffmann auf Punsch. Aus der heißen Bowle stiegen ihm seine musikalischen Dampfgestalten auf und zu den Phantasiestücken in Callot's Manier gesellte sich noch sein mephistophilisches Gelüst, in Caricaturen die realen Genossen seiner Criminalistik abzuschildern. Brentano erweckt uns Grauen vor uns selbst; denn er weiß die Grenze zwischen Traum und Wirklichkeit nicht festzuhalten, seine Traumgestalten haben eine furchtbare reale Macht und seine realen Gestalten sinken davor zurück in lächerlicher Ohnmacht. Hoffmann erklärte für sich und seine phantastische Sippe den Serapion, einen Verrückten, zum Heiligen und Schutzpatron; aber es geschah nur zum Scherz im tollen Uebermuth, er beschwor die Geister herauf, um sie wirken zu lassen und dann zu widerlegen. Hoffmann ist Herr des Schauders, den er erweckt, denn er gebietet darüber mit der Schärfe des Menschenkenners und

Criminaljuristen; er citirt das Spukhafte vor den grünen
Actentisch und er sitzt zu Gericht über das Dämonische. Sein
„Majorat" ist ein Meisterstück deutscher Novellistik.

Die Schlegel waren Hannoveraner, Ernst Theodor Ama-
deus Hoffmann, Zacharias Werner und Max von Schenken
dorf waren Königsberger von Geburt, Tieck hat in Berlin
seine Wiege und sein Grab, Fouqué war Brandenburger,
Achim v. Arnim ebenfalls aus der Mark. Darf man vielleicht sagen, daß Niederdeutschland, physisch so flach und
ohne Naturromantik, sich geistig wunderbar, wie just Sand-
boden den Kaktus liefert, zusammengefaßt habe, um in diesen
exotischen Pflanzen seinen Beitrag zur Romantik deutscher
Poesie zu erledigen? Die blaue Blume, der diese deutschen
Nordlandsmänner nachjagten, trieb sie freilich meist nach
dem Süden und der deutsche Süden hing und hängt noch
immer in den Ketten und im Zauberbann Roms. Derselbe
Ort, an welchem Kant das Licht der Aufklärung angezündet,
um eine ganze Epoche damit zu bezeichnen, dasselbe Königsberg lieferte nicht weniger als drei Vertreter der Romantik,
von denen der Eine sogar in einer römischen Kapuze sein
Seelenheil fand. Als wenn sich die Aufklärung, an ihrem
eignen Licht irre geworden, aus Verzweiflung ihr Gegentheil
suchte, aus der dünnen Aetherhöhe kopfüber in die feuchte
warme Luft der Niederungen sich stürzte, für die Ernüchte-
rung zum Ersatz sich im alten Aberglauben, der schon ab-
gethan schien mit dem Mittelalter, noch einmal zu berauschen.
Goethe sprach 1810 vom „Narrenwust" jener Tage. Das

Gemisch von Allegorie und niederländischer Genremalerei führte auch im Styl, in der Architektur der Dichtungen zur Verwilderung, die mühseligen Gaukeleien der mystificirenden Traumsucht widerten Goethe an; statt der ordnenden Hand des Künstlers sollte er jetzt die wahnsinnigen Marotten des blöden, blinden Zufalls walten lassen! Persönlich hatte Goethe Arnim sehr lieb; die aristokratisch prächtige Haltung und Natur des märkischen Edelmannes sagte ihm zu, dessen „Landhausleben" spiegelte Kern und Kraft der ritterlichen Gutsherrschaft von Wiepersdorf, dem Familiengut des Hauses Arnim, wo der Dichter 1781 geboren war; gegen dessen „Gräfin Dolores" aber hatte Goethe doch Mühe, „nicht grob zu werden". In der Gräfin Dolores wird eine gestörte Ehe durch einen Reinigungsact der gefallenen Frau wiederhergestellt, wie ein edler Mann sein krankes Gemüth durch Kampf für's Vaterland heilt. Das war kein Thema für Goethe; Goethe konnte sittlich Verfehltes besser machen, aber nicht bereuen; bei ihm ruhte Alles auf Nothwendigkeit der Naturgesetze; am wenigsten konnte er sich wollüstig in Sack und Asche wälzen; Fieberträume gehörten für ihn ins Krankenhaus, nicht in die Dichtung. Was Wunder, daß ihm diese Adepten der angeblich tieferen, mystischen Erkenntniß deutscher Natur nicht sympathisch waren. Joseph v. Eichendorf sagt, in Arnim sei die deutsche Romantik „am reinsten und gesündesten" vertreten. Mitten in der Verwilderung der Begriffe und zügellosen Gelüste sucht in Arnim ein starker ethischer Geist die Auflösung der innern und äußern

Welt zu bewältigen. Aber die altfränkische Holzschnittmanier wird bei ihm barock und hölzern. Er war frei von der schwächlichen Sehnsucht nach der blauen Blume, ging nicht darauf aus, eine neue Religion zu stiften, statt die vorhandene tiefer zu erkennen; die Genossenschaft der Sippe hielt ihn aber ab, seine Rückkehr zum verlornen deutschen Mittelalter kräftiger und gesünder zu entwickeln. Im Jahre 1808 gab er mit Görres, Brentano und Creuzer eine Zeitung für Einsiedler: „Trösteinsamkeit" heraus. Er wäre, allein auf sich gestellt, vielleicht die Kraft gewesen, im deutschen Mittelalter bis zu den Nibelungen zurückzugreifen, während Tieck sich mit dem für ihn eiteln Gedanken trug, einen Cyklus deutscher Kaisertragödien aus dem Kreise der Hohenstaufen zu schreiben. Gesunde Geschichtsauffassung war sämmtlichen Romantikern versagt. Die Geschichte sollte für sie wieder Mährchen werden, die Natur nichts sein als eine bloße Allegorie für die Geisterwelt, das Gesetz des Lebens eine Laune des übermüthigen Zufalls, das Leben ein Traum, Träume aber das wahre Leben, mit dem ohnedies noch der Witz sein gewagtes Spiel trieb. Auch Arnim löste die Historie nicht bloß in Sage, sondern in Mythen auf, stempelte freilich die Mährchenwelt mit der Kraft seiner niederländischen Genremalerei zu einer gegenwärtigen Wirklichkeit. Seine „Kronenwächter", romantisch von ihm erfunden, sind ein mystischer Geheimbund, eine Freimaurerloge edler Gesellen, welche die Krone der Hohenstaufen bewachen und die versteckten Abkömmlinge des alten schwäbischen Kaisergeschlechts in der

Stille zu ihrem künftigen Beruf erziehen. Friedrich Barbarossa sitzt für die Romantiker noch immer im Kyffhäuser schlafend und träumend, der Walser Birnbaum soll noch immer von neuem blühen. Von Kaiser Karl dem Fünften erzählt uns Arnim die knabenhafte Liebe des Prinzen zu einem Zigeunermädchen, die prahlerische Tobsucht alter Invaliden erfüllt ihn mehr als deren von Mannesthaten erfüllte Vergangenheit, die Alraunwurzel, die ihm Mitternachts unter dem Galgen im Schweißtropfen des Gehängten erblüht, ist ihm mehr werth als der Gehängte selbst in seinem Lebensgang, seinem Werden und Enden. In einem Meisterstück des Humors: „Fürst Ganzgott und Sänger Halbgott" hat Arnim bewiesen, wie glücklich er in modernen Zuständen von heute die Romantik satyrisch und komisch handhabt. Wie Hoffmann schildert er nicht blos die Schauer somnambulistischer Phantastik, sondern weiß sie auch mit Humor zu bewältigen. Oft genug freilich, sagte Heine, ist es uns bei ihm, als wenn Einen der Tod mit der Sense kitzelte. Arnim ist im Styl seines Holzschnitts der deutscheste unter den Romantikern. Er verlor sich nicht an den Süden; der Süden kam vielmehr zu ihm, und warf sich ihm an den Hals in der Gestalt der Bettina Brentano, die seine Gattin wurde.

Von den beiden Schlegeln ist just der bedeutendere der verworrenste unter den Romantikern. Von A. W. Schlegel sagt Eichendorf, seine Romantik habe nur gegen die Prosa der engherzigen Flachköpfe, gegen die platte Moral der Philister, gegen den blassen Sensualismus der Philosophie Front machen und revolutioniren wollen, und weil ihm der Protestantismus keine Stütze dazu geboten, habe er aus den Ueberlieferungen der römischen Kirche schöpfen müssen. Die Pracht des katholischen Cultus habe ihn allerdings gefesselt, aber nur um Studien an ihm und seiner Theosophie zu machen und dann nach dieser prédilection d'artiste in seinen geistlichen Sonetten seine Ergebnisse abzusetzen. Die dichterischen Arbeiten des „perfiden Sir William", wie ihn Johann Heinrich Voß gescholten, sind also auf bloße Scheingefechte zurückzuführen. Seine philologische Aeußerlichkeit machte ihn persönlich fast zum Gecken. Der sprachliche Werth seiner dichterischen Uebertragungen wird dadurch nicht geschmählert; nur bleibt ihm, neben kleineren Verstößen in seinen 1808 zu Wien gehaltenen Vorlesungen über dramatische Litteratur, seine Verkennung Schillers auch von der Nachwelt unverziehen. — Auch Friedrich Schlegel hätte sich darauf beschränken müssen, Stylist und Vermittler zu sein. Dies war er seit 1809 als Secretär im Hauptquartier Erzherzog Karls. Aber als Autodidakt, er war Anfangs vor seinen Studien Kaufmann gewesen, hielt er jede ihm spät gewordene und selbsterworbene Erkenntniß für eine neue Entdeckung im Reich des Geistes. Seit 1818 war er Hofrath in Wien, und blieb unter Metternich doch nur ein politischer Volontär. Gentz blieb Stylist und Protestant. Schlegel wollte, nachdem er ein erhitzter Katholik geworden war, tiefer eingreifen und wirken. Auf politischem Boden in seine Grenzen gewiesen, warf er die Folgerungen seiner Studien auf Litteratur und

Kunst zurück, um hier vollständige Confusion zu stiften. In seinen Wiener Vorlesungen über alte und neue Litteratur (1811) hatte er Shakespeare weit hinter Dante und Calderon gestellt, Goethe zu einem deutschen Voltaire, Schiller zu einem unbefriedigten Skeptiker gemacht. Ein Jahr zuvor hatte er in seinen Vorlesungen über neuere Geschichte auf dem Boden der Politik angeblich damit debütiren wollen, daß er Philipp II. von Spanien nebst Alba und Ferdinand II. von Oesterreich als Ideale, Gustav Adolf aber, Heinrich IV. von Frankreich und Friedrich II. von Preußen als Verkörperungen des bösen Princips hinstellte. Metternich hat sicherlich dazu gelächelt und Gentz, dem Protestanten, auf die Schulter geklopft und gesagt: Bleiben Sie ja, was Sie sind! Renegaten sind die schlimmsten Verbesserer der confusen Weltgeschichte. Dieser paradoxale Kopf, der ehedem die freie Kunst und in der Luzinde die Freiheit des Genusses gefordert, hatte sich auf seinen Kreuz- und Querwegen durch die „Sprache und Weisheit der Inder" den Orient erschlossen und von da, um die verlorne deutsche Einheit wiederzufinden, zur spanischen Düsterheit jesuitischer Ränkesucht, wie sie schon der dreißigjährige Krieg zum Durchbruch brachte, zurückgelenkt. Durch Trug- und Cirkelschlüsse fand er, Protestantismus sei nur Polemik und Negation, evangelisches Christenthum also nur „revolutionäre Emancipation des Subjects". Daß die evangelische Lehre die Wiederentdeckung des einfach Christlichen und der Lehre Christi sei, fiel dem fanatischen Schwarmgeist nicht ein. Und wenn er Recht hatte, zu behaupten, die Reformation habe die politische, sittliche, litterarische und künstlerische Entwicklung Deutschlands unterbrochen, so war dieser paradoxale Kopf doch nicht Jesuit genug, um besser als Hamlet die aus den Fugen gegangene germanische Welt wieder einzurichten. Auch war ihm die Wiener Küche keine Veranlassung, seine alte Lehre von der Freiheit des Genusses aufzugeben, obschon es zufällig Dresden war, wo er, mit seiner Lebensphilosophie für gelinden Jesuitismus wirkend, am Genuß einer Straßburger Gänseleberpastete verstarb. Er hat seine gesammelten Werke hinterlassen; d. h. er hat gesammelt, was in sich ohne alle Sammlung, ohne allen Zusammenhang war. Auch hat die Nation diese seine Hinterlassenschaft nicht als Erbschaft antreten mögen. Friedrich Schlegel hat nichts entdeckt und nichts geschaffen, auf das wir als auf bleibenden Besitz stolz sein dürften.

In Ludwig Tieck stellte sich das bleibende Centrum der deutschen Romantik fest. In ihm schien die neue Schule nicht blos ihren Anlauf, auch ihre Ausläufe und Folgerungen, ihr ganzes Glaubensbekenntniß, aber auch ihren überwundenen Standpunkt festhalten zu wollen. Als er in seinem „Phantasus" (1810 und 11) die Mährchen, Legenden, Novellen und romantisch-satyrischen Dichtungen seiner ersten Epoche sammelte, gab er nach Art des Platonischen Gastmahls oder des Decameron von Boccaccio in dialektisch geselliger Gesprächsform gleichsam eine ästhetische Theorie der Romantik. Eine Gesellschaft von sieben Männern und Frauen sollte ihre sieben verschiedenen Ansichten von Kunst und Leben in 50 poetischen Gaben darstellen und vertreten, während sie im Verkehr unter sich einen modernen Roman durchführten.. Der Plan gedieh nicht bis zu diesem Umfang, aber der Versuch zu einem Pandämonium der Kunst blieb auch im Bruchstück erkennbar. Unter Trinksprüchen, die freilich oft schwächlich sind, wird jedem Heros der Dichtkunst ein Altar errichtet. Der zwischenlaufende Witz, wie in der Gestalt des läppischen Hofrath Semmelziege, verräth oft mehr Aristophanischen Kitzel als Aristophanische Kraft. „Ich werde alt, schrieb Tieck schon 1814 an Solger, und sollte auch als Autor gesetzter werden!" Sein Phantasus, diese Gottheit der Romantiker, ist ein launiger, kränklich mürrischer Alter, der allerlei wunderlich Spielzeug aus den Falten seines Mantels schüttelt, während die classische Muse der Goethe'schen Dichtung eine weibliche Huldgestalt ist, die jugendlich strahlende Phantasie, die wie Venus Anadyomene dem Schaum des wogenden Meeres entsteigt. Auch bei der Feier des Goethe'schen Genius blieb die Romantik des Phantasus in Opposition gegen die antike Richtung in deutscher Kunst, aber der Formdienst der neuen Schule wechselte nur in den Vorbildern; man vertauschte nur die antiken Maße mit den romanischen. Im „Däumchen" finden wir eine treffende Parodie der antiken Trimeter „nach Voß'schem Hackebrett"; ein Schuhflicker erklärt den Geist der Antike im Gegensatz zum Modernen an

einem Stiefel. Zu Schillers prophetischem Schwung konnte
sich die Schule nicht erheben; was romantisch in ihm, war
ihr zu kühn und gewagt. Shakspeare erhielt im Tempel der
neuen Kunst seinen Hauptaltar; Tieck selbst widmete ihm die
Studien eines langen Lebens, ohne sich offen einzugestehen,
daß Calderon und Cervantes weit mehr die ihm sympathischen
Genien blieben. War es aber nicht die schöpferische Kraft
seiner Dichterbrust, so war es die staunenswerthe Ausdauer
eines in Arbeit und Forschung unermüdlichen Schaffens-
triebes, was ihn zum Meister der Schule, zum Evangelium
einer neuen Epoche in Deutschland machte. —

Am 31. Mai 1773 zu Berlin geboren, starb er dort ein
Achtzigjähriger am 28. April 1853. Ein letzter Maitag
hatte seine Wiege beschienen und ein erster Maitag beleuchtete
sein Grab. Das würde mittelalterlich Gläubigen nicht blos
wie ein sinnreicher Zufall, sondern wie ein Wunder des
Schicksals erschienen sein. Es mischte sich aber auch noch die
Ironie des Schicksals hinein, um dem alten Sohn Berlins
wie zu einem schattenhaften Nachspiel seine liebsten Wünsche
und Träume verwirklichen zu helfen. Der Romantiker auf
dem Throne hatte den gealterten Phantasus an seinen Hof
berufen, Beide, Fürst und Dichter, gleich ohnmächtig, mit
gesunder Kraft eine neue Welt zu gestalten; der nüchtern
zwischenlaufende Witz zerstörte die Geburten ihrer reichen
Phantasie. Es war ein rein romantisches Gelüst, die Gestalten der hellenischen Tragödie aus dem Boden „der Bretter"
zu stampfen, die man als „weltbedeutende" doch so gründlich

bespöttelte. Die einfache Größe der Antike ging in der Fluth der Töne, die sie umwogte, nicht unter, blieb aber der Welt von heute eben so fremd gegenüber, als man den Gestiefelten Kater und die Verkehrte Welt von Tieck wie eine abgethane Laune der deutschen Romantik bestaunte. Auch ein Berliner Eckermann hatte sich noch am Lager des Greises eingefunden, ihm seine letzten Bekenntnisse abzulauschen. Seltsam stellte sich in Tiecks Erinnerungen an seine Kindheit die Thatsache seiner Visionen und somnambulen Anfälle fest. Himmel und Hölle kreuzten sich schon früh in seinen Verzückungen, die ihn bis in's hohe Alter hinauf in einem Verkehr mit Geistern und Schattengestalten erhielten, wie ihn sonst nur Justinus Kerner und Eschenmayers Nachtwandeleien offenbaren. Einem Vertrauten hat Tieck gebeichtet, Nachts, wenn er das Licht lösche um einzuschlafen, sehe er sich im Dunkeln stets von Larven und seltsamen Gestalten umgaukelt, die ihn schreckten und äfften. Bezeichnend war, nach Rudolf Köpke's Mittheilung, für den Knaben Ludwig die traumhafte Wirkung der Erscheinung König Friedrichs des Großen bei einer Revue in Berlin, wo das scharfe blaue Auge des alten Helden mitten im Taumel des Hurrahrufens ihn magisch fesselte und vor ihm stehen blieb. Eben so traumhaft ging und stob das fliehende französische Revolutionsheer an ihm vorüber, das er als Student, auf einem Ausfluge von Göttingen nach Straßburg, in zerstreuten Haufen erblickte. So flatterten selbst große Momente der Weltgeschichte vor Tiecks innerem Auge nur wie Geistererscheinung und Spuk hin. Alles Große erschien ihm nur als Traum, als Wunder, ohne Zusammenhang und Folge. Ein zukünftiges Geschlecht wird staunen, wie der deutschen Romantik alle Größe der Weltgeschichte, der Kunst und Poesie so nebelhaft verdunsten konnte. Was Wunder! wenn selbst Tiecks größte Schöpfungen, seine Genoveva, der Aufruhr in den Cevennen und seine Shakspearenovellen, wie unsichere Zwielichtsgeburten vorüberschwanken, die dem Sonnenlicht der Tageswelt wenig Stand halten.

Auch in Tiecks Studien ward Shakspeare's Gestalt nach lebenslänglicher Arbeit nicht fertig. Schon der zwanzigjährige Jüngling lieferte (1793) eine Uebertragung des „Sturm" und eine Abhandlung „über die Behandlung des Wunderbaren bei Shakspeare". So früh regte sich in ihm die Opposition gegen den in seiner heimischen Welt, in der Atmosphäre der Nicolai und Biester, herrschenden Rationalismus. Es folgten dann Studienjahre in Halle, Göttingen, Erlangen. Nach Berlin zurückgekehrt, sagt man, sei er in die Hände der Buchhändler gefallen; er schrieb anonym die Erzählungen „Almansur" und „Abdallah", in Briefform den Roman „William Lovell", den er später in gereinigter Form wiedergab. Er stand unter den Einflüssen des Zeitalters, in welchem Wertherische Stimmungen und Revolutionsgelüste à la Karl Moor fortwühlten. Es war, der Aufklärung gegenüber, das Anrecht der entfesselten Leidenschaft, ein Aufruhr wilder Triebe, die in diesen Geburten Tiecks ihren wollüstig heißen und dunstigen Ausdruck fanden. Was sich in Frankreich aus dem behinderten Drang nach bürgerlicher Freiheit als zügellose Anarchie entwickelte, gestaltete sich in Deutschland ebenso vulkanartig im Gebiet des innern Menschen. Räuber Moor ist aber noch eine zahme Gutherzigkeit gegen Abdallahs Tobsucht, Klingers Faust, der sich schon übermäßig in der Pfütze wilder Gelüste badet, noch ein hausbackener Pedant gegen Tiecks Höllengeburten, die bacchantisch in Masken verkleidet die Menschenwelt schrecken, bei aller Gluth morgenländischer Ueppigkeit in Sprache und Leidenschaft die titanische Ueberschwenglichkeit der Sturm- und Drangzeit entfalten. Hinter Omar's Skepsis im Roman „Abdallah" lauert der Atheismus mit seinen furchtbarsten Schrecken. In William Lovells Orgien streift die Schwelgerei der Genußsucht bis an schamlose Vernichtung aller Bande der Ordnung, Sitte und Ehre. Im Trauerspiel „Karl von Berneck" faßte die Gespenstersucht zum ersten Male Fuß auf dem Boden deutscher Dramatik. Und das alles gestaltete sich auf dem nüchternen Boden Berlins, rein nach dem Gesetz der Reize des Widerspruchs, bis sich Tiecks „Peter Lebrecht, eine Geschichte ohne Abenteuerlichkeiten" dann wieder zurechtfand in einer Welt der Wirklichkeit. Der Dichter gefiel sich in der Maske Peter Lebrechts, hielt sie auch für die drei Bände seiner Volksmährchen fest. Hier erst stoßen wir auf den Kern der Tieckschen Poesie, einen Kern deutscher Dichtkunst, der allein schon genügen würde, eine neue Epoche in unserer Culturgeschichte zu eröffnen. In den „Haimonskindern", in der „Melusine", in der „schönen Magelone", im „getreuen Eckart" finden wir den naiven Tiefsinn, den gesunden Urton der Volksgeschichten glücklich beibehalten, im „blonden Elbert" beginnt der berauschende Zauber der Waldeinsamkeit, dessen Waldhornklänge später im Sternbald erklingen, in der mondbeglänzten Zaubernacht des Octavian stellenweis ihren wunderbaren Ausdruck finden. In den „Elfen" haben wir die ganze harmlos kindliche Unschuld eines Geisterreichs, im „Runenberg" ein Meisterstück in der Malerei des geheimnißvollen Kampfes spukhaft dämonischer Berggeister mit den friedlichen Genien, die im Geschäft des Landbaus die Menschenwelt sittlich, klar und anmuthig ordnen, die Malerei eines dialektischen Widerstreits, der in den Gegensätzen von Gebirg und Ebene, Jagd und Ackerbau, den äußern Spiegel der in der innern Menschenbrust kämpfenden Mächte sieht, den alten Widerstreit zwischen Kain und Abel dämonisch in den Elementen der Natur deutet. Der „Liebeszauber", diese Perle der Tieckschen Mährchenpoesie, deckt diesen Widerstreit der Elemente in zwei Charakteren der Menschenwelt von heute auf, bis freilich den Einen der beiden meisterhaft in Scene gesetzten Männergestalten der betäubende Dunst aus dem Zauberkessel alter Hexensagen wie ein Wahnsinn befällt, über dessen dämonische Naturgewalt der wache Menschengeist nicht gebietet. Auch im „Pokal" gefällt sich die Dialektik der Romantik schon in jener wollüstigen Willkür, die sich ohne ächte Zeugungskraft dem Zufall der Schicksalsmächte preisgiebt. Die Erweiterung des Mährchens zu dramatischer Neugeburt führte zu Verkünstelungen und Verkrüppelungen wie im „Blaubart". Noch schlimmer, wenn sich der Uebermuth der Romantik darin gefiel, auch der Polemik und Persifflage poetische Form zu geben, wie im „Gestiefelten Kater", wo das Publicum in der Komödie mitspielt und der Recensent Böttiger geknebelt wird, oder in der „Verkehrten Welt", wo Scaramuz den Apollo macht, den Parnaß dem Princip der Nützlichkeit unterwirft, für den Pegasus Stallfütterung einführt, den kastalischen Quell in eine Wasserheilanstalt verwandelt. Dies waren die Aristophanischen Scherze, die fast fünfzig Jahre nach ihrer Geburt (1844) König Friedrich Wilhelm der Vierte sich und seinem greisen Phantasus dramatisch aufführen ließ, moutarde après dîner, in einem Zeitalter, in welchem die Götter und die Dämonen des lebendigen Lebens ganz andere Speisen, weit höhere Opferthiere für den Heißhunger des Tages forderten! — Tieck's „Zerbino oder die Reise zum guten Geschmack" erschien später im Druck, als eine Fortsetzung des Gestiefelten Kater. Nicolai, der Nestor des Berliner Aufkläridts, erhält schließlich in einer Vision vom jüngsten Gericht seine Strafe. Die Teufel machen ihm Spaß vor und er ist verurtheilt, dazu zu schweigen. Wie er das nicht vermag, denn er räsonnirt nicht blos inwendig, wird er an einen fabelhaften Ort, ins leere Nichts verdammt, wo weder Himmel noch Hölle ist. — Bajazo und Hanswurst hatten gewiß ihr gutes Recht gegen das Gewimmer des Siegwartianismus, gegen Lafontaine, gegen Cramer und Spießgesellen. Wenn aber Tiecks „Schildbürger" die Bühne zum Anhang eines Lazareths machten, wo sich das Zeitalter bessern sollte, so war das nicht blos eine Parodie auf den „großen Augustus" (A. v. Kotzebue), gegen Iffland und die Dichter der Spießbürgermoral, die Erfinder der bösen Amtmänner und Präsidenten; es war auch eine Versündigung an Schillers erhabener Mission, die Bühne zu einem Tempel nationaler Sittlichkeit zu erheben. Schröder und Fleck gehörten zu Tiecks Berliner Erinnerungen, bestärkten ihn jedoch nur in dem weichlichen Hang zum Theater, ohne ihm die Kraft zu geben, sich an Schillers hoher Aufgabe für die Bühne zu betheiligen. Just im Jahre, als Wallenstein über die deutschen Bretter schritt, dichtete Tieck seine Genoveva, seinen Octavian, formell die entschiedensten Abirrungen aufgelöster deutscher Dramatik. Dem Zeitalter und der Kunst der Deutschen fehlte freilich die Andacht. Das war Tiecks und Wackenroders Bekenntniß. So tief dies gefühlt und erkannt wurde, so führte es doch nur zur mönchischen Einsiedelei des Geistes, nicht zur heroischen Kraft, die dem Umsturz aller Formen beim Wechsel des Jahrhunderts gegenüber, in Thaten die verlorene Andacht und den gesunkenen Glauben an sich selbst entzünden mußte.

Heinrich Wackenroder, ein Jahr älter als Ludwig Tieck, war in Halle sein Studiengenosse gewesen; er starb 25 Jahre alt 1798. Die „Herzensergießungen eines kunstliebenden Klosterbruders" waren der schöne, weiche, warme Ausdruck der Sehnsucht nach einem harmlosen und glaubensvollen Zeitalter, wo deutsche Kunst mit deutschem Handwerk und dem Genossenschaftssinn alter Schulen und Zünfte Hand in Hand ging. Tieck gab 1799 noch aus des Freundes Nachlaß die „Phantasie über die Kunst" heraus; „Franz Sternbalds Wanderungen" entstanden ebenfalls unter Wackenroders Einflüssen. Das altfränkische Leben im gemüth- und kunstreichen Nürnberg zur Zeit Albrecht Dürers wird mit der Bieder-keit einer Glaubenstreue und Hingebung gefeiert, der man bei dem Mangel an Stoff und Erfindung um so weniger die erkünstelten Täuschungen der Phantasie anmerkt. Franz Sternbald wandert nach Flandern zu Lukas von Leyden, nach Antwerpen, Florenz, Rom. Da verliert sich dann freilich die Einfalt des deutschen Schwärmers, und die Reinheit der Andacht, die dem Zeitalter zu einer neuen Kunstreligion fehlte, trübte sich arg genug in der Forderung des freien Ge-nusses, zu welcher in Friedrich Schlegels Lucinde sich nicht blos die Phantasie, sondern auch die üppige Leidenschaft des Blutes bekennt. Die Genossenschaft der Romantiker in Jena führte Tieck seit 1799 zu neuer Thätigkeit. Er gab seine „Romantischen Dichtungen" und seine Uebersetzung Don Quixote's. Auf dies große Grundbuch der poetischen Satyre wider die Romantik des Mittelalters gaben die deutschen Romantiker sehr viel. Cervantes parodirt das Pathos der romantischen Epen und Ritterromane; nach ihm war kein Ariost mehr möglich, jeden für ein großes Ziel wahrhaft rasen-den Roland vernichtete der wirklich tolle Ritter von der trau-rigen Gestalt, und somit bekannte sich die deutsche Romantik eigentlich zu der Parodie auf sich selbst, während sie sich ein-bildete, den Shakspeareschen Styl wieder ins Leben zu rufen. Der Brite steigert freilich durch Satyre noch die Tragödie, aber seine Ironie tödtet nicht die Wahrheit und den Glauben an den Ernst der Dinge dieser Welt, der Narr im Lear ist nur dazu da, den wahnsinnigen König noch zu heben, ihm zur Folie zu dienen, nicht ihn zu entkräften. In der Gestalt des Ritters von La Mancha ist die zum Irrsinn gewordene Romantik der alten Zeit mit tiefem Ernst und mit der Wehmuth süßer Sympathien, aber sicher und rettungslos zu Grabe gebracht, weil die Trivialität des Realismus in Sancho Pansa wohl gestraft, geprügelt und ad absurdum geführt wird, aber doch ergötzlich Recht behält. Von den deutschen Romantikern hatte nur Heinrich von Kleist die Kraft, einen deutschen Lear zu schaffen, der sich mit den Donnerkeilen seines eignen Wahns verwundet und weinend über sich selbst zusammenbricht. Kleist aber hatte wieder nicht das Talent Tieck's, das Talent, den Narren seiner selber zu ersinnen, der die mißrathenen Geburten seiner Phantastik beklagt und bespöttelt, ohne daran zu Grunde zu gehen. Kleists Römerseele konnte nicht scherzen, sich nicht hinwegtäuschen über Abgründe; seine Romantik war die Romantik eines Cato, der mit der Endschaft seiner Illusionen seinen eignen Untergang beschließt.

Es ist bezeichnend, daß Tieck in derselben Zeit, als er den Quixote übersetzte (1799—1801), zugleich seine „Genoveva" schrieb, dies Hauptwerk seiner Romantik. Was für Goethe Faust und Meister, für Schiller Wallenstein, das ist für Tieck Genoveva, dies vielgefeierte Centralwerk der neuen Schule. Der Philosoph Solger nannte Genoveva sogar das größte dramatische Gedicht des Zeitalters; die Philosophie der neuen Schule war eben so verworren als deren Dichtung.

Genoveva war der erste volle, entschiedne Ausdruck der romantischen Richtung. Solger vertheidigte auch den Dichter gegen den Verdacht der Abtrünnigkeit vom Geist der Zeit, der Rückkehr zum mittelalterlichen Christenthum; er fand blos Sehnsucht zum römischen Dienst in der Genoveva. Der Glaube an das Wunder des in der Kunst Dargestellten ward aber fast zu einer neuen ästhetischen Religion. Ein junger Maler in Sternbalds Wanderungen sagt, die Illusionen und den Glauben an die Wirklichkeit des Erdichteten oder in der Kunst Geschaffenen festhalten, heiße Katholik sein, und so ward er es, Symbol und Sache verwechselnd. Kunst und Religion wurden verschwistert, wo nicht verwechselt, Denen gegenüber, welche die Philosophie aller Metaphysik, die Poesie aller Andacht, die Welt aller Geheimnisse und Wunder entkleideten und entleerten. Tieck machte in einem Briefe an Solger das verdächtige Geständniß, ihm sei, nachdem er sich in Jakob Böhme versenkt, alle Philosophie seiner Zeit „nicht tief genug" erschienen. Er verwechselt tief mit mystisch, Andacht mit Rausch, Begeisterung mit Trunkenheit, den Glauben an das Wunder mit der Wundersucht. Tiefe und Klarheit brauchen sich nicht zu widersprechen, wohl aber sind Mystik und Klarheit sich fremd. Er schrieb 1812: „Bei meiner Lust am Neuen, Seltsamen, Tiefsinnigen, Mystischen und allem Wunderlichen lag stets in meiner Seele eine Lust am Zweifel und der kühlen Gewöhnlichkeit, und ein Ekel meines Herzens, mich freiwillig berauschen zu lassen, der mich immer von allen diesen Fieberkrankheiten zurückgehalten hat, so daß ich weder an Revolution, Philanthropie, Pestalozzi, Kantianismus, Fichtianismus und an Naturphilosophie als letztes einziges Wahrheitssystem gläubig habe in diesen Formen untergehen können." Das heißt dann entweder in Allem schwelgen wollen ohne sich zu verlieren, schmetterlingsartig von allem kosten oder bienenhaft poetisch von allem in die Zelle tragen. Tieck gesteht aber, seine Liebe zur Poesie habe ihn „fast mit frevelem Leichtsinn" zu den Mystikern geführt, die sich „aller seiner Lebenskräfte bemächtigten." Von deren Wunderlande aus wollte er Alles, auch das Christenthum verstehen, und fand Fichte und Schelling noch zu leicht und flach. Er habe sich oft in die Abgeschiedenheit eines Klosters gewünscht, um ganz seinem Böhme, seinem Tauler und den Wundern des Gemüths zu leben. Unter dem heißen Athem fieberhafter Verzückung bleicht und welkt aber leicht die einfache Alpenrose harmlos kindlicher Gläubigkeit, vor der Wundersucht schwindet der Glaube an das Wunder, und daraus erwuchs dann im Gedicht das seltsame Gemisch von Jakob Böhme und Hans Sachs. Tiecks Genoveva ist dieser vollendete Wirrwar in Stimmung, Inhalt und Form. Die Phantasie stürzt sich in den freiesten Wogenschlag der Empfindung und giebt sich doch an die engste Zwangskutte eines mönchischen Glaubens gefangen. Das Gedicht wollte Lyrik, Epik und Dramatik vereinigen, ja verschmelzen. Die aufgelöste Architektur des Ganzen wurde zur Unform bei dem auferlegten formellen Zwang in der Mosaikarbeit des Einzelnen, dem lärmenden Geräusch verschlungener, erkünstelter Maße und Reime, selbst mit Mittelreimen, die Tieck auch in der Nibelungstrophe entdeckt haben wollte. Sonette, Octaven, Terzinen erklingen selbst im Dialog dieses Dramas, während der Wechsel des Rhythmus in der antiken Tragödie nur im Chor und in dithyrambischen Momenten eintrat. Die romantische deutsche Dichtung wollte dem Terrorismus des Formzwangs in der classischen Richtung entfliehen und gab sich in betäubender Auflösung an das süße Geklingel müßiger Formspielereien der romanischen Sprachen hin. Dadurch entstand das Manierirte, wie Tieck selbst später gestand. „Liebe denkt in süßen Tönen, denn Gedanken stehen fern!" In diesem Fern steckt fast ein Pasquill auf die musikalische Form, der sich Inhalt und Gedanke zum Opfer bringen. Die Ironie und Persifflage fehlen in Tieck's Genoveva, hier ist Alles hochernst gemeint, der heilige Bonifaz ist in eigner Person Prologus, Berichterstatter und Segensprecher zu Ende. Im Weihrauchduft der Betäubung schwindet alle feste Form, aller bestimmte Inhalt. Das Gewürz der Narkose stachelt zu auflösender Wollust, statt zur schöpferischen Zeugungskraft. Selbst in der dämonisch empfundenen Gestalt des Golo treibt die Muse Tiecks eine sinnbethörende Schönthuerei mit der Genesis des Bösen, während Shakspeare den Dämon des Bösen mit der ihm inwohnenden, imponirenden Kraft und Macht hinstellt, nicht in krankhafter Elegie, nicht um der musikalischen Reize und Lockungen willen mit ihm buhlt. Golo's Dämon bezwingt das süß melancholische Lied: „Dicht von Felsen eingeschlossen', wo die dunkeln Weiden stehn", und wenn ihn fromme Schäfer bestatten im „einsam grünen

Thal", dessen örtlicher Dämon die Schuld der Sünde trägt, so löst sich uns über Bös und Gut alles Bewußtsein. Der musikalisch berauschende, mittelalterliche Fatalismus Tiecks will den hellenischen Eudämonismus Goethe's verdrängen, macht aber das Element des Bösen in der Menschenbrust zu einem bloßen Dunst aus alter geheimnißvoller Waldschlucht. Jakob Böhme und Hans Sachs haben in Tieck's Genoveva eine gewaltsame, eine unnatürliche Umarmung gefeiert.

Im "Octavian" tritt der mittelalterliche Katholicismus in den Hintergrund; nicht ein christlicher Heiliger, die Romanze in Person macht den Prologus und den Chor. Die Legende im härenen Büßergewand wird verdrängt von der üppigen Pracht der Rittergeschichten aus dem höfischen Zeitalter unserer mittelalterlichen Epen, von Wolfram von Eschenbachs confuser Phantastik und Meister Gottfried von Straßburgs wollüstiger Tändelei. Das Element des Komischen mischt sich burlesk genug ein, ohne jedoch über die Kraft Shakspeare'scher Matrosenwitze im Caliban und andern niedrig komischen Masken des britischen Realismus zu gebieten. Morgenland und Abendland werden mit ihren Schätzen aufgeboten zur Verherrlichung des "alten romantischen Landes", seiner Helden und Frauen, seiner Minne und seiner Wunder. Der Orient bringt noch in die "wundervolle Mährchenwelt" seine letzte Würze, eben so wie Friedrich Schlegel, der Theoretiker der Schule, zu seinen indischen Studien übergeht, um im Orient "das höchste Romantische" zu finden und aller plastischen

Gestaltung, aller hellenischen Klarheit und Helle verlustig zu gehen. — Kaiser Octavian gehört seiner Entstehung nach den Jahren 1801 und 1802 an; 1804 erschien er im Druck. Fortunat, der beste Nachzügler jener Epoche, erschien nachträglich erst 1816.

Hiermit schloß diese mittelalterliche Epoche der Tieck'schen Dichtung, die nirgends bis zur gesunden, freilich herben, aber granitnen Kraft des Nibelungenliedes hindurchdrang. Und doch hat, wo der Dichter in ihm nichts Sympathisches gefunden, der Kenner und Forscher, der tiefsinnige Gelehrte in diesem Gebiet Entdeckungen und Studien gemacht. Wir wissen, daß Tieck vor Hagens Ausgabe damit umging, das Nibelungenlied in der Sprache von heute von neuem zu dichten, aus der Edda und aus altnordischen Gesängen die Lücken zu füllen. Im Vatican, in St. Gallen beschäftigten ihn die Handschriften des großen Nationalepos; er hat in Rom, von Gicht befallen, dem Freunde Rumohr aus dem alten Codex Lesarten und ganze Stellen in die Feder dictirt. Aus der Zeit seines dichterischen Verstummens ist äußerlich leider nur von Krankheit über Tieck zu melden. Auf seinen ersten kürzeren Aufenthalt in Dresden, wo er mit Friedrich Schlegel sich fand, folgte ein Ortswechsel zwischen Berlin und Ziebingen, dem Landgute der befreundeten Familie von Burgsdorf bei Frankfurt a. d. Oder, 1806 seine Reise nach Italien, dann ein Aufenthalt in München, dessen scharfe Wechselluft sein gichtisches Leiden befestigte, so daß man ihn, als er 1819 in Dresden dauernd seine Wohnung aufschlug, nur in leidgedrückter, gekrümmter Gestalt wieder erblickte. Seine Arbeitsamkeit war nie dadurch gelähmt; der Erforschung der mittelalterlichen Schätze, die sein „Phantasus" neu aus dem verlornen Bergwerk des deutschen Lebens heraufbeschworen, schien seine ganze Kraft sich widmen zu wollen. Seiner Herausgabe der Minnelieder aus dem schwäbischen Zeitalter (1803) gestanden die Grimm das Verdienst der ersten Anregung zu. Ulrich von Liechtensteins Frauendienst, diese Selbstbiographie mit des ritterlichen Sängers Liedern durchwoben, und das Altdeutsche Theater schlossen sich diesen Arbeiten an. Dichterisch, als schöpferischer Geist, war er damals ganz brach gelegt, zu einem förmlichen Siebenschlaf verdammt. Nach Wackenroders Verlust war ihm in Novalis zum zweiten Mal ein inniger Gefährte dahingerafft. Was ihn aber am tiefsten schmerzte, war, daß er Angesichts der sinnlosen Wirren andrer Genossen mit dem Bankerott der eignen Kraft den Abfall einer Schule erlebte, von der er sich förmlich lossagen mußte. Der doctrinäre Friedrich Schlegel hatte (in seinem Gespräch über Poesie) zu früh aus der Schule geschwatzt, indem er als den „Anfang" aller Poesie verkündete, „den Gang und die Gesetze der denkenden Vernunft aufzuheben und uns wieder in die „schöne Verwirrung" der Phantasie, in das ursprüngliche Chaos der menschlichen Natur zu versetzen, für das es kein schöneres Symbol gebe als das Gewimmel der alten Götter." Er definirte Romantisch als das, „was uns einen sentimentalen Stoff in einer phantastischen, d. h. in einer ganz durch die Phantasie bestimmten Form darstellt." Diese Theorie, die aus dem ersehnten Chaos auch nicht einmal die Möglichkeit zu neuer Weltschöpfung zuläßt, an die Stelle der ordnenden Kraft nur die lose Willkür setzt, erlebte denn in ihm selbst hinreichend die praktische Entartung, und das ersehnte „Gewimmel der alten Götter" fand er schließlich auch nicht in Brahmas Finsternissen, sondern in den Dämmerungen des römisch=christlichen Olymps. Adam Müller übertrug die romantischen Principien auf die Staatsformen, Quietismus und Schwelgerei vermischend, um dem Staat der Bürger die alte hierarchische Basis zu retten. Görres' klerikale Ausartungen suchten die Kapuze mit der Jakobinermütze zu verschwistern, Zacharias Werner, Kunst und Kirche für identisch, die katholische Hierarchie für das größte Kunstwerk erklärend, fand von der Bühne zur Kanzel und zum Beichtstuhl den Uebergang, machte aber in St. Stephan zu Wien scurile Kapuzinaden à la Abraham a Sancta Clara ohne dessen Ehrlichkeit, Einfalt und Treue. Achim von Arnim war in der Mark ganz versandet, Heinrich von Kleist nach seinen riesenhaften Kämpfen, einem erschlafften Volk die Thatkraft seiner eignen Römerseele einzuflößen, als Selbstmörder verstummt. All diese erträumte Kraft des damaligen jungen Deutschlands lag schmerzhaft in Trümmern um Denjenigen her gebreitet, der als ihr Meister gegolten, während er die Würde solcher Meisterschaft ablehnen mußte, um nicht für Nacht und Verwirrung, Graun und Untergang der Genossen mitzubüßen. Es hat sich ergeben, daß der Verdacht seines Uebertrittes zur römischen Kirche ein fälschlicher gewesen; nur seine Frau, wider sein Wissen, hatte sich im Stillen zum alten Dienst bekehrt und er hat es ruhig, mit schmerzlicher Ironie der tiefbewegten Seele, geschehen lassen, als bei ihrem Ableben sich römische Priester einstellten, die Leiche einzusegnen. Er hat aber auch keinen Theil gehabt an dem Aufschwung neuer Kraft, welche die Nation durchzuckte, weder an Kleist's tragisch endendem Heroismus, noch am Auftact der Freiheitssänger, die, glücklicher, die neue Morgenröthe nicht blos aus der Nacht heraufbeschworen, sondern auch begrüßten. Kein Ton erklang auf Tieck's Lyra in der Zeit der Freiheitskämpfe mit Arndt, Schenkendorf, Körner, und der vielgerühmte, an Solger 1813 eingestandene Plan und Entwurf zu deutschen Kaisertragödien galt zwei Jahre später als leer und nichtig. War die Volkskraft deutschen Mittelalters, die er doch mit wecken gewollt und geholfen, ganz anders erwacht als er sich's geträumt, so lange er trunken in dessen Abendsonne geschwelgt? Sangen die Lerchen des jungen Tages auch ihm zu grell gegen die Philomelen seiner üppigen Sommernächte? — Der Poet in ihm schien erschöpft, sein Studium Shakspeare's allein noch übrig geblieben. Sein altenglisches Theater erschien 1814 — 16; sein Aufenthalt in London (1818) galt denselben Stoffen, 1823 erschien seine Vorschule zu Shakspeare, dann seine Fortsetzung der Schlegel'schen Uebersetzung mit Graf Wolf Baudissin und seiner Tochter Dorothea im Bunde, so daß Begeisterung, Sprachkenntniß und seiner Tact sich hier zum bedeutsamen Werk vereinigten.

Tief erkrankt und zerrüttet, gichtisch gelähmt und gemartert, mit den Genossen seiner Richtung zerfallen, nach Solgers Tode (1819) zum dritten Male vom Verlust eines innig Befreundeten erschüttert, fertig mit sich, scheinbar erschöpft in seiner Dichterkraft: so nahm ihn Dresden auf, ward ihm ein Asyl und gab ihm nach innern Stürmen die Ruhe, um seine zweite große Epoche zu eröffnen. Eine begeisterte, getreue Freundin, Gräfin Finkenstein, hatte sich als Genossin seines Hauses zu ihm gesellt; auch schaarten sich mit Otto v. d. Malsburg, Graf Otto Löben und Andern romantische Abendsänger um ihn. Die Kunstschätze von Elbflorenz wirkten mit ihrem Zauber von neuem auf sein in schmerzlicher Wehmuth gebeugtes Leben, die Gunst des königlichen Hofes gab ihm Stellung, Rang, und als Dramaturgen eine Thätigkeit, die freilich bald beim Widerspruch zwischen romantischer Theorie und theatralischer Praxis eine illusorische wurde. Tieck schrieb Theaterkritiken, die das hereinbrechende technische Virtuosenthum im Dienst der Dichtkunst zügeln wollten, in der öffentlichen Meinung aber bei eigensinnig durchgesetzter Aufnöthigung der Calderonschen „Dame Kobold" ihre Geltung einbüßten. Noch 1825 machte Tieck als Dresdner Dramaturg eine Rundreise zu den deutschen Theatern, ein Jahr darauf erschienen seine dramaturgischen Blätter, die sich später bis zu vier Bänden ausdehnten. *) Allmählich erlosch sein Eifer, auf die lebendige Kunst einzuwirken; seine

---

*) Demselben Jahre, 1816, gehörte die mit Fr. v. Raumer gemeinschaftlich veranstaltete Herausgabe von Solgers Nachlaß und

tiefere, bessere, aber oft launenhaft romantische Einsicht zog
sich hinter das stille Bewußtsein eines ironischen Lächelns zu=
rück. Aber er ward an seinem häuslichen Heerde als drama=
tischer Vorleser der Mittelpunkt eines abendlichen Kreises
von mehr als allgemein deutscher, von europäischer Bedeutung. Er gebot über den tief poetischen Zauber eines Orga-
nes, das vom Gelispel der leisesten Schüchternheit alle Ton-
arten der Claviatur hindurch bis zum Aufschrei der toben=
den Leidenschaft, vom Girren der Taube bis zum majestäti-
schen Zorn des Löwen seinen Umfang hatte. Die Zartheit
des geheimsten Verständnisses dichterischer Schönheiten gesellte
sich mit seiner umfassenden Kenntniß aller Litteraturen
der verschiedensten Zeiten. Er gab seine Aesthetik nie in zusam-
menhangenden Vorträgen; ihre Widersprüche würden sich dann
auch deutlich blosgelegt haben; höchstens gab er Winke und
Andeutungen, im concreten Falle aber setzte er als Vorleser
eines Dichtwerks sein tiefstes Wissen, sein gläubigstes Gefühl
und die schärfste Polemik seines Witzes gleichsam mit in Scene.
Er rief durch die schöpferische Lebendigkeit seines dramatischen
Vortrags die Dichtung, wie sie ihr Schöpfer empfangen und geschaffen, vor die Seele des Hörers; er brachte damit rein geistig,
ohne alle äußere Sinnestäuschung längst von der Bühne auf-

Briefwechsel an. Die „Hinterlassenen Schriften" Heinrich von
Kleists waren bereits 1821 erschienen, Novalis' Nachlaß, mit
Fr. Schlegel gemeinsam herausgegeben, schon 1802. Die gesammelten Schriften von Reinhold Lenz erschienen 1828, desgleichen
die Insel Felsenburg; Tiecks Einleitung zu Fr. Ludwig Schrö-
ders Schauspielen: „die geschichtliche Entwicklung der neuern
Bühne" 1831.

gegebene Werke wieder ins Leben; er gab auch von den nicht auf den Brettern verschwundenen Stücken den ganzen, von dem grellen Lampenlicht verscheuchten, in der decorativen Handwerksmanier der Kulissenwelt verlorengegangenen Aetherduft der Dichtungen. Eine geistvolle, tiefgefühlte, unabsichtlich und ohne allen gesuchten Maskenzwang entwickelte Mimik unterstützte die Modulationen seines Vortrags und wen die magische Gewalt seiner tiefdunkeln, geheimnißvoll leuchtenden Augen überkam, der konnte jener Elise Bürger gedenken, die ihm schrieb, es sei ihr heißester Wunsch, seine Augensterne einmal funkeln zu sehen, wenn Begeisterung ihn erfülle. Schärfere Beurtheiler wollten behaupten, daß das einfach Edle in sentimentalen Frauenrollen ihm weniger gelang als das dämonisch Gewaltsame, zumal aber das burlesk Komische, zu welchem alle Kobolde, Gnomen, Berg- und Wassergeister seiner romantischen Unterwelt ihm die Lichter und Schatten lieferten. — Weihevolle Abende im schwarzrothen Eckhause auf dem Altmarkt zu Dresden! In der That war es wie eine Loge Eingeweihter, die dort, dem Lärm der Welt entrückt, Andacht übte und bei dem Priester der Romantik Kirche hielt, wenn die Gräfin Finkenstein hinter dem grünen Lichtschirm vor den Augen heimlich still herumlugte, ob sich kein unwürdig Profaner eingeschlichen. Und der im schwarzrothen Eckhause betriebene Cultus übte seine betäubende, seine ansteckende Macht. Zu den Wirkungen der hohen Messe gehört ja nicht blos Ton und Stimme, auch der Weihrauchduft mit seiner narkotischen Wirkung. Solcher Art war der

Tieckcultus in Elb-Florenz bis zur Berufung des alten romantischen Phantasus nach dem wenig romantischen Spree-Athen.

Aus dem gesellschaftlichen Geplauder des Dresdner Salons erwuchs ihm auch seine Novellistik. Diese seine zweite Dichterepoche dauerte bis 1840, wo er sie mit dem Roman „Vittoria Accorombona" abschloß. Der Anfang seiner Novellistik war wesentlich conversationell; wo das Thema tiefer griff, traten die rednerischen Figuren zu dialektischen Gegensätzen heraus, die lockere Theorie vom überraschenden Umschlag in der Wendung führte zu höchst bequemer Erledigung des Stofflichen, und die Muse saß dann oft als Ironie mit ihrem geheimnißvollen Lächeln vornehm, aber ohnmächtig im Sorgenstuhl. Kränkliche Stubenluft umwehte die Wiege dieser modernen Ammengeschichten, modern, weil sie im Aether blasirter Noblesse empfangen und geboren wurden, mährchen- und sagenhaft aber, weil sie aller gesunden Kraft der Wirklichkeit und Wahrheit, oft aller Menschenmöglichkeit gegenüber traten, aller Frische des Volkslebens, allem Getriebe des Marktes, des bürgerlichen und staatlichen Verkehrs, allen drängenden Forderungen der Zeit Hohn sprachen. Drängend war freilich eigentlich nichts in jener Epoche der Reaction aller besseren Nationalkraft nach den deutschen Freiheitsschlachten. Die Kraft des Volks war aufgerufen und hatte sich gegen den äußeren Feind verpufft, ohne den inneren Nationalfeinden gewachsen zu sein. Es war wohl ein stilles Bewußtsein von Deutschlands Werth, innerer Macht und

Größe erwacht mit den Jahren 1813 und 15; das Volk besann sich erst seitdem, daß es Geister wie Schiller und Goethe besaß oder besessen; deren Ausgaben in erneuter Folge datirten erst mit dem kriegerischen Erwachen des Nationalgefühls. Das schöpferische Leben des Augenblicks lag aber gelähmt an inneren Banden und Fesseln. Eine schüchterne, feige Erzählungslitteratur grassirte mit einer süßlich läppischen Geziertheit, deren entschiedenster Ausdruck Clauren's Mimli war. Eben so leichtgeschürzte, wenn auch nicht gleich coquette und oft anmuthig plaudernde Apollodiener griffen wie Van der Velde zur Historie, und nannten ihre Zwittergeburten historisch-romantisch. Tieck's Geschmack und Scharfsinn verachtete sie gründlich; seine tiefe Kennerschaft alter geheiligter Schätze der Dichtkunst früherer Zeiten hatte leichtes Spiel, diese schmächlichen Geschöpfe des Tages zu verspotten. Allein in seiner krankhaften Vornehmigkeit verstieg er sich so weit, selbst Walter Scott's gesunde Macht und Kraft gering zu achten, als fehlte dieser Romantik des Schotten die sublimere Weihe ächter Poesie. Der männlich festen Gestaltenzeichnung Scott's, seiner kühnen und doch getreuen Beherrschung geschichtlich großer Stoffe, seiner freien, ungeschminkten, offenen und gesinnungstüchtigen Zeichnung, Pinselführung und Farbengebung wußte Tieck nichts entgegenzusetzen, was nur irgendwie mit Glück in die Wagschaale fiel. Scott und die deutschen Erzähler dieser Schule beherrschten vollkommen das Bedürfniß der deutschen Lesewelt, und Tieck mit seinem kleinen parfümirten Salonkreis gefiel sich in vornehmem Achselzucken und in einem sublimen Verkehr mit poetischen Geistern fremder Zeitalter und Zonen. Oppositionsgelüst und der Geist des Widerspruchs gegen herrschende Gewalten der Gegenwart riefen abermals seine Kräfte auf den Kampfplatz. Er eröffnete die Epoche seiner Novellistik 1822 mit den „Gemälden". In seiner alten, specifisch romantischen Epoche hatte er die künstlerische wie die religiöse Traum- und Wundersucht sacrificirt, mit dem kunstliebenden Klosterbruder und mit Novalis den Rausch der Emphase als das neue und als das einzige Evangelium verkündet, und jetzt schien er sein und sarkastisch gegen alle Elemente „dunkler Erleuchtungen" zu Felde zu ziehen, auf dem Gebiet der Künste in den „Gemälden" und „Musikalischen Leiden und Freuden", auf dem Gebiete der Religion in der „Verlobung" und in der „Gesellschaft auf dem Lande" mit Zugeständnissen an die Aufklärung und satyrischen Geißelhieben gegen die Pietisten. Phantasus sollte nicht mehr zügellos von der inspirirten Genialität geritten, sollte in der Bildungssphäre der Gesellschaftswelt geschult werden. In den „Reisenden" stellte er Tollheit und Wahnsinn specifisch an den Pranger, während er ehedem im Wahnsinn künstlerischer Verzückungen den göttlichen Dämon gewittert, freilich Dämon und Genius nie zu unterscheiden vermocht. Im „Geheimnißvollen" caricirte er die politische Richtung der Zeit als leere Tollheit und losen Leichtsinn, in „Eigensinn und Laune" die Emancipationsdoctrin des jungen Deutschlands, während er in der Epoche der Lucinde die Freiheit der Liebe und die freie Berechtigung des Weibes mit der Entzückung leidenschaftlicher Emphase gefeiert, freilich nur für das bevorrechtete Genie und mit verdächtigem Glorienschein um's Haupt. Für die elegischen Stimmungen im müden Glanz der Abendröthe über einer untergehenden Welt, für die Gewitternächte des menschlichen Gemüths von der leisen bangen Angst bis zum Wahnsinn der ausbrechenden Leidenschaft hat kein Dichter wie Tieck die Farben auf seiner Palette gehabt. Das zuckende Wetterleuchten der Ironie, selbst die kalten Schläge des tragischen Witzes bei schwerem Gewitterhimmel hat er für das Höchste in Kunst- und Weltanschauung gehalten, und konnte doch Heine, diesen graziösen Ausbund mephistophelisch ironischer Romantik einen Stümper, ja den Mephistopheles im Goethe'schen Faust eine „erbärmliche" Gestalt schelten! Auch gegen die desperate Romantik der Neufranzosen in Victor Hugo ergoß er sich, mit Berliner Witz deren Begriff des Romantischen von roh und manschen ableitend, während er seinerseits die Räthsel in der Gemüthswelt doch auch nur als Phänomene hinstellte, ihre Lösung schuldig blieb. Im „Mondsüchtigen" und in „Waldeinsamkeit" travestirte er seine eigenen Lieblingsgefühle, im „Fünfzehnten November" aber schilderte er den Instinct des Blödsinnigen als eine Macht Gottes im verworrenen Menschenleben, und mußte doch im „Zauberschloß", im „Jahrmarkt", im „Wundersüchtigen", in der „Sommerreise" diese Sucht nach dem Geheimnißvollen an den Pranger des Lächerlichen stellen. So focht der alte Phantasus — und das war die Ironie davon! — gegen sich selbst, ohne zu wissen,

wie er mit seinen eigenen Elementen in ein Handgemenge
kam, und ohne zu ahnen, daß er die Geister, die er jetzt beschwören wollte, selber erst aufgerufen aus der tiefen Brust
des dunklen Menschen. In seiner „Reise ins Blaue", in der
„Vogelscheuche", im „Liebeswerben", im „Wassermenschen"
schlägt er sich polemisch mit sich selbst herum, ohne seiner
Herr zu werden, oft geistvoll rednerisch, aber oft auch so red-
selig, als gefiele sich die Poesie wie zur Kinderzeit der Völker
in der Rolle der schwatzhaften Muhme am Kamin. Und im
Kamin des alten Meisters der Romantik ward auch in der
That gemach unheimliches Geräusch von romantischen Fle-
dermäusen wieder vernehmlich. Hier und da hatte er in auf-
klärerischer Anwandlung einen umgehenden Geist, den er
schilderte, als diebischen Hausknecht entlarvt, und dem Gelächter preisgegeben; allein die Fopperei der alten Romantik
mit Gespenstern begann von neuem in neuen Gespenster-
geschichten Tieck's, wie sie die Novellen: „Abendgespräche",
„Klausenburg", „Schutzgeist", „Pietro von Abano" mit
dem alten Gelüst des Gruselns zum Vorschein bringen. In
der „Ahnenprobe" ist die Macht der Standesvorurtheile,
zum Gespensterglauben in moderner Zeit gehörig, mit Glück
carifirt; wo aber Tieck, wie in „des Lebens Ueberfluß", im
„Gelehrten", im „Weihnachtsabend", das positive Glück
realer Verhältnisse in der Herzenseinfalt begnüglicher Menschen schildern will, da erschrickt man, wie aller Wahrscheinlichkeit baar und ledig hier Situationen und Personen der
Wirklichkeit aufgefaßt werden, der Romantik Tieck's die Idylle

des Lebens zu zeichnen versagt ist. „Der junge Tischlermeister", ein Roman, dessen Anlage aus der Zeit von Sternbald's Wanderungen stammt, treibt mit der Feier des Handwerks, das sich der Kunst als ebenbürtig zur Seite stellen soll, eine Schönthuerei, die ebenfalls beweist, wie sehr der Tieck'schen Muse, auch wo sie einfach und nüchtern sein will, der Kern jener Harmlosigkeit fehlt, welche Glauben erweckt und die Schminke verschmäht. Immer mehr regte sich wieder im alten Phantasus das Gelüst, Elfen und Kobolde, nicht sowohl als Scheingestalten, Schatten und Schemen, vielmehr als reale geistige Mächte, und wo nicht als Gestalten, doch als Elemente eingreifen zu lassen in die abgeblaßte Welt der geschliffenen Bildung. Auch hinter den Masken einer Gesellschaft von heute lauern allerdings Gespenster des fanatischen Unsinns und der somnambulen Verirrung, mit allerlei Spuk des Wahn- und Irrsinns die vernünftige Ordnung der Menschenwelt neckend oder schreckend. Im „Alten vom Berge" hat der Dichter in der psychologisch tiefsinnigen Gestalt des alten Bergwerks- und Hüttenbesitzers die dämonische, halb schicksalvolle, halb selbstverschuldete Schwermuth seines eigenen Naturells auf meisterhafte Weise objectivirt. Wo die Menschenseele nicht blind an die Unfreiheit der thierischen Natur verfällt, der Dämon an der göttlich fürsorgenden Mutter Natur zugleich sein Correctiv, seine Sühne und seinen Frieden findet, da hat die Romantik von heute gewiß noch ihr gutes, reiches Feld. Wo aber das Fatum dumm wüthend triumphirt, da sichert uns auch keine erkünstelte Ironie mehr vor dem atheistischen Glauben an ein sinnloses Nichts, in welchem sich Gott und Natur angeblich gefallen sollen. Die Religion mit den Mächten des fanatischen Aberglaubens im Kampf mit der Macht der erlösenden Liebe ist von der Romantik mit Recht ins Gebiet dichterischer Darstellung gezogen. Denen gegenüber, die sich auf Goethe stützen, wenn sie die religiösen Stoffe, Gestalten und Ideen, selbst die der gesammten Historie, vom Bereich der Zulässigkeit für den dichterischen Pinsel ausgeschlossen sehen möchten. Die Religion, überlieferte wie am eigenen Born geschöpfte, ausschließen wollen, hieße der Poesie und der Kunst das Höchste vorenthalten, das uns schreckt und beseligt, Hölle und Himmel der tiefsten Menschenbrust erschließt. Und so würde denn Tieck's „Aufruhr in den Cevennen" mit seinem großen politisch-religiösen Thema und mit der Macht der darin waltenden Elemente als ein großes Werk deutscher Dichtung dastehen, mehr als jedes seiner anderen Werke als strahlendes Zeugniß für den Ruhm seines Schöpfers, wäre es nicht Bruchstück geblieben und trüge selbst das Vorhandene, angenommen das Thema sei damit erschöpft, nicht so vielfach die Spuren hastiger Unvollendung und aller säubernden Hand entbehrender Brouillonarbeit. Die zwei Hauptgestalten als Träger dieser historischen Novelle sind in ihrer Entwicklung vollkommen entwickelt. Der Parlamentsrath, dieser Freund Platonischer Studien, Freund ruhigen Fortschritts und milder Entfaltung der unteren Schichten des Volks, hat an seinem Sohn den leidenschaftlichen Widerpart. Dessen fanatischer Eifer für alten Glauben und alten staatlichen wie gesellschaftlichen Bestand schlägt aber dialektisch und wie vom Geist der Rache, der in den menschlichen Dingen waltet, getrieben, plötzlich in sein Gegentheil, in ebenso leidenschaftliche Parteinahme für das Elend der bis aufs Blut um ihres Kinderglaubens willen gequälten Camisarden um. Wie dieser Umschlag sich in der Seele des Einzelnen und im großen Ganzen der nationalen Entwicklung unter der Despotie von Altfrankreich vollzieht, wie kindlicher Irrthum in der Verfolgung zum Wahnsinn, Wahnsinn aber zu einem Heldenthum wird, das sein Heiligstes vertheidigt, wie der Wahn im Gemisch von Begeisterung fürs Höchste und von toller Entartung bis ins Verworfenste epidemisch wird, pestartig ansteckend sich eines ganzen Volks in der Einfalt der Natur und in den Lumpen seines Elends bemächtigt: dies große Gemälde hat Tieck mit allem Zauber entrollt, über den er als Meister verfügt, um die tiefsten Schleusen der Gemüthswelt zu eröffnen. In der Schilderung der Cretins und der unter Krämpfen prophetisch verzückten Kinder der Camisards schwelgt freilich sein gern in Höllenbreughel's Farben und in Rembrandt's grelle Lichter sich tauchender romantischer Pinsel.

Man zählt unter Tieck's Novellen 7 phantastische, 24 sociale, 8 historische. Diese letzten sind durch die vielseitige Kenntniß der betreffenden Zeitalter hervorstechend, aber zugleich, weil sie an der geschichtlichen Wirklichkeit wie an der psychologischen Wahrheit förmlich scheitern, für die romantische Muse im üblen Sinne charakteristisch. Oft geht der

Stoff an einer ganz modernen Komik, die sich zwischendrängt, zu Grunde, wie "der wiederkehrende griechische Kaiser" an den ganz berlinischen Witzeleien eines Hofnarren leidet. Mitunter ergiebt sich zwischen den Gestalten, welche Tieck's eigenstes Empfinden ausdrücken, und dem Geist des Zeitalters, in das er sie hineinzwängt, eine unausfüllbare Kluft, z. B. im "Hexensabbath", der diesen Widerstreit am stärksten offenbart, trotzdem der Dichter das Thema vollständig beherrscht. Der Hexensabbath giebt uns die tief ergreifende Martyrgeschichte einer edlen Frau Katharina, die am wüsten Gräuel ihres Zeitalters untergeht. Frauengestalten dieser Art, hochgemuthete, aber im Widerstreit mit ihrer Umgebung unglückliche, hat Tieck wiederholt gezeichnet und mit dem ganzen Schmelz einer rührenden Elegie umgeben, wie seine Frau Denisel, seine Gräfin im "Tod des Dichters", die dem vom Schicksal gefolterten Camoens, dem Heldendichter Portugals, dem Schöpfer der Lusiaden, als milder Schutzgeist all ihre Lebens- und Herzensschätze widmet. Zu diesen wiederkehrenden edlen, elegischen Frauengestalten in Tieck's Novellen war vielleicht des Dichters Freundin, die Gräfin Finkenstein, das Urbild. Auch was die duldende Heldin im "Hexensabbath" umgiebt, athmet Tieck's bestes Leben, spricht seine Weisheit, hat seine Anschauungen. Eine Variation des Eulenbök in den Gemälden, der alte humoristische Maler Labitt, dem das Leben wie ein toller, verworrener Fastnachtstraum erscheint, der Dechant, der in seiner freien Geistesbildung den Satzungen der Kirche entwachsen, aber doch Jesuit genug ist, um unter dem Mantel der Verschwiegenheit für sinnlichen Genuß auch seinen Tribut zu fordern, junge Schwärmer und ältere Freunde in Katharinens Umgebung, Alle haben den Stempel der Cultur von heute im Stadium des weichen, vornehm behäbigen, gebildeten, aber energielosen Salonlebens. Alle diese Gestalten, sorgsam und mit Liebe gezeichnet, werden aber erbärmlich zu Schanden an der Grille des Dichters, sie in ein Zeitalter zu setzen, das sie in seinem Schooße gar nicht erzeugen konnte. Das Zeitalter im Hexensabbath ist das Philipps des Guten von Burgund und seines Prinzen, später als Karl der Kühne weltgeschichtlich. Der fanatische Wahn jener Zeit ist der Glaube an Hexen, die auf Besen durch die Luft reiten und einen Sabbath des Teufels feiern. Ein erbärmlicher Bischof hängt diesem Aberglauben an, und alte Weiber, die er foltern läßt, sagen nach seiner Andeutung und von ihm soufflirt aus, wie es bei den Teufelsfesten zugeht. Auch die hohe, reine, edle Frau Katharina wird als Hexe verbrannt. Das heißt uns grausam närren und foltern. Entweder konnte jenes Zeitalter so nervöse, elegisch feinfühlende, in Liebe schwärmerisch ergriffene, ihre Schmerzen mit Entsagung überwindende Salonmenschen einer sublimen Bildung gar nicht hervorrufen, oder sie mußten Macht genug haben, die Barbareien einer bizarr finstern, dumm wüthigen Pfaffen- und Pöbelzeit zu besiegen. Die Novelle zerfällt unkünstlerisch in zwei Hälften, die, auch in der Schreibweise ungleich und zu verschiedener Zeit verfaßt, einander widersprechen und unmöglich machen; zu Anfang der Lebenskreis edeldenkender Culturmenschen und dann die Gräuel der Historie. War der Erzähler vielleicht stutzig geworden über die Unwahrheit seiner Dichtung und stockte er, das verfehlte Werk zu beenden, die Lügen seiner Phantasie zu bemänteln? Schlaff, ermattet, zu Fabrikarbeit angehalten, hat der greise Verfasser einen früheren Entwurf vielleicht auch hier von neuem aufgenommen und den Schluß mit dem planlosen Untergang seiner Figuren hinzugefügt, sich selbst wahrscheinlich belächelnd, daß er sein bestes inneres Leben der Albernheit einer sinnlosen Welt der Wirklichkeit preisgeben mußte. Es ist das wohl der blasseste und verdorbenste Wiederschein und Nachschimmer von Shakspeare's tragischer Ironie.

Tieck's „Dichterleben" und die zwei andern Shakspeare-Novellen: „das Fest zu Kenilworth" und „der Dichter und sein Freund" heben sich für den Bewunderer der Tieck'schen Muse vortheilhaft hervor aus der fabrikartigen Hast bestellter Arbeiten, die der greise Dichter für Almanache lieferte. Die Litteraturgeschichte hat sich tief in Trauerflor zu hüllen, wenn selbst die mächtigsten Geister mit ihrem Flügelschlag erlahmen, sei's daß sie in sich erstarren und verstummen, sei's daß sie allzu ausgiebig für die Nothdurft ihre Kraft vergeuden. Die drei Shakspeare-Novellen sind mit dem „Tod des Dichters" in Entwurf und Durchführung, Erfindung, Composition und Charakterzeichnung das Glänzendste der Tieck'schen Novellenpoesie. Bei der Gestalt des britischen Genius kam ihm noch sein lebenslanges Studium von dessen Werken und Zeitalter zu Statten. Und dennoch ist die

Zeichnung des großen William eine vollständig verfehlte. Als wollte Tieck in seinem reifen Alter Buße dafür thun, so oft den Genius im Fackellicht dämonischer Willkür, Leidenschaft, Traumsucht und wahnsinniger Verwilderung gezeichnet und in seinen Nachtschattengängen die Offenbarungen des Göttlichen gesucht zu haben, stellt er im Dichterleben die Gestalt Shakspeare's wie ein mädchenhaft lächelndes Madonnenbild für die Nische gläubiger Andacht zurecht, alles dunkeln Dranges der Leidenschaft baar und ledig, von keinem Dämon gereizt und gefoltert, während er das Dämonische der Dichternatur in Marlow und Green als Gegensatz entwickelt. Diese negativen Gestalten in der Tieck'schen Novelle sind meisterhafte Gebilde, bis zur plastischen Vollendung ausgeprägt. Der Reinigungsact des Genius, an William Shakspeare als Mensch und Dichter vollzogen, ist sehr gesucht, gedüftelt, eine in sich unwahre Schönthuerei. Dieser William Alt-Englands hat die Nachtgewalten der Menschenbrust vollauf wie Jene, die daran untergingen, in sich durchlebt, sie aber überwunden und bewältigt. Das kennzeichnet ihn als Genius, nicht die harmlose Unschuld der Kinderseele, wie Tieck ihn schildert. Nicht blos die Grazien und Amoretten, die Shakspeare in seinen Dichtungen so lieblich wie Keiner spielen läßt; auch die Schrecken der Verzweiflung und des Wahnsinns, wie sie je die Leidenschaft in der Nacht menschlicher Verirrungen empfunden, je eine Dichtung geschildert hat er in sich durchlebt, durchkämpft und durchrungen. Hofrath Tieck lachte einen Philosophen spöttisch aus, der in einer pessimistischen Gestalt Shakspeare's (im Jago) das Zeugniß der eigenen subjectiven Unbefriedigtheit des Dichters finden wollte. So sehr gefiel sich der alte Phantasus bei Shakspeare in einer absoluten Reinhaltung des Genius, während er ihn früher in allen Schauern dunkler Gier und Gelüste sich berauschen ließ. Weder der Schönthuerei dieses Optimismus, noch den wollüstigen Leidenschaften seines früheren Pessimismus lag eine sichere Weltanschauung zu Grunde, die Entzückungen der mondbeglänzten Zaubernacht halten an dem Sonnenlicht der bewußten Tageswelt nirgend Stich und die fanatischen Illusionen der Romantik sind Schatten und Schemen gegen die Macht gesunder Wirklichkeit und Wahrheit des Menschenlebens.

Mit „Vittoria Accorombona" (1840) schloß Tieck seine Novellenepoche und überhaupt seine dichterischen Schöpfungen ab. Ein Sechsundsiebenzigjähriger schrieb er diesen Roman, zu dem er die Studien und Entwürfe aus früherer Zeit wieder aufnahm. Die Lesewelt griff freudig nach dem Buche, in der Erwartung, die romantische deutsche Muse werde hier endlich einmal einem geschichtlichen Stoffe der Wirklichkeit gerecht werden, und ein Breslauer Philosoph setzte sich eine Tuba an seine Lippen. Staunenswerthe Kenntniß des Landes und Zeitalters verräth der Dichter auch hier, aber er wirft sie mehr hin, ohne die Kraft zu haben, die gegebenen Elemente, wie Walter Scott es vermag, mit epischer Macht zu beherrschen, in plastischer Fertigkeit zu erledigen. In den breit ausgesponnenen Scenen, wo wir Historie erhalten sollen, geht Schwäche und Trivialität in der Zeichnung Hand in Hand. Die Art, wie Tasso eingeführt wird, ist ärmlich genug. Die Hofintriguen werden so kindisch erzählt, als blickte eine geschwätzige Zofe aus dem Oeil de boeuf jener Zeit. Wir erwarten in Sixtus dem Fünften eine historische Größe und hören Tieck's Montalto altweibisch Wirthschaftssachen verhandeln. Das Thema des Romans ist groß gedacht. Man hat die Heldin mit Unrecht einen weiblichen William Lovell, ein verpfuschtes Weib der Emancipation gescholten. Vittoria Accorombona entwickelt sich aber mächtig und mit vollem Recht der gewaltsamen Niedertracht und Ausschweifung ihres Zeitalters gegenüber; der schreckhafte Anblick frivoler, obwohl ästhetisch geformter Bildung giebt ihr ein Bewußtsein, nicht als Opfer der Sitte und Gewohnheit, sondern mit freier Entschließung zu sündigen; mitten in der Schuld, die sie belastet, hat sie noch einen Schimmer von triumphirender, selbstbewußter Unschuld. Zu Anfang des zweiten Bandes erhebt sich die Darstellung in der Gerichtsscene noch einmal zur letzten Feier der Heldin, um dann freilich für immer sich in haltungslose Jämmerlichkeit zu tauchen. Wo es gilt, Vittoria zu entwickeln, werden die schlaff gewordenen Fäden wieder plötzlich straff, und so imponirt uns auch fortgesetzt die ihr zunächst stehende Figur, jener Bracciano, durch noble Haltung, während, für sich genommen, dieser Charakter nichts weniger als richtig und fertig motivirt und ausgeführt erscheint. Die Ruhe, mit der er sein ungetreues Weib erdrosselt, ist nicht Größe des Löwen, sondern Kälte des Tigers. Gleichwohl möchte die Tieck'sche Darstellung ihm diejenige Haltung geben, welche den Heroen zukommt und welche Shakspeare'sche Helden mit Fug und Recht behaupten. Es ist dieselbe Verwechslung der Begriffe, wie sie sich bei Victor Hugo und anderen französischen Roman- und Dramendichtern findet. Bei Tieck liegt diese Verwirrung in seiner Unfähigkeit, männlichen Heroismus und historische Größe zu verstehen. Aus dieser Unfähigkeit erklärt sich auch, daß sein Montalto-Sixtus, als er vom Privatmann zum Herrscher übergeht, plötzlich von weibischer Schwachheit zu tigerhafter Wuth überspringt. Jenen Bracciano, den der Dichter zu Ende ganz fallen läßt, will er uns schließlich als Alchymisten noch interessant machen, womit sich der ganze Charakter kindisch auflöst. Selbst seine Heldin, die er so lange mit gespannter Kraft aufrecht erhielt, erliegt endlich der mattherzigen Trivialität, die sich zum Schluß des ganzen Werkes bemächtigt. Mit schwächlicher Widersinnigkeit läuft Alles durcheinander und die Darstellung giebt sich an ganz gleichgültige Chronikenüberlieferung gefangen. Oder sollte die Art, wie der Dichter seine geliebte Heldin massacriren läßt und zugleich in ihrem Schlächter die unreinsten Triebe aufruft, für Shakspeare'sche Naturkraft gelten? —

Noch 13 Jahre lang hat Meister Ludwig seit 1842 in Potsdam und Berlin vegetirt, mit den Phantasien seiner Einbildung gegen die Gebrechlichkeit und Hinfälligkeit der äußeren Welt gewaffnet, auch den Sturm von 1848, der Alles aus den Fugen rütteln wollte, als eine alte Tollheit des

Menschengeschlechts heimlich still belächelnd, er selbst in der zusammengeknüllten Gestalt seines Leibes eine Ruine ehemaliger Größe. Mit Rudolf Köpke, dem getreuen Eckart Tieck's, dem er seine letzten Bekenntnisse zuflüsterte, drangen nur noch Wenige an sein Lager. Die Freuden der Tafel und der Geselligkeit zu entbehren, that ihm weh, noch mehr jedoch, sein Organ, das so Vielen so hohen Genuß gewährt, einzubüßen. Die Hand seines romantischen Gönners auf dem Thron der preußischen Cäsaren hat nicht von ihm gelassen. Diese Sonne der Huld ging ihm nicht unter, während er der Welt der Wirklichkeit um ihn her, die er so oft verspottet, selber schon zum Mährchen geworden war. Bei dem großen Leichenbegängniß 1853 fragten die Berliner, wer Tieck sei, und ob er mit „antik" zusammenhange. Die Sonne eines ersten Maitages aber kannte den alten Romantiker, als sie auf sein frisches Grab lächelte. Auch sein letzter Wunsch, nicht weit von Schleiermacher beigesetzt zu werden, ward ihm noch erfüllt; in Dessen Nähe auf einem Berliner Friedhofe ruht der alte Phantasus.

III.

Heinrich von Kleist.

III.

Heinrich von Kleist.

An Jean Paul und Ludwig Tieck drängt sich uns unter den Romantikern noch diese besondere, eben so mächtige wie düstere Gestalt. Er war wie Jener gleich stark Patriot, wie Dieser in seinen höchsten Empfindungen gleich somnambül. Nur daß er sich nicht wie Jean Paul mit Tröstungen und Idealen fristen und hinhalten konnte, an seinem Schmerz über das gesunkene Vaterland hinsiechte, nicht wie die Romantiker nur ein Farbenspiel magischer Träume heraufbeschwor, nicht mit Ironie den irren Wahn der Phantasie beschwichtigte. Ihm fehlte alles Genüge, das die Selbstgefälligkeit giebt; er konnte nicht buhlen mit der Armseligkeit, nicht lächeln mit der Einfalt; er ging an beiden zu Grunde. In ihm hat sich die romantische deutsche Traumsucht in plastischen Formen gleichsam verfestet und verhärtet. Seine beste Jünglingsgestalt, der Prinz von Homburg, ist ein Nachtwandler, und sein vollendetster Männercharakter, Kohlhaas, hat eine Römerkraft, die wir groß nennen würden, stützte sich die Energie ihres sich in sich selbst versteinernden Wesens nicht auf eine fast mährchenhafte Grille von Recht, die einer einzelnen Unbill wegen einen Appell gegen das Schicksal erhebt und an Gott und Weltordnung verzweifelt. Sein patriotischer Schmerz ging ihm sehr tief ins Blut, ob er schon nicht der Cato war, der sich nur um des Vaterlands willen ins Schwert stürzt. Die Romantik ward in ihm zur vollendeten Thatsache, da ihn mit Entsetzen die Einsicht in ihre Täuschungen beschlich, das Zeitalter stumpf und unempfindlich blieb gegen die höchsten Gebilde seiner Gedanken und Gefühle. Der Wahnsinn stand ganz nüchtern in ihm fest, die Verzweiflung hatte an ihm bereits ihr Werk vollendet, als der Zufall ihm das oft beschworne und besiegte Gelüst zum Selbstmord erneuerte, wie ein ganz gelegentlicher Windstoß die reife und die angenagte Frucht vom Zweige löst. Was ihn am tiefsten gestürzt, was ihn eigentlich getödtet, kann kaum noch in Frage treten. Mit seinem Glauben am Heil des Ganzen war er schon in sich zusammengesunken, sein persönliches Unheil hatte ihn schon fertig geknickt, als ihm ein Weib die Waffe in die Hand drückte, um sie und sich zu tödten. Der Wahnsinn, mit welchem die Romantiker wie mit einer hohen Entzückung getändelt, war in ihm zum Charakter geworden, zu einem Charakter voll Römerkraft, die ganz gelegentlich, aber sicher an den Folgerungen ihres Wesens zu Grunde ging.

Wenn Einer beim Zwielicht in den Wald ging, bei Nacht und Nebel sich verlor und beim hellen Morgen nicht wiederkehrte, so bleibt es uns gleich geheimnißvoll, ob wir, seinen Spuren im Dickicht folgend, die Stelle finden, wo ihn der Sumpf verschlang, oder wo er in der Irre seiner Gedanken am Baum sich freiwillig den Knoten schürzte. War es blos ein Ereigniß, daß er unterging, so klagen wir über die tückische Macht des blöden blinden Zufalls, der eine planvolle Weltregierung kreuzt und ein heiliges Menschenleben sinnlos knickt. Ist der Untergang eine That, die That des freien Willens, so müssen wir doch den tausend kleinen mitwirkenden Uebeln Rechnung halten, die sich eben auch nur wie Schickungen, bindend, lähmend und dunkel treibend, zusammengehäuft, um die helle Lauterkeit des freien Bewußtseins zu trüben. Was That daran ist, erscheint dann doch eben auch nur als ein Gewebe unfreiwilliger Nöthigungen, und wie vor jedem großen Unglück, verstummt auch vor dem Selbstmord unsere Anklage, oder sie greift über die Person hinaus, nicht bis an's Firmament und die Sterne, denn dort regieren Zufall und Natur, sondern mitten hinein in den Knäuel des seltsam verstrickten Menschenlebens, denn in ihm tief drinnen waltet, vielleicht freilich sich selbst nicht minder ein Geheimniß, Gott. — Es ist Mancher freiwillig hingegangen aus bloßem Ekel über die ewige Wiederkehr des schlechten Processes, sich täglich an- und auszuziehen. Es ist wenig Verlust, wenn eine leere Existenz sich selbst aufgiebt. Wenn aber lebendiger Reichthum sich plötzlich bankerott erklärt, so stellt sich uns dieser vielgerühmte Reichthum des Lebens selbst in Frage. Wenn Held Simson in seiner Kraft unter der Hand einer Delila erliegt, so ist das Trauerspiel fertig und in sich vollendet. Der die Philister schlug, die Welt in Trümmer stürzte, wird von einer listigen, weichen

Schlange in der Gestalt eines kleinen Mädchenarms bezwungen; die Schönheit des Weibes weiß um die Achillesferse des Mannes; und selbst an Tyrannen wie König Philipp ist ja die Stelle bekannt, wo Helden und Männer sterblich sind. Aber jenes Weib, dem Heinrich v. Kleist das Gelübde gethan, sie zu tödten, ein Gelübde, das er nur lösen konnte, indem er sich selbst mit ihr vernichtete, — jenes Weib, sagt man uns, sei gar nicht eine Delila für ihn gewesen, die ihn im Rausch der Liebe bezwungen, die Kraft seines Geistes überlistend. Ludwig Tieck widersprach zuerst, daß hier eine Verirrung der Leidenschaft im Spiele gewesen, als Kleist sich und die Frau, die seine Freundin war, erschoß. Die Frau hatte sich für den Raub einer unheilbaren Krankheit gehalten, und als sie todt war, ergab sich das auch als ein Irrthum; nur in ihrem Gehirn, in ihren Gedanken war sie krank gewesen, ihr physischer Organismus ward gesund befunden. Hat Kleist sie nicht geliebt, so fehlte mit den Illusionen einer unbezwinglichen Liebe auch all der Zauber einer süßen Betäubung, die sinnverwirrend die freie Kraft seines Bewußtseins gelähmt. Nackt und nüchtern stellt sich dann das Furchtbare vor uns hin, der Giftbecher des freiwilligen Todes war nicht einmal mit Rosen bekränzt, und das Ungeheure der That, das Unbezwingliche des Ereignisses fällt mit der fertigen Verzweiflung an sich selbst, mit dem kalten Ueberdruß an allen Schätzen und Heiligthümern des Lebens, um so schwerer mit seiner ganzen Wucht auf dies Leben selber, auf das Wirrsal der Menschen unter einander, auf eine rettungslos entartete Welt, die der Kraft des Mannes keinen Spielraum mehr gab, sich zu entwickeln, seinem Muth keine Lust mehr machte, sich zu wagen. Kleist's Selbstmord fällt dann der Welt zur Last, die einem Herkules keine Aufgabe mehr stellte, ihn blos zwang, statt des Löwen sich selbst zu erlegen. Daß ein sentimentales Weib in ihrem krankhaften Irrsinn ihn beim Wort nahm, war dann nur der letzte Tropfen, der das schon volle Gefäß überfließen machte. Ohne die Frau, sagt man, wäre Kleist leben geblieben. Dann hätte die tückische Macht eines andern kleinen Ungefährs genügt, ihm den Tod zu geben. Aber Kleist, sagt Ihr, ist nicht an diesem Zufall, an der Verzweiflung über sich und an der Verzweiflung über Deutschland gestorben! Sein Gemüth war schon längst tödtlich krank vor Scham über die Entehrung der Nation. Was Feige ertragen, erträgt ein Römer nicht; mit der Ehre ist auch sein Stolz dahin, und stürzt er sich dann in sein Schwert, so ist die That des Selbstmordes ein erhabener Act, der heroische Irrthum einer großen männlichen Seele. Aber so steht sie nicht da bei Kleist, wenigstens nicht ganz so einfach, schlicht und groß. Der Ekel, die nationale Schmach zu tragen, setzte sich in ihm erst fest, nachdem er seine Kraft vergeblich verschwendet, um die ehrlos gewordene Welt zur Besinnung aufzurufen. Was in seiner Macht lag, hatte er redlich gethan zum Aufgebot der Geister. Aber vergeblich blieb sein Thun, wirkungslos sein bestes dichterisches Schaffen, klanglos war seine Stimme verhallt. Niemals ist Deutschland so taub und todt für einen seiner besten Söhne gewesen. Und dies

Gefühl, nichts zu sein, nicht helfen, nicht wirken zu können, spurlos im Sand zu zerrinnen: diese Demüthigung hat ihn in den gleichgültigen Tod getrieben. Er war schon todt mit der Verzweiflung an seinem heiligsten Wollen. Aeußere Noth, wirklicher bitterer Mangel, gesellte sich zu der innern Unfähigkeit, all die Niederlagen seiner höchsten Empfindungen zu überleben. Das ist das furchtbar Peinliche in der Selbstzerstörung dieses edlen Geistes. Wenn es groß ist, einen starken Menschen das Unglück des Vaterlandes nicht ertragen zu sehen, wenn uns die Größe solches Irrthums mit einem rührenden Schauer der Erhabenheit erfüllt, so befällt uns mit der ganzen Niedergeschlagenheit trostloser Scham der Gedanke, daß die Nation einen ihrer besten Dichter, um es ohne Umschweif zu sagen, verkümmern ließ. Und selbst diese Ueberzeugung steht fest: Wer Heinrich v. Kleist vom Hungertode rettete, hätte ihn der Welt erhalten! Gleich nach seinem Tode rief Rahel, die Herzenskündigerin: Alle die ihn jetzt beweinen oder beklagen, hätten ihm nicht das Stück Brot gereicht, wenn er es über sich vermocht darum zu betteln! — Wer zwischen den Zeilen zu lesen versteht, dem kann das aus den fertig vorliegenden Acten nicht mehr undeutlich sein. Solche Beschämung kann der Nation nicht erspart werden, falls sie wissen will, weshalb sie so lange und so oft hingesiecht. Ihr tiefstes Unglück ging immer Hand in Hand mit der Verkennung ihrer besten Geister, ihr größtes Verbrechen war jener stumpfe blöde Sinn der Menge bei Hoch und Niedrig. Keine Nation hat reichere Quellen gehabt, und keine hat mehr gedarbt mitten in der Fülle ihres Besitzes. Nie hat eine Mutter so viele ihrer Söhne verleugnet; an Selbstverkennung, Selbstentzweiung, Selbstzerfleischung hat kein Volk so sehr gelitten; die blassen Gestalten der verkümmerten Geister steigen ruhelos, eine ewig nagende Mahnung, aus ihren Gräbern vor uns auf. Nicht blos der Bruderzwist und Bürgerkrieg, nicht blos das Wüthen gegen die eignen Glieder, vornehmlich jene blöde Gleichgültigkeit, die sich über blühende Gefilde wie ein Hauch des gleichgültigen Todes lagert, hat uns jahrhundertelang so brach gelegt, elend und siech gemacht.

Will man in Bezug auf Kleist Trost für diesen Gedanken suchen, so giebt freilich seine Natur auch viel Stoff, einen in sich fertigen Proceß der Selbstzerstörung zu verfolgen. Er trug genug Keime zum Tode in sich selber, in der Art seiner seltsamen Begabung, in dem zerstückelten Gebrauch seiner an sich wunderbaren Kräfte. Was hierbei Trost sein soll, daß Kleist sich in sich selber aufgelöst, bereitet freilich nur neue Trübsal, aber es schließt doch die Beruhigung in sich, daß hier, nachdem alles Geheimniß darüber verschwunden, ein unentrinnbares Unglück waltete. Fassen wir es jetzt in allen seinen Theilen zusammen, um uns die Gestalt dieses seltenen Geistes zu vergegenwärtigen. —

Heinrich v. Kleist wurde, ein preußisches Soldatenkind, am 10. Oct. 1776 in Frankfurt a. d. O. geboren, wo sein Vater als Major im Regiment Herzog Leopold von Braunschweig in Garnison stand. Die Kleists sind fast Alle von Hause aus

Soldaten. Mitunter verirrt sich aber Einer zugleich aufs
Feld der Musen, auch wenn er auf dem Schlachtfelde seinen
Schauplatz und seinen Tod findet. Ewald v. Kleist's, des
Frühlingssängers, Grab lag dem jungen Heinrich in der
elterlichen Wohnung dicht vor Augen. Er wurde mit einem
Vetter, einem jungen Menschen von weichem, gedrücktem Gemüth, gemeinsam erzogen. Dieser erschoß sich später. War
es derselbe, dem das Gewehr versagte, und der mit einer
Ohnmacht und Krankheit davonkam; genug, es wiederholten sich seltsamer Weise unter Kleist's Freunden Gelüste
zum Selbstmord. Aber sie machten auf ihn lange Zeit entschieden den Eindruck von Widerwillen und sittlicher Em-
pörung; Kleist hielt lange Zeit den Selbstmörder für einen
Feigling. — Elf Jahre alt, verließ er das elterliche Haus
und kam nach Berlin zum Prediger Catel, der ihn für seinen
nächsten Beruf ausbildete. Von da an fehlen alle Berichte
über ihn bis zum Jahre 1795. Kleist ward im Regiment
Garde zu Fuß Fähnrich; er machte als solcher den Feldzug
an den Rhein mit. Er galt damals für einen lebensfrischen,
eleganten Junker, an dem ein nicht unbedeutendes, wenn
auch unausgebildetes Talent zur Musik gerühmt ward. Ein
abenteuerlich romantischer Streich fällt in jene Zeit. Im
Kreise von zwei Freunden und einer seiner Schwestern wird
die Frage aufgestellt, wie lange man wohl ohne einen
Groschen Geld in der Tasche als Vagabund sich in der Welt
herumschlagen könne. Als Bettelmusikanten verkleidet, machen
sich alle Viere auf den Weg, ziehen von Dorf zu Dorf, sich

bei den Bauern ihr Brot verdienend, und trieben das acht
oder vierzehn Tage lang. Vielleicht verräth sich darin der
schelmische Humor seiner Schwester Ulrike, die den Dichter
später nach Paris begleitete. — Man wollte aus jener frühen
Zeit von einem Bündniß Kleist's mit einer jungen Dame
wissen, das rückgängig wurde. Seitdem ward er mißver-
gnügt und säumig im Dienst, vernachlässigte sein Aeußeres
und fing an Kant'sche Philosophie zu studieren.

Dies Studium ward, aber nicht zu seinem Segen, epoche-
machend für ihn. Seinem sinnenden Gemüthe sagte es zu,
sich im Reiche des reinen Gedankens zu verlieren. Aber er
kam von der Form nicht zum Wesen, von der Formel nicht
zum absoluten Begriff Gottes und der Welt. Das „Ding
an sich" zu erkennen, hinter der erscheinenden Welt den geheimen Grund des Zusammenhangs zu finden und die nackte
Gestalt der Wahrheit zu fassen: dieser deutsche, Faustische
Reiz wandelte Heinrich Kleist an mit der ganzen Gewalt
einer verzehrenden Innerlichkeit. Er entschloß sich, ganz der
Wissenschaft zu leben; wie er denn ohnedies schon, sagte er,
mehr Student als Soldat in Potsdam gewesen sei. Er fand
in seinem bisherigen Stande etwas durchaus Ungleichartiges
mit seinem ganzen Wesen. Alle die größten Wunder militärischer Disciplin, diese Gegenstände des Erstaunens aller
Kenner, seien für ihn eben soviel Gegenstände der herzlichsten
Verachtung. Officiere — Exerciermeister, Soldaten — Sklaven; wenn das ganze Regiment seine Künste macht, so ist
ihm das ein lebendiges Monument der Tyrannei. — Man

rieth ihm ab, eine neue Laufbahn einzuschlagen; er sei schon
zu alt dazu. Darüber lächelte er, sich bewußt, daß er als
Schüler sterben werde, auch wenn er mit greisem Haar der=
einst in die Grube führe. Verbindungen bei Hofe habe er
nicht und suche er nicht, seine Denkart heiße ihn Protectionen
verschmähen; sein kleines Vermögen werde ausreichen für
seine einfachen Bedürfnisse. Als Secondelieutenant erhielt
er, nach siebenjährigem Dienst, 1798 seinen Abschied. Jung
wie er war, 23 Jahre alt, verzichtete er auf die Freuden
der Gesellschaft, auf die Welt der Genüsse, auf das was die
Menschen Glück nennen, allem Widerstande der Seinigen
zum Troh. In einem Briefe aus dem J. 1799 stellt er Be=
trachtungen an über den Lohn der Tugend. Wenn das Glück
als eine Belohnung der Tugend erscheine, schrieb er, so sei
die Tugend blos Mittel zum Zwecke, und nicht in ihrer höch=
sten Würde begriffen. Freilich sei es auch wohl nur wenigen
schönen Seelen möglich und eigen, die Tugend um der Tu=
gend willen zu lieben. Es dürfe, wie der Stand der mensch=
lichen Dinge nun einmal sei, nicht für unerlaubt gelten, sich
ein heimlich Glück als Ziel und Lohn guten Verhaltens zu stel=
len. Für ihn aber bestehe das Glück im Anschauen und im
Genuß der moralischen Schönheit unseres eignen Wesens. Diese
Zufriedenheit mit uns selbst, das Bewußtsein guter Handlun=
gen, „das Gefühl erhaltener und geretteter Würde" sei einzig
Glück für ihn. Ein Traum, ein Hirngespinst könne diese Vor=
stellung nicht sein, die Gottheit selber habe sie tief in uns ge=
pflanzt! — Nein, Traum ist dies Glück nicht, vielmehr die Wahr=

heit und Wirklichkeit einer großen Seele, aber auch ein Stolz zugleich und ein Selbstgefühl, das bei alle dem, da Zufall und Geschick die Loose seltsam mischen, in die Hypochondrie des vereinsamenden Sonderlings gern auszulaufen Miene macht.

Seine Studienzeit in Frankfurt a. d. O. wird uns als eine glückliche bezeichnet. Sein unstäter Feuergeist war frei vom soldatischen Gamaschendienst und tauchte seine Brust in das Meer des Denkens. In merkwürdigem Gegensatz dazu steht freilich sein pedantischer Brief, worin er einem alten Lehrer seinen Entschluß meldet, sich den Wissenschaften zu widmen. Auch wechselte seine Stimmung sehr rasch zwischen kindischer Ausgelassenheit und zerstreutem Tiefsinn. Ungehalten machte ihn die Entdeckung, wie sehr er den Genossen an grammatikalischen Vorkenntnissen nachstand, während er sie mit gereifterem Blick übersah. Tieck sagt, das Studium Kant's habe ihn stolzer und anmaßender, aber nicht sicherer im Innern gemacht. Mir erscheint als sehr bedenklich sein Hang zur Mathematik im Gebiet des Metaphysischen. Sein Streben, die Thesen und die Axiome des Denkens in mathematische Formeln zu fassen, erinnert an Novalis, der ebenfalls mitten im Strudel romantischer Fluthen nach dem einen festen Punkt des Archimedes suchte, das mathematisch Richtige mit dem philosophisch Wahren verwechselnd. Auch äußerlich mahnte der Jüngling Kleist vielleicht an den Jüngling gebliebenen Hardenberg. Heinrich Kleist, von mittlerer Größe, war freilich von festeren, stärkeren Gliedern, aber wie Jener ernst, schweigsam, schüchtern und in sich verloren, ohne alle Spur sich vordrängender Eitelkeit, aber voll hohem Stolz und tiefer Scheu gegen Alles, was geistig und sinnlich sich als gemeine Alltäglichkeit verkündete. So stand er Tieck noch nach Jahrzehn vor Augen, den Bildern Torquato Tasso's ähnlich, mit dem er auch die etwas schwere Zunge gemein hatte. Dahlmann nannte ihn „hartnäckig und starr". Damit war denn freilich schon seine besondere Eigenart bezeichnet. Seine bedeckte Stimme gerieth, wenn er las, vor Hast leicht ins Stottern. Mitten in der Rede stockte er oft, oder verstummte ganz und nahm dann den abgerissenen Faden, den er still im Innern weitergesponnen, plötzlich wieder auf. Diese Nachtwandelei des Denkens ging bei ihm Hand in Hand mit einer Zerstreutheit, die oft genug den Spott der Kameraden erweckte. — Eduard v. Bülow, der manche Züge dieser Art von ihm erzählt, brachte zu den „Briefen" nach einem Miniaturbilde vom J. 1801 einen Stahlstich von Kleist. Ein Kindergesicht blickt uns hier entgegen, edel, treu und gut, mit mächtigen Augen, die ihre Brauen wie Schwalbenfittiche über die dunklen Blicke breiten. Das Lächeln der Lippe, das er in einem Briefe an Wilhelmine für eine absichtliche Huldigung, ihr zu gefallen, erklärt, hat fast etwas geschlechtlos Kindhaftes, steht mit dem energischen Schwung seines Augenpaars in entschiedenem Widerstreit. Dieser Widerstreit schien geistig wie physisch in seiner ganzen Natur zu liegen. Kleist war und blieb als Mensch eine nicht fertig gewordene Römerseele mit dem Gemisch knabenhafter Gelüste, die die Würde des Mannes kreuzten, die stolze Haltung seines Wesens beeinträchtigten. Soviel tiefes liebesuchendes Bedürfniß bei soviel Unfähigkeit zum Glück und zur Befriedigung; soviel Unschuld der Kindernatur bei soviel Männerkraft und Männergröße! Eigenthümlicher Weise war Kleist mit diesem Miniaturbilde nicht zufrieden; er verwarf den „spöttischen" Zug darin, er wünschte, der Maler hätte ihn „ehrlicher" zeichnen sollen. Die tiefe Ehrlichkeit, die sich mit nichts, auch nicht mit den Täuschungen der Grazien und Amoretten begütigen und befriedigen konnte, lag auch in seinem Wahlspruch: „Nichts oder Alles!" Für das was wahrhaft groß und schön, glühte nicht blos seine Seele, er forderte dies Große und dies Höchste gleichsam wie sein tägliches Brot. Sein Rechtsgefühl, an heroische Starrheit grenzend, liegt in seinem Kohlhaas, seine Begriffe von Stolz und Ehrgefühl aufs schärfste, zarteste und feinste im Prinzen von Homburg ausgeprägt. Die geringste Verletzung sittlichen Adels empörte sein keusches, reines Herz, dessen Harmlosigkeit ohne Grenzen war. Was einer der Freunde (Peguilhen, in Bd. 1. „Berühmte Schriftsteller der Deutschen") aus seiner Berliner Epoche von ihm erzählt, wie ihn die Händel-Schütz vergeblich in ihren Netzen zu fangen gesucht, ließe fast schließen, daß in seiner kinderreinen Seele ein Cato steckte, der aller sinnlichen Regung fremd geblieben.

Kleist stand nicht mehr allein in der Welt, als er Student wurde. Er war mit einer jungen Dame verlobt, und das Bündniß mit ihr gehörte zum Bedürfniß seines Herzens. Der Diogenes in der Tonne war also zu jung, zu sehr Mensch, um aus dem Bereich der bedürfnißvollen Menschen zu treten; sein Herz verlangte diesen „Luxus", sich geliebt zu wissen. Wilhelmine v. Zenge, Tochter eines Obersten, nahm, soweit ein Mädchenherz das vermag, anfänglich an seinen Studien Theil, er ließ sich wenigstens sehr angelegen sein, sie aus den Interessen des Gesellschaftslebens in die Kreise seiner Gedankenwelt überzuführen. In Frankfurt selbst, wo er sie täglich sah, war es ihm doch fast stündlich noch Bedürfniß, ihr zu schreiben. Auf seine Laune, das Verhältniß geheim zu halten, war sie nicht eingegangen; die Ihrigen wußten darum und erkannten es an, es war ein öffentliches Geheimniß. Nachdem er Frankfurt verlassen, beginnt die Reihe seiner veröffentlichten Briefe an sie. Es sind schwere, reiche, volle Ergüsse; wir steigen hier in den tiefen und weiten Schacht einer ungewöhnlichen Menschenseele; aber das Erz, das hier gewonnen wird, legt sich hart und kalt ans Licht der Sonne. Von besonderem Gewicht ist sein Brief aus Würzburg vom September 1800. Sein phantastischer Plan, sich in irgend einem Winkel eine stille Häuslichkeit zu gründen, wo er für die Wissenschaft und Wilhelmine für ihn leben könne, stand vielleicht schon damals in ihm fest und mit dieser Reise in Verbindung. Er spricht in jenem Briefe abermals über die Zweckbestimmung des Menschen. Er erläutert seiner Braut, wie diese Bestimmung entweder mit Epikur im Genuß einer Glückseligkeit, oder mit Leibniz in der Erreichung einer Vollkommenheit, oder mit Kant in der Pflichterfüllung zu suchen sei. Er ist mit einer fast peinlichen Dringlichkeit um Wilhelminens Heranbildung zu einem stoischen Philosophen bemüht. Wilhelmine scheint nicht blos eine Dame der Gesellschaft, sie scheint auch das Kind religiöser Erziehung oder Gewohnheit gewesen zu sein. Wenigstens warnt er sie einmal, über das Ewige doch nicht zugleich das Zeitliche zu vergessen. Hienieden schon erfülle sich die Zweckbestimmung des Menschen, Erfüllung der Pflichten sei das Ziel, das Befriedigung schaffe, und Vervollkommnung sei der wahre, der einzige Genuß. Er für seinen Theil fürchte keine Höllenstrafen, hoffe auf keinen Lohn jenseits; er werde sich schon im Diesseits Alles erwerben, glaube sein Ziel schon hier erreichen zu können. Zweck des Weibes aber sei, Mutter zu werden und tugendhafte Bürger zu erziehen. Dies Axiom setzt er einer Braut ohne alle Schmeichelei der Phantasie, mit einer dürren, trockenen Erhabenheit auseinander. Wohl den Weibern, schreibt er, daß ihre Bestimmung so einfach! Die Natur gebiete über sie; über den Mann gebiete zugleich der Staat, und im Widerstreit beider Forderungen liege für ihn ein unseliges Mißgeschick.

Uns fehlen alle Gegenbriefe Wilhelminens; nur aus seiner Ansprache läßt sich auf ihre Natur und Sinnesart schließen. Kleist liebte in ihr wohl mehr das Bild, das er sich von ihrer geistigen Vervollkommnung entwarf, mehr das Bild seiner Vorstellungen als sie selbst in ihrer Person, Wahrheit und Wirklichkeit. Es drängt sich uns zugleich der Zweifel auf, ob ein Stoiker dieser Art ein weibliches Wesen überhaupt beglücken konnte. Nicht das Uebermaß des Phantasten, nicht die schwelgerische Ueppigkeit eines lyrischen Poeten: die dürre Härte des abstracten Doctrinärs wirkt bei Frauen abschreckend. Als hätte Kleist bisweilen ein Gefühl seiner Unzulänglichkeit gehabt, schreibt er seiner Braut, sie solle und werde noch einst mit ihm glücklich sein! Wer Talent zum Glück und zum Beglücken hat, verspricht das nicht. Welches Glück er von ihr erwarte, malt er ihr zugleich sehr nüchtern aus, indem er ihr den Zweck der Ehe ganz à la weiland Magister Kant demonstrirt. Wer seiner Geliebten den geschlechtlich nützlichen Endzweck einer Gemeinsamkeit in Liebe so unverschleiert darlegt, der streift den Staub von den Schmetterlingsflügeln, so rein und naiv sonst immer seine Gedanken sein mögen, so sittlich unverfälscht sein Sinn. Stoßen wir hier vielleicht auf einen geheimen Mangel in seiner Natur? War er nicht blos ein sehr reiner, auch ein völlig abstracter Mensch, von der Mutter Natur zum Cölibatär verdammt? — Eduard v. Bülow spricht von einem geheimnißvollen Fehler in Kleist's Organismus, der, physisch und psychisch, verschleiert geblieben. Jedenfalls liebte er in Wilhelminen mehr das Bild, das er sich von ihr abstrahirte, als sie selbst.

Ein Brief aus Berlin vom Jahre 1800 giebt uns über seinen ersten Widerspruch mit der äußeren Welt Aufschluß. In einem Gemisch von Demuth und Hochmuth sträubt er sich ein Amt zu nehmen. „Ich soll thun, schreibt er, was der Staat von mir verlangt, und ich soll nicht untersuchen, ob was er verlangt g u t ist! Zu seinen unbedeutenden Zwecken soll ich ein bloßes Werkzeug sein; — ich kann es nicht. Ein eigner Zweck steht mir vor Augen; nach ihm würde ich handeln müssen und, wenn der Staat es anders will, dem Staate nicht gehorchen dürfen. Meinen Stolz würde ich darin suchen, die Aussprüche meiner Vernunft geltend zu machen gegen den Willen meiner Oberen!" Also nicht blos der Soldatendienst galt ihm für Sklaverei. Oder war vielleicht der ganze bürgerliche Staat damals von der Art, nur Sklaven brauchen zu können? Aber auch der freieste Staat, auch das Ideal einer Republik hätte an Kleist keinen Diener seiner Zwecke haben können. Mit einer Ehrlichkeit, die an Selbstquälerei grenzt, spricht er sich Ordnung, Genauigkeit, Geduld, Unverdrossenheit, alle Eigenschaften ab, die zur Führung eines Amtes unentbehrlich sind. Dann erschrickt er wieder vor sich selbst, indem er sich damit aus aller menschlichen Gemeinsamkeit herausrückt. In seiner Gewissenhaftigkeit hält er sich zugleich die Pflicht vor, seinen Mitmenschen nützlich zu werden, während er in seinem schwindelnden Hochmuth die Zwecke des Staats für gemein hält gegen die Zwecke der einzelnen Persönlichkeit. — Er entschließt sich, durch seine wissenschaftlichen Arbeiten zu nützen, und entwirft nun einen Plan, wie er seine Unabhängigkeit sich wahren und als Bürger im Reiche des Geistes wirksam sein kann. Schon von Würzburg aus machte er seiner Geliebten Vorschläge zu einem ökonomisch einfachen ehelichen Leben. Um mit Gott, der Wissenschaft und Wilhelminen zu leben, bedarf er blos einer Hütte. Reiche sein kleines Vermögen nicht aus, so wolle er in der französischen Schweiz diese

Hütte aufschlagen, dort Unterricht in der deutschen Sprache geben und so ausreichenden Unterhalt gewinnen. Entbehren sei ihm Genuß; Entsagung aller Weltfreuden verlange er auch von Der, die ihn liebe. Die Last der Vorurtheile einer ganzen Welt will er mit Freuden von sich werfen. Die Reize der Gesellschaft erscheinen ihm nichtig; den Adel mit seinen Ansprüchen und Vorrechten hält er für Thorheit. „Was Adel!" schreibt er an Wilhelminen, „gute Menschen wollen wir sein und mit einander unserer inneren Vervollkommnung entgegenreifen!"

Für ein weibliches Gemüth aus der Gesellschaftswelt konnte der Plan zu so spartanischer Einfalt reizlos genug erscheinen. Und doch schließen wir aus Kleist's Briefen, daß Wilhelmine auf seine Entwürfe einging. Die weibliche Seele ist fügsam, auch wo es gilt, dem Mann, für den sie in Liebe oder in Hochachtung schwärmt, harte Zumuthungen einzugestehen oder bittere Opfer zu bringen. — Kleist ist in mehreren seiner Briefe entzückt, daß die Geliebte, wie es ihm schien, zu seinen Lebensplänen heranreifte. Aber er forderte zu viel; er verlangte, daß sie, falls sie ihn liebe, niemals vor ihm erschrecken solle. Dieser Römergeist hatte unerbittlich strenge, winterlich kalte Gefühlsblicke, vor deren nüchterner Schärfe alle Formen der Welt ihren Reiz verloren, aller Inhalt nackt dalag. Nüchtern! Das Wort drängt sich unabweislich auf, wo es doch einen Dichtergeist zu bezeichnen gilt, den wir zu den Romantikern, zu jenen angeblich Gefühlsseligen zählen, die in Duft und Klang aufgehen. Diesem Ro-

mantiker lagen die Gestalten der Welt ganz hart und scharf-
kantig vor Augen. Und die Schärfe seiner philosophischen
Anwandlungen war sein größtes Unglück; sie führte ihn zu
jener Skepsis, in welcher der Verstand zwar aushält, aber
dürr wird, und das Gemüth vor dem Skelett erschrickt, in
das sich ihm die nackte Natur verwandelt. Kleist wußte um
den Fluch seiner nüchternen Hellseherei; „vielleicht", schreibt
er an Wilhelmine, „hat die Natur Dir jene Klarheit zu Dei=
nem Glück versagt, jene traurige Klarheit, die mir zu jeder
Miene den Gedanken, zu jedem Wort den Sinn, zu jeder
Handlung den Grund nennt. Sie zeigt mir Alles, was mich
umgiebt, und mich selbst, in seiner armseligen Blöße; der far=
bige Nebel verschwindet, alle die gefällig geworfenen Schleier
sinken, und dem Herzen ekelt zuletzt vor dieser Nacktheit. O
glücklich bist Du, wenn Du das nicht verstehst." Kleist hatte
weder Humor, noch Witz; sein bohrender Scharfsinn lieferte
bittere, schwerwiegende Satyren, wie sie in gleich kaustischer
und kurzer Verdrossenheit sonst nur Tacitus schrieb. Kleist ist
in deutscher Literatur Cato und Tacitus in Einer Person.

Sein Wissensdurst schien Anfangs unauslöschlich.
Schon früh hatte er sich die Vorstellung eingeprägt,
daß von uns nach dem Tode als unsterblich Theil nur die
Errungenschaft von Wissen und Bildung, die wir mitgebracht,
fortleben werde. Mit einem reichen Gewinn an geistigen Er=
oberungen war ihm jede Seelenwanderung willkommen. Und
bei diesem Erkenntnißdrang, bei diesem zehrenden Durst, am
Urquell zu trinken, bei diesem Stachel, das Absolute zu

schauen, überläuft ihn doch mit allen seinen Schrecken das Endergebniß der Kantischen Philosophie: Wir wissen nichts vom Allewigen, wir erfahren nichts vom Urgrund des Wahren! Hätten wir grüne Gläser statt der Augen, so würde uns Alles grün erscheinen. Und so ist es mit dem menschlichen Verstande; er denkt sich das Absolute nach dem Maß seiner Begriffe und seiner Fähigkeit zum Begreifen. Unendlicher Werkzeuge bedarf es, um das Ewige zu erkennen, und der arme Menschengeist hat nur endliche Instrumente. Somit bleibt ihm die Wahrheit ewig fern, sein Diesseits eine Kette endlicher, in sich zerfallender Bedingungen, das „Ding-an-sich", unerfaßbar, bleibt ein fernes Jenseits für den denkenden Menschen; wir sind in dieser Welt trügerischer Vorstellungen dem Schein, dem Nichts verfallen! Und wenn der Fluch dieses Wissens: vom Ursein nichts wissen, Goethe's Faust mit Verzweiflung erfüllt, ja in jener Osternacht ihn treibt, nach der Phiole mit dem braunen Saft zu greifen, um den Vorhang vom Jenseits zu lüpfen, so befällt dies negative Ergebniß des Forschens Heinrichs sturmgepeinigte Seele bald mit gleich heißem Aufruhr, bald mit kaltem Niederschlag. In einem Briefe aus Berlin, vom 22. März 1801, spricht sich das ganze Unglück dieser irren Qual energisch aus. — Man weiß, wie die Kantische Philosophie im Dichter Schiller theils lähmend und abmattend, theils aber auch beflügelnd zum Ideale gewirkt. An Kleist sehen wir die Ergebnisse der Kantischen Abstraction in ihrer ganzen zerstörenden Kraft, und der Ausspruch der Verzweiflung über dies ziellose Ziel des Forschens sucht hier an Energie seinesgleichen, die Verzweiflung am absoluten Erkennen fühlt hier ein starker, römerhaft gearteter Geist, der all sein Heil, seinen Stolz, sein Streben und sein Glück auf die Errungenschaften des menschlichen Wissens gestellt hatte.

Ein entschiedener Widerwille gegen alle wissenschaftliche Forschung war die nächste Staffel in Kleist's Stimmungen. Ein Schritt weiter, und der Dichter wäre schon damals in ihm fertig gewesen, und hätte, kam seine Thätigkeit zum glücklichen Durchbruch, diesen verhängnißvollen Widerstreit zwischen Himmel und Erde, Jenseits und Dießseits, Inhalt und Form, Ewigkeit und Erscheinung, gesühnt. Aber der Poet wollte immer noch nicht auftauchen in ihm, auch seine dichterische Entwicklung sollte Spätgeburt sein, die Musen, die ihn später heimsuchten, fanden die Flügel seiner Seele nicht mehr so jugendlich schmiegsam und gelenkig, um wiederholte vergebliche Flugversuche zu überstehen. Der Zauber erster Jugend blieb seinen dichterischen Arbeiten versagt. Riesenhaft groß treten sie spät hervor, so mächtig an Gehalt wie unbeholfen in der Gestalt, das Gefäß, das sie trug, fast zerdrückend. Mit einer Gewaltsamkeit, die die Bande der Mutter Natur zerreißt, wurden Kleist's Dichtungen geboren, Schmerzenskinder sind sie in ihrem Ursprung, wie in ihrer Erscheinung, vulkanische Feuerströme, die plötzlich starr und kalt als Lava vor uns liegen. Der Segen eines guten Geistes blieb aus, wo doch die ungeheuerste Kraft Gottes und der Natur einzeln und zertheilt zu walten schien. Er formte

aus Erde, wie jeder Erdengeist, aber er hatte, wie selten
Einer, des Prometheischen Feuers so viel, daß der Lehmkloß
den Strahl vom Himmel nicht ertrug und die Form zersprang.

Mit der Verzweiflung am positiven Gehalt der Kantischen Philosophie verlor Kleist seinen ersten geistigen Lebens-
gehalt, und die Musen waren nicht rasch genug bei der Hand,
um sein brennendes Herz zu kühlen. Er entsagte aus Irrthum der Wissenschaft und fand noch nicht sogleich die Poesie. „Wissen kann unmöglich das Höchste sein," schreibt er
seiner Schwester Ulrike, „Handeln ist besser als Wissen!" Er
will nun wirken, nützlich sein. Aber es gelingt ihm nicht, der
Staat kann ihn nicht brauchen, selbst nicht als Diplomaten,
ob er schon der französischen Sprache mächtig war, sie geläu-
figer fast sprach als deutsch. Er sucht Zerstreuung und zieht
in die Welt hinaus; er suchte Betäubung und fand sie nicht.
Die Welt reizt ihn kaum noch als Erscheinung; er findet
den Zusammenhang nicht auf, er kettet sich nirgend fest, seine
Phantasie ist nur dazu da, seinen Schwersinn auf Augenblicke
mit Illusionen zu berücken, die er gründlich verwirft. Er un-
ternimmt von Berlin aus seine erste große Reise nach Paris,
wo er angeblich noch einmal einen wissenschaftlichen Anlauf
nehmen und sich in den Naturwissenschaften, namentlich in der
Chemie vervollkommnen will. Aber es ist ihm nicht mehr Ernst
damit. Noch aus Berlin schrieb er seiner Braut: „Ich bin
durch mich selbst in einen Irrthum gefallen, ich kann mich
auch nur durch mich selbst wieder heben. Diese Verirrung,
wenn es eine ist, wird unserer Liebe nicht den Sturz drohen;

sei darüber ganz ruhig. Wenn ich ewig in diesem räthselhaften Zustande bleiben müßte, mit einem innerlich heftigen Trieb zur Thätigkeit und doch — ohne Ziel, ja dann freilich wäre ich ewig unglücklich, und selbst Deine Liebe könnte mich nur zerstreuen, nicht mit Bewußtsein beglücken." Aus Leipzig schreibt er: "Sonst waren die Augenblicke, wo ich mir meiner bewußt war, meine schönsten, jetzt muß ich sie vermeiden, weil ich mich und meine Lage nicht ohne Schauder denken kann." Den harten Terrorismus einseitiger Verstandesrichtung hat er abgeworfen, aber er bleibt doch allzu wahr und zu selbstbewußt, um sich, wie Friedrich Schlegel, Zacharias Werner und andere Genossen der romantischen Schule, gewaltsam in Gefühlstaumel zu stürzen. "Der protestantische Gottesdienst ist keiner!" ruft er jetzt, der bisher allen Kirchendienst verschmähte. "Ach, nur einen Tropfen Vergessenheit," schreibt er aus Dresden, "und mit Wollust würde ich katholisch werden!" Es glückt ihm aber nicht, diesen Tropfen Vergessenheit auf sein brennendes Gehirn zu träufeln; er wird den bohrenden Gefühlsblick nicht los, der ihm in jedem Ding das Gerippe zeigt. Jedesmal, wenn er in Dresden die Kirche besuchte, sah er einen Mann gemeinen Standes ganz in sich versunken an den untersten Altarstufen knieen und mit Inbrunst beten. "Ihn quälte kein Zweifel, er g l a u b t e. Ich hatte eine unbeschreibliche Sehnsucht, mich neben ihm niederzuwerfen und zu weinen." In einem Briefe aus Paris beklagt er sich, "daß ihn die Sätze einer traurigen Philosophie verwirrt" hätten. In Paris tritt ihm die hohe Bedeutsamkeit der katholischen Messe noch in besonderer Weise in seinen innersten Gedankenkreis. Er spottet über die Possenreißerei der Franzosen, ihrem verdorbenen Gaumen die einfache Freude an der Natur als einen neuen letzten Stachel zu erfinden, sich im hameau de Chantilly für 20 Sous in patriarchalischer Einfalt auf einige Sonntagsstunden in Schäfercostüm zu stecken, um, wie sie sagen, auf Augenblicke am Busen der Natur zu ruhen, und dann wieder in ihre raffinirte Unnatur zu stürzen. „Große, stille, feierliche Natur" — ruft er germanisch und in seinem tiefsten Zorn — „du, die Kathedrale der Gottheit, deren Gewölbe der Himmel, deren Säulen die Alpen, deren Kronleuchter die Sterne, deren Chorknaben die Jahreszeiten sind, welche Düfte schwingen in den Rauchfässern der Blumen gegen die Altäre der Felder, an welchen Gott Messe liest und Freuden austheilt zum Abendmahl, unter Kirchenmusik, welche die Ströme und die Gewitter rauschen, indessen die Seelen entzückt ihre Genüsse an dem Rosenkranze der Erinnerung zählen — so spielt man mit dir!" — Welche Erhabenheit in dieser Auffassung! Noch ein Schritt weiter, und das Symbol wird ihm — ohne daß er nöthig hat, seinen Glauben zu ändern — zur Wahrheit und zur Wirklichkeit, das ganze Menschenleben zu einem Kirchendienst, in welchem Gott selber, nicht blos bildlich, sondern geistig wahrhaftig, der Hohenpriester, die Natur sein Altar und sein Tempel ist, wo wir dann in jedem Brot, das wir essen, und in jedem Wein, den wir trinken, Gottes Leib und Blut genießen, in jedem mißhandelten Menschen den von neuem gekreuzigten Christus sehen. Auch das katholische Christenthum hat den Beruf, Weltreligion zu werden, wenn auch noch Jahrhunderte dazu gehören, die Menschheit dafür reif zu machen, um das Symbol in der Sache selber und die religiöse Wahrheit in der Natur und in der Wirklichkeit zu sehen.

Wilhelmine ist ihm noch treu, in den Briefen an sie setzt er seinen ganzen Menschen ab. Lang und tief ausholend sind seine Berichte, immer schwerhaltiger werden seine Geständnisse, fast erdrückend für ein weibliches Herz, auf das er seinen ganzen Tiefsinn wirft. Seine Schwester Ulrike war in Paris sein Reisegefährte, ein heiteres Geschöpf mit raschem Flügelschlag und wohl begabt, ihm den nöthigen Gegenhalt zu bieten. Sie hatte sich ihm aufgedrängt, vielleicht in der Ahnung, wie nöthig sie ihm sei. Er versteht kaum noch die Nothwendigkeit einer menschlichen Gegenseitigkeit; er klagt über die Schwester; sie sei achtungswerth, schreibt er, bewunderungswürdig in ihrer Art, aber es lasse "sich nicht an ihrem Busen ruhen." Diese Worte Tasso's, die er gebraucht, bezeichnen die vergrabene Einsamkeit seines Grübelns. Der neckische, freundlich tändelnde Liebreiz bot ihm keinen Balsam mehr für sein Herz. Ulrikens Wesen schien ganz geschaffen, ihm einen bunten Wechsel vorzuzaubern. Dieselbe Abenteuerei, die zur Musikantenfahrt Veranlassung gab, verließ sie auch auf der Reise nicht. In Männerkleidung geht sie in Leipzig unter die Studenten, hört Platner dociren, theilt die Mühsal der Reise den Rhein entlang, wo sie Sturm bestanden, und schweift in Paris an seiner Seite durch die buntbewegte Menge, wo sie Dulon, der Flötenspieler, nach langem Verkehr in der Verkleidung ertappt und Madame anredet. Ihr Liebreiz ward nicht müde an seiner Seite. Aber wer die Arznei verschmäht, ist unheilbar leidend. Und so tief krank, trotz all seinem Scharfsinn umdunkelt, schreibt er die Briefe aus Paris, diese Zeugnisse eines Tiefsinns, der die Welt nur begreift, um sie hassen zu lernen. — Der Haß ist berechtigt, so lange er warm und voll Leidenschaft bleibt. Schlägt er in Verachtung um, in jene kalte Skepsis, deren heimlich grollend Feuer gemach erlischt, so tritt jener Stillstand ein, der sich als ein Erkalten der Lebensgeister schon mit dem Worte Tod ohne Selbstmord bezeichnen läßt. Noch aber gab es für ihn eine Möglichkeit zur Existenz. Mitten im Grauen und Ekel vor der Welt um ihn her, wie seine Briefe aus Paris diesen Grundzug athmen, überkommt ihn plötzlich sein Lieblingsgedanke, in die Schweiz zu flüchten, dort ein Bauer zu werden und im Schweiß seines Angesichts sein Brot zu essen. An der Wissenschaft war er verzweifelt, zur That war kein Spielraum in der knechtisch entarteten deutschen Welt; er wollte wie Rousseau zurückflüchten in den Ursprung menschlicher Verhältnisse.

Kleist's Briefe aus Paris enthalten die beste „Geschichte seiner Seele", wie er unter diesem Titel später seine Bekenntnisse niederschrieb, sie aber mit vielen anderen seiner Arbeiten vernichtete. Im October 1801 gab er von dort aus folgenden Aufschluß über sich selbst: „Wenn ich mich umsehe in der

Welt und frage: wo giebt es etwas Gutes zu thun? so weiß ich darauf nur eine einzige Antwort. Es scheint allerdings für ein thatenlechzendes Herz zunächst rathsam, sich einen großen Wirkungskreis zu suchen; aber, aber, — Du mußt, was ich Dir auch sagen werde, mich nicht mehr nach dem Maßstabe der Welt beurtheilen. — Eine Reihe von Jahren, in welchen ich über die Welt im Großen frei denken lernte, hat mich dem, was die Menschen Welt nennen, sehr unähnlich gemacht. Manches, was die Menschen ehrwürdig nennen, ist es mir nicht. Ich trage eine innere Vorschrift in meiner Brust, gegen welche alle äußern, und wenn sie ein König unterschrieben hätte, nichtswürdig sind. Daher fühle ich mich ganz unfähig, mich in irgend ein conventionelles Verhältniß zu passen. — Die Wissenschaften habe ich ganz aufgegeben. Ich kann Dir nicht beschreiben, wie ekelhaft mir ein wissender Mensch ist, wenn ich ihn mit einem handelnden vergleiche. Kenntnisse, wenn sie noch einen Werth haben, so ist es nur, wenn sie vorbereiten zum Handeln. Aber auch unsere Gelehrten, kommen sie wohl vor allem Vorbereiten zum Zwecke? Sie schleifen unaufhörlich die Klinge, ohne sie zu gebrauchen; sie lernen und lernen, und haben niemals Zeit, die Hauptsache zu thun. Unter diesen Umständen in mein Vaterland zurückzukehren, kann unmöglich rathsam sein. Ja, wenn ich mich über alle Urtheile hinwegsetzen könnte, wenn mir ein grünes Häuschen bescheert wäre, das mich und Dich empfinge! — — Nahrungssorgen für mich allein sind es nicht eigentlich, die mich ängstigen, denn wenn ich mich an das Bücherschreiben machen wollte, könnte ich mehr als ich bedarf, verdienen. Aber Bücherschreiben für Geld? — nichts davon. Ich habe mir, der ich unter den Menschen dieser Stadt so wenig für mein Bedürfniß finde, in einsamer Stunde, denn ich gehe wenig aus, ein Ideal ausgearbeitet. Aber ich begreife nicht, wie ein Dichter das Kind seiner Liebe einem so rohen Haufen, wie die Menschen sind, übergeben kann. Bastard nennen sie es. Dich wollte ich wohl in das Gewölbe führen, wo ich mein Kind, wie eine vestalische Priesterin das ihrige, heimlich aufbewahre bei dem Schein der Lampe. Also aus diesem Erwerbszweige wird nichts. Ich verachte ihn aus vielen Gründen, und das ist genug. Nie in meinem Leben, und wenn das Schicksal noch so sehr drängte, werde ich etwas thun, das meinen inneren Forderungen, sei es auch noch so leise, widerspräche." — Welch ein Verein von männlichem Stolz und fast weiblicher Zartheit und Prüderie! Und er wollte in der That mit Wilhelminen nach der Schweiz ziehen, Bauer werden, im Schweiße seines Angesichts sein Brot essen. Diese Idylle war sein letztes Ideal für seine Existenz als Mensch. Und er glaubte, Minette-Wilhelmine würde auf seinen Plan eingehen, das Glück eines freien, wenn auch kargen, doch einfach thätigen, gesund natürlichen Lebens im Schooße der Natur mit ihm theilen wollen. Aber er verlangte, daß sie den Ihrigen heimlich entfliehen, ohne Mitwissen, ohne Zustimmung ihrer Familie ihm folgen solle. Daran scheiterte sein Verhältniß zu ihr. Sie theilte den Ihrigen seinen Lebensplan mit und verzichtete darauf, die Seinige zu werden. *) Auch mit Ulriken zerfiel er auf eine Zeitlang; er geleitete sie zurück bis nach dem Rhein und ging dann allein nach der Schweiz. Daß er es mit ihren Geldmitteln that, gab ihm ein Gefühl der Abhängigkeit von ihr, das sein Stolz bald als drückend erkannte.

Er lebte eine Zeitlang in Bern, am Thuner See; er verkehrte dort mit dem jungen Wieland, mit Zschokke; sein Plan, Bauer zu werden, kreuzte sich mit dichterischen Arbeiten; der Plan, sich mit dem kleinen Rest seines Vermögens anzukaufen, zerschlug sich unter dem bedenklichen Druck, den Frankreich auf die deutschen Verhältnisse der Schweiz übte. Der Quell der Dichtung schien endlich aus dem harten Boden seiner Natur zu springen; er schrieb die Familie Schroffenstein, er entwarf den zerbrochenen Krug. Beide Stücke sind freilich nur dramatische Caricaturen, jenes mit seinen gehäuften Gräueln in der Tragödie, dieses mit seiner manierirten Sucht, aus einem Nichts ein langes quälendes Etwas zu machen, im Gebiet des Komischen. Die Familie Schroffenstein, in der stolzen Grandezza spanischer Leidenschaften erfunden, wurde auf Zschokke's Anrathen auf deutschen Boden verpflanzt. Wir sahen das Stück in Berlin zu Küstner's Zeiten. Nach vier Acten fesselnder Spannung stürzt im

---

*) Fräulein Wilhelmine v. Zenge wurde nachmals die Frau des Philosophen Krug, in jener Zeit Professor an der Frankfurter Hochschule, später in Königsberg, dann in Leipzig. Seit Krug's Tode lebte sie in Dresden.

fünften Act, wo das allzu straffe Seil plötzlich reißt, unter dem Gelächter der Zuschauer, wenigstens satyrischer Berliner, der ganze innere Bau rettungslos zusammen. Den zerbrochenen Krug, den Kleist gelegentlich im Wetteifer mit Zschokke schrieb, brachte Goethe dreiactig auf die Bretter und zerstörte damit gründlich die Wirkung dieser peinlichen Komik. — Zschokke schrieb in seiner „Selbstschau" von Kleist als einem gemüthlichen, zuweilen schwärmerischen, träumerischen Menschen, der „immerdar den reinsten Seelenadel offenbarte." Er nennt ihn eine jener schönen Erscheinungen im Leben, die man ihres Selbstes wegen liebe. Hinter seiner Stimmung, auch wenn sie fröhlich schien, wohnte, sagt Zschokke, ein heimliches inneres Leiden. Zschokke nahm die Verzweiflung an den höchsten Geistesgütern, wie er sie selbst an sich erfahren, für eine vorübergehende Jugendkrankheit der Seele. — Eine wirkliche Krankheit warf Kleist zum ersten Male plötzlich auf's Krankenbett. Die getreue Ulrike, die schwesterlichste der Seelen, eilte zu ihm, ihn zu pflegen. Physische Erschütterungen waren vielleicht für ihn eine Rettung, wie denn ein neuer Aufschwung seines Geistes zu dichterischer Thätigkeit darauf folgte. Im Herbste 1802 ging Kleist nach Deutschland zurück, lebte in Jena, in Weimar, war zehn Wochen lang des alten Wieland Gast in Osmanstädt. Aus dem philosophischen Skeptiker, aus dem Lebensverächter, aus dem sittlichen Stoiker war endlich der Dichter herausgeboren. Der Garten der Musen war allezeit groß und weit genug, um kranken ringenden Geistern ein Beet zu gewähren. Kleist war ein Tasso, aber ein deutscher, ein nordischer. An Goethe's persönlichem Urtheil über Kleist aus jener Zeit hat man die abweisende Strenge gerügt. „Bei dem reinsten Vorsatz einer aufrichtigen Theilnahme" hat ihm Kleist „nur Schauder und Abscheu" erregt, „wie ein von der Natur schön intentionirter Körper, der von einer unheilbaren Krankheit ergriffen wäre." Für alles Krankhafte, auch wenn es aus der Nacht der tiefsten Seele sich in's helle Licht des Tages drängt, hatte Goethe ein Gefühl des Widerwillens; die absolute Gesundheit duldet eben keine Krankheit um sich, und doch war Kleist ein kranker Tasso mit der Kraft eines Shakspeare. Treffender, objectiv richtiger war Goethe's Klage über den „Mangel an Architectur" in den Dichtungen der „forcirten Dilettanten" der neuen romantischen Epoche. Wieland's Geständniß über ihn schreibt sich aus dem April des Jahres 1804. Das Räthselhafte, das Geheimnißvolle, schrieb der Alte, scheine tiefer in ihm zu liegen, als daß er es für Affectation halten könne. „Er schien mich wie ein Sohn zu lieben und zu ehren, aber zu einem offenen und vertraulichen Benehmen war er nicht zu bringen. Unter mehreren Sonderlichkeiten, die an ihm auffallen mußten, war eine seltsame Art der Zerstreuung, wenn man mit ihm sprach, so daß z. B. ein einziges Wort eine ganze Reihe von Ideen in seinem Gehirn wie ein Glockenspiel anzuziehen schien, und verursachte, daß er nichts weiter von dem, was man ihm sagte, hörte und also auch mit der Antwort zurückblieb. Eine andere Eigenheit und eine noch fatalere, weil sie zuweilen an Verrücktheit zu grenzen schien, war diese, daß er bei Tische sehr häufig etwas zwischen den Zähnen mit sich selbst murmelte, und dabei das Air eines Menschen hatte, der sich allein glaubt oder mit seinen Gedanken an einem andern Orte und mit ganz anderem Gegenstande beschäftigt ist. Er mußte mir endlich gestehen, daß er in solchen Augenblicken von Abwesenheit mit seinem Drama zu schaffen hatte, und dies nöthigte ihn, mir gern oder ungern zu entdecken, daß er an einem Trauerspiele arbeite, aber ein so hohes und vollkommenes Ideal davon seinem Geiste vorschweben habe, daß es ihm noch immer unmöglich gewesen sei, es zu Papier zu bringen. Er habe zwar schon viele Scenen nach und nach aufgeschrieben, vernichte sie aber immer wieder, weil er sich selbst nichts zu Dank machen könne." — Dies Trauerspiel war Robert Guiscard, und nach dem Eindruck der Bruchstücke, die Kleist ihm vortrug, schrieb Wieland: „Wenn die Geister des Aeschylus, Sophokles und Shakspeare sich vereinigten, eine Tragödie zu schaffen: sie würde das sein, was Kleist's Tod Guiscard's des Normannen, sofern das Ganze demjenigen entspräche, was er mich damals hören ließ. Von diesem Augenblick war es bei mir entschieden, Kleist sei dazu geboren, die große Lücke in unserer Litteratur auszufüllen, die, nach meiner Meinung wenigstens, selbst von Schiller und Goethe noch nicht ausgefüllt worden ist; und Sie stellen sich leicht vor, wie eifrig ich nunmehr an ihm war, um ihn zur Vollendung des Werks zu bewegen."

Dies Werk kam als Ganzes nie zur Welt, nachdem er es

in verschiedenen Entwürfen dreimal vernichtet und umgestaltet hatte. *) Auch der Mensch Kleist blieb ein Bruchstück, das an seiner Vollendung, an seiner Berechtigung zur Existenz irre ward. Die Fürsten Deutschlands hatten damals aufgehört, sich der ringenden dichterischen Geister zu bemächtigen. Die Nation, vor deren Augen sich das Talent entwickeln sollte, war knechtisch in sich zerfallen; der gemeinere Anreiz zum Schaffen und Wirken reichte bei Kleist nicht aus, oder griff bei ihm fehl, und so blieb dem starken Geiste nur übrig, nach vielfachen Versuchen zur Existenz sich für gleichgültig, für überflüssig zu erachten. Erkennt man den Keim des Sterbens so früh in ihm, so staunt man eher über das wiederholte Aufgebot seiner zerschmetterten Kräfte, über die wiederholten Versuche zu Dichtungen, die auch als Bruchstücke glorreich dastehen. Uns bleibt nichts übrig, als ihm nachzuschauen, wie weit er der Grenzlinie des Wahnsinns nahe rückte, bevor sein zerstörtes Leben endlich und entschieden sich gegen sich selbst waffnete. Den Tod der Verzweiflung an den Ergebnissen der Wissenschaft hatte er überdauert; die Verzweiflung am Vaterlande überwand er nicht, und hatte, mit sich selbst zerfallen, auch nicht Widerstandskraft genug, um

---

*) Das später im „Phöbus" erschienene Bruchstück läßt Sinn und Bedeutsamkeit des angeblich gigantischen Werks nicht hinreichend erkennen. Sprachlich ist es correcter als sonst seine Erstlingsproducte. Tieck spricht mit Recht von der „herben Frische" der Kleist'schen Sprache. Sie ist aber eben so oft gesucht, zerstückt und verwildert, in den antiken Stoffen voll dilettantischer Schwächen.

die politische Nacht, auf die ein Tag folgen mußte, zu überdauern.

Kleist war von Weimar nach Dresden gegangen, um seinen dichterischen Arbeiten zu leben. Mit seinem Freunde Pfuel, dem preußischen General, der in unseren Tagen als Greis an der Vereinbarung zwischen Volk und Krone scheiterte, wie er früher als Mann an dem Aufgebot des Tugendbundes gescheitert war; — mit diesem seinem Freunde ging Kleist dann nochmals nach der Schweiz und Frankreich. Die krankhafte Seelenstimmung des Dichters trat immer schärfer und drohender hervor. Er hat bereits damals den Tod gesucht, machte kein Geheimniß daraus und entlief erbittert dem Freunde, der ihm gegen den Wahnsinn eines unmännlichen Gelüstes seinen Abscheu ausgesprochen. Aus Paris vom Jahre 1803 datirt sein Wort der Verzweiflung an sich selbst: „Die Hölle gab mir meine halben Talente; der Himmel schenkt dem Menschen ein ganzes, oder gar keines!" Er gab sein Drama Robert Guiscard auf, er verzichtete auf alle schöpferische Fähigkeit. „Meine theure Ulrike," schrieb er im October 1803 aus St. Omer, „was ich Dir schreiben werde, kann Dir vielleicht das Leben kosten; aber ich muß, ich muß, ich muß es vollbringen. Ich habe in Paris mein Werk, soweit es fertig war, durchlesen, verworfen und verbrannt und nun ist es aus. Der Himmel versagt mir den Ruhm, das größte der Güter der Erde; ich werfe ihm, wie ein eigensinniges Kind, alle übrigen hin. Ich kann mich Deiner Freundschaft nicht würdig zeigen, ich kann ohne diese Freundschaft doch nicht leben: ich stürze mich in den Tod. Sei ruhig, Du Erhabene, ich werde den schönen Tod der Schlachten sterben. Ich habe die Hauptstadt dieses Landes verlassen, ich bin an seine Nordküste gewandert, ich werde französische Kriegsdienste nehmen, das Heer wird bald nach England hinüber rudern, unser Aller Verderben lauert über dem Meere, ich frohlocke bei der Aussicht auf das unendlich prächtige Grab. O, Du Geliebte, Du wirst mein letzter Gedanke sein!" *) Mit Pfuel in Paris ganz entzweit, war er, sich selbst überlassen und völlig mittellos, dieser Katastrophe preisgegeben, denn auch das Gefühl der Scham, der Schwester schon so tief verschuldet zu sein, war drückend, war tödtend für ihn geworden; schon in einem früheren Geständniß hatte er ausgerufen: „Wie unglücklich wär' ich, wenn ich nicht mehr stolz sein könnte!" Aeußere bittere Noth zwang ihn zu dem Entschluß, in französischen Sold zu treten; aber die Unternehmung der Flotte unterblieb und Kleist war wieder auf seine Heimath verwiesen. In Mainz hielt ihn abermals eine tödtliche Krankheit gebunden, die ihn vielleicht nochmals vom Irrsinn rettete. Den Seinigen sechs Monate lang ganz entschwunden, soll er nach seiner Genesung eine Bekanntschaft mit der Günderode und mit der Tochter eines Predigers in Wiesbaden ein zartes Verhältniß angeknüpft haben. Liebebürftig war sein Herz; vielleicht aber weniger liebefähig.

---

*) Facsimile in den von Koberstein 1860 herausgegebenen Briefen an seine Schwester Ulrike.

Aus einer Aeußerung Wieland's geht hervor, daß Kleist damals in Coblenz den Einfall gehabt, sich bei einem Tischler zu verdingen. Vielleicht wollte er auf diese Weise spurlos verschwinden und enden; plötzlich aber steht er Nachts in Potsdam wieder vor dem Bett seines Freundes Pfuel. Die Seinigen stürzen zu ihm; sie arbeiten daran, den schon verloren Geglaubten für eine menschliche Existenz in der Heimath zu gewinnen. Er sieht auch die Thorheit ein, in der Fremde sich als Soldat anzubieten, er ist zu allem erbötig; nur der Widerwille des Königs, der keine Schwärmer leiden mag, behindert seine Anstellung. Gleichwohl treibt er in Berlin Kameralwissenschaften und geht auf Altenstein's Verwendung im Finanzfache nach Königsberg. Wie sein guter Geist stellte sich auch dort Pfuel wieder bei ihm ein. Auf die Versöhnung der Freunde folgten gemeinschaftliche dichterische Arbeiten, deren Ergebniß ein großes Meisterwerk Kleist's, die Novelle Kohlhaas war. In Königsberg soll er auch „die Marquise von O." geschrieben, den „Zerbrochenen Krug" beendet, „Penthesilea" begonnen, Molière's „Amphitryon" bearbeitet haben. Seine Anstellung unterblieb; er hoffte als Dichter seine Existenz begründen zu können, während freilich das Zeitalter seine Schöpfungen wie todtgeborne Kinder aufnahm. *)

---

*) „Penthesilea" ist in der Ausführung ein Monstrum, aber im Grundgedanken eben so tief wie fein. Held Achilles vor Troja reizt der Ruf der schönen Amazonenkönigin, welche gegen die Hellenen heranzieht. Sie fordert ihn zum Zweikampf, erliegt ihm

Daß Kleist in politischen Dingen kein Träumer, wenn auch ein Stürmer war, dessen Tobsucht sich gegen sich selbst wendete, daß er den Drang der Verhältnisse im großen Sinne verstand, mit scharfem Blick und Griff das was noth that erkannte, das beweist sein Wort an Rühle vom Ende Decem-

---

aber. Wie sie aus ihrer Ohnmacht erwacht, sieht sie ihn zu ihren Füßen; er will ihr Gefangener sein, denn ihre Augen treffen sicherer noch als ihre Pfeile. Damit entzündet sich auch ihr Herz für ihn. Im Wortstreit aber, ob er ihr oder sie ihm als Gemahl nach der Heimath folgen soll, bricht die Eifersucht der Geschlechter von neuem in helle Flammen aus. Achilles fordert sie zum wiederholten Zweikampf heraus; erst wenn sie ihn wirklich und mit den Waffen besiegt, könne er sie als Siegerin erkennen und ihr den Triumph vor ihrem Volke gönnen. Sie nimmt den Kampf an, beordert jedoch, falls sie unterliegt, die Ihrigen, mit den Elephanten und Doggen über ihn herzufallen und ihn zu vernichten. Achilles erscheint ohne Panzer und Schwert, baarhaupt, nur mit einer Lanze bewaffnet. Er will im bloßen Scheingefecht ihr den Sieg gönnen und als Cavalier ihr huldigen. Er wehrt sich nur Anfangs, um ihr das Gefühl der Ueberlegenheit zu geben. Wie sie aber strauchelt, halten das die Führer des Trosses für ihren Sturz und lassen die Bestien los, die ihn zerfleischen. Da erfaßt sie wüthende Reue, sie stürzt über den von ihren Hunden Zerrissenen hin und bedeckt mit Küssen seine Todeswunden.

Molière's „Amphitryon" ist eine satyrische, aber auch schlüpfrige Schönthuerei mit der omnipotenten Majestät eines über alle Gesetze und Sitte erhabenen Louis von Versailles. Zeus beschleicht in der Gestalt Amphitryons dessen Gattin, sowie sein Begleiter Mercur in gleicher Maskirung des Sosias Frau. Als die Männer zu ihren Frauen zurückkehren, entsteht gräuliche, komische Verwirrung in der Hahnreigeschichte, bis die Majestät von Gottes Gnaden sich als Donnergott declarirt und gen Himmel fährt. Alkmene aber wird begnadigt, den Herkules zu gebären, und alle Damen des Hofes, vom Glanz des göttlichen Herrschers überschattet, fühlen sich geehrt. — Man weiß nicht, bestimmte sich Kleist zu diesem Stoffe mehr aus Hang zur Satyre oder zum moralisch-psychologischen Wagniß. Seine Verse sind hier eben so stümperhaft als seine Kenntniß des Antiken.

ber 1805. Ein heldenmüthiger Römer, schrieb er an diesen seinen Busenfreund: "So wie die Dinge (in Preußen) stehen, kann man kaum auf viel mehr rechnen als auf einen schönen Untergang. Was ist das für eine Maßregel, den Krieg mit einem Winterquartiere und der langweiligen Einschließung einer Festung zu beginnen! Bist Du nicht mit mir überzeugt, daß die Franzosen uns angreifen werden, in diesem Winter noch angreifen werden, wenn wir noch vier Wochen fortfahren mit den Waffen in der Hand drohend an der Pforte ihres Rückzuges aus Oesterreich zu stehen? Wie kann man außerordentlichen Kräften mit einer so gemeinen und alltäglichen Reaction begegnen! Warum hat der König nicht gleich bei Gelegenheit des Durchbruchs der Franzosen durch das Fränkische seine Stände zusammenberufen, warum ihnen nicht in einer rührenden Rede — der bloße Schmerz hätte sie rührend gemacht! — seine Lage eröffnet? Wenn er es blos ihrem eigenen Ehrgefühl anheimgestellt hätte, ob sie von einem gemißhandelten Könige regiert sein wollten oder nicht, würde sich nicht etwas von Nationalgeist bei ihnen geregt haben? Und wenn sich diese Regung gezeigt hätte, wäre dies nicht die Gelegenheit gewesen, ihnen zu erklären, daß es hier gar nicht auf einen gemeinen Krieg ankomme? Es gelte Sein oder Nichtsein; und wenn er seine Armee nicht um 300,000 Mann vermehren könne, bliebe ihm nichts übrig, als ehrenvoll zu sterben. Meinst Du nicht, daß eine solche Erschaffung hätte zu Stande kommen können? Wenn er all seine goldenen und silbernen

Geschirre prägen, seine Kammerherrn und Pferde abgeschafft hätte, seine ganze Familie ihm darin gefolgt wäre, und er, nach diesem Beispiele, gefragt hätte, was die Nation zu thun Willens sei?" u. s. w. Der Staat Friedrichs des Großen hatte damals nicht diese Verjüngungskraft; er ging bei Jena und Auerstedt zu Grunde.

Als nach der Schlacht bei Eilau die Parteigänger auftauchten, wanderte Kleist mit Pfuel und zwei anderen Officieren zu Fuß nach Berlin. Hatten sie den Entschluß gefaßt, sich den Freischaaren anzuschließen, die den deutschen Guerillakrieg begannen? Hatte Kleist damit einen neuen Lebenszweck, einen Spielraum für seine müßigen Kräfte gewonnen? War er, der am Wissen verzweifelt, an der Poesie, an aller Lebensthätigkeit bankerott geworden, nicht recht eigentlich berufen zur That, zur That für's Vaterland, sie mochte zum Siege oder zum Tode führen, der ihm schon ohne Ziel und Zweck als wünschenswerth vorgeschwebt? Wir erfahren nichts davon. Der greise Pfuel könnte hierüber Rede stehen; die Mittheilungen kamen durch E. v. Bülow nur aus der dritten Hand. — Kurz vor Berlin trennte sich Pfuel von den Freunden. Beim Thore angehalten, erwies sich Kleist ohne Paß; er führte nur seinen alten Abschied von ehedem als Lieutenant von der Garde in der Tasche. Dies verdächtigt ihn; man hält ihn für einen Spion, einen Werber von Schill's Corps und am dritten Tage seines Berliner Aufenthaltes führte man ihn nach Frankreich ab, wo er im Fort Joux (bei Pontarlier auf der Straße nach Neufchatel) in

demselben Gefängniß, das seiner Zeit den kühnen Neger
Toussaint Louverture beherbergt hatte, dann in Chalons,
zusammen ein halbes Jahr lang, Gefangener war. Er soll
dort in der Einsamkeit viel gedichtet haben, vielleicht „die
Verlobung auf St. Domingo", jenes üppig wilde, schicksal-
schwere Bild vom Negerleben. Das Blut wallt und dampft
in dieser Dichtung bis zum Ersticken. In düsterer Gewaltsamkeit will sich die Schwermuth befreien, aber die Luft liegt
wie ein Samum über allem Thun der Menschen; ein Wirbel-
wind regt Alles auf, um es höhnisch wieder zu Boden zu
drücken. Manche von Kleist's Novellen trägt Kerkerspuren
an sich, z. B. das auch damals entstandene „Erdbeben in
Chili", groß und mächtig in einzelnen Momenten, voll
genialer Griffe, naturwüchsiger Wendungen und Blitze,
und doch so lastend und lähmend, als ob wir in der dämo-
nischen Tücke des Zufalls und im Blödsinn der Naturgewal-
ten in der Außen- und Innenwelt die Hand Gottes sehen
sollten.*) Im „Bettelweib von Locarno" und in der „Legende

---

*) Tieck sagte, diese Skizze sei in wenigen Strichen gezeichnet,
„die eine Meisterhand verrathen"; man könne „nicht trefflicher erzählen". — Im Kloster der Karmeliterinnen birgt die Tochter
eines edlen Hauses ihr schamhaftes Haupt, ein Kind der Sünde
entwindet sich ihrem Schooße, ihre Verurtheilung zum Feuertode
wird auf Enthauptung gemildert. Auf dem Zuge zum Richtplatz
bricht das Erdbeben über Chile ein. Da hören alle Bande der
Gesellschaft, der Religion, aber auch des Vorurtheils auf. Die
Sünderin wird frei und rettet sich und ihr Kind, während der
Geliebte beim Zusammensturz seines Kerkers ebenfalls sich befreit.
Draußen im schönen Frieden der wieder besänftigten Mutter Natur finden sich die von der Kirche Verdammten zum neuen Lebens-
bunde, die Schrecken der Natur sind ein Segen geworden für die

von der heiligen Cäcilie" kann er mit seiner kaustischen, Tacitisch verdrossenen Kürze die Anekdote nicht zur Novelle herausarbeiten. Selbst im „Zweikampf", dieser Feier edler, reiner Frauenwürde, erlahmen wir, als wenn uns der Alp drückte, an dem Wahnwitz des mittelalterlichen Glaubens, den er uns mit quälerischer Fieberhitze als unentrinnbare Schicksalsmacht schildert. Ueberallbei so viel Hast und Qual der Empfängniß so wenig Sonnenschein und Licht zur Ge=

---

nach der Satzung der Menschen Verlornen. Um Gott zu loben und zu danken, schleichen sie sich in die einzig stehengebliebene Kirche San Jago. Aber ein Dominicaner predigt, der den beschwichtigten Zorn der Natur im Worte Gottes wieder aufnimmt. Er ruft seinen Fluch über das Gomorrha der Menschen und über die Geburt des Kindes bei den Karmeliterinnen. Der Wahnsinn des Fanatismus ergreift die versammelte Menge, die an den von der Gnade des Himmels sichtlich Geretteten sofort das Amt des Henkers vollzieht. — Diese Momente sind schrecklich groß wie das Naturereigniß, das sie hervorrief; die fieberhafte Angst und Hast, mit der sie hingeworfen sind, hat fast die Pulsschläge des tobenden Vulcans; aber die Erzählungsweise unbedingt trefflich und classisch zu nennen, ist schief. Die „Marquise von O." bezeichnet der Meister der Romantik als „classisch". Und doch drängt sich hier gemeine Schandthat und Adel der Gesinnung so eng in derselben Seele an einander, daß die Darstellung nicht einmal den Versuch zu machen wagt, die teuflische Bestialität des Russen, der einer Dame im Zustande der Ohnmacht Gewalt anthut, begreiflich zu machen, während doch auf dessen Edelmuth hin schließlich Versöhnung mit einem Verbrecher eintritt, für dessen Unthat es kein Verständniß, geschweige Verzeihung giebt. Die Durchführung der Consequenzen im Proceß einer Dame, die willenlos empfing und gebar und in öffentlichen Blättern nach dem Vater des Kindes forscht, um ihm auch in der Gestalt des Verbrechers anzugehören, ist allerdings meisterhaft in Feinheit und Delicatesse. Das Genie fühlt sich nicht selten, fast in allen Kunstgebieten, durch die Schwierigkeit des Thema gereizt. Kleist aber hatte sogar zum Unmöglichen, zum naturwidrig Entsetzlichen ein Gelüst. In unsern Tagen kamen ihm nur Grabbe und Hebbel darin nahe; Beiden aber fehlt der Zauber burt! Das Grausenvollste und das tief innig Zarteste giebt er, wie im „Findling", mit der frostigen Kälte des Zeitungsschreibers. Nur in einzelnen Blitzen beleuchtet er wunderbar groß erdachte Situationen, gespenstisch räthselhafte Gruppen, Gestalten die aus der Hölle steigen, um den Himmel zu stürmen, und doch ächt menschlich sind in all ihrer furchtbaren Größe. Aber wie Kleist als Mensch kein Talent zum Glück hatte, so fehlte ihm als Dichter auch das Behagen am Schaffen. Er motivirt, aber er entwickelt nicht; er erfindet, aber verschmäht die Combination der Uebergänge. Als Mensch ohne Sonnenschein der Liebe, als Dichter ohne jene Lebenswärme, die stetig Geist und Leib durchwallt: so durchschauert ihn Frost und Gluth in großen wechselnden Zuckungen. Mächtig in der Erfindung, zerstückelt und gebrochen in der Ausführung: so stehen seine tiefsten Schöpfungen fragmentarisch vor uns. Das Einfachste kann er am wenigsten gestalten, das Gewöhnliche verachtet er, selbst wo es zur Verknüpfung des Ungeheuern nöthig wird. Nur was aus den

---

der Kleistschen Feinheit und Grazie bei ebenso viel Seltsamkeit. Auffällig bleibt, daß Kleist in seinem Hang für die Schauder und die Nachtseiten der Menschenbrust auch bei wiederholtem Aufenthalt in Paris für die Größe und Verwilderung in den damals kaum überwundenen Gestalten der französischen Revolution keinen Sinn verrieth. Er brachte aus Frankreich nichts mit als seinen Widerwillen gegen die systematische Gewaltherrschaft des militärischen Cäsarismus, dessen Eigensucht die ganze Welt ausbeuten wollte. Und dieser Zug in ihm war ächt germanisch, so bedauernswerth es auch ist, daß sein Deutschthum sich so oft an die Wahngebilde unseres Mittelalters gefangen gab, während er freilich, wie im Käthchen von Heilbronn, auch dessen süße, kindliche Anmuth mit soviel Zauber schilderte.

Banden der Regel tritt, es sei Erhabenes oder Verworfenes, reizt, erfüllt und beschäftigt ihn. Und so offenbart dieser Riese an Dichterkraft nicht selten die Unbeholfenheit des Dilettirenden; den Reichthum seiner Stoffe giebt er in starken Farbenaufwürfen ohne alle Vertreibung mit dem Pinsel auf die Leinwand. Dabei ist er in einzelnen Gruppen, wie selten Einer, ein plastischer Meister. Er bespricht nichts, die Gebilde stehen in festen Formen da. Er selbst bleibt fast so tief wie Shakspeare hinter seinen Gestalten versteckt. Angst und Sorge, Gram und Verzweiflung an sich selbst ziehen nur wie stumme Wetterwolken über das Gemälde objectiver Menschenwelt. Sein Glaube an nationale Geistesgröße dämmert nur von fern herüber in eine knechtisch entartete, tückisch feige Gegenwart.

Wir wissen nicht, wieviel von diesen Novellenbildern schon damals im Dichter entstand, aber sicherlich bemalte er sich im Gefängniß von Joux die Wände mit den Träumen seiner gramgequälten Phantasie. Deutschland in Ketten! Der Gedanke machte ihn wild und hielt ihn zugleich gebunden. Seine eigne Haft erschien ihm dagegen gering. Was sind das für Zeiten! ruft er aus Frankreich nach Deutschland hinüber. Man hatte ihn immer in der Zurückgezogenheit seiner Lebensart für isolirt von der Welt gehalten, und doch war niemand damit inniger verbunden als er; nur daß die Hypochondrie seines Tiefsinns keine Perspective hatte, keinen Ausweg ahnte. „Wie trostlos ist die Aussicht, die sich uns eröffnet!" schreibt er auf einen Brief, der ihn trösten sollte. „Zerstreu=

ung, und nicht mehr Bewußtsein, ist der Zustand, der uns wohlthut. Wo ist der Platz, den man jetzt in der Welt einzunehmen sich erstreben könnte, im Augenblicke, wo Alles seinen Platz in verwirrten Bewegungen verwechselt? Glücklich sein? Wer kann auch nur den Gedanken noch wagen, wenn Alles im Elend darniederliegt? Ich arbeite, wie Sie wohl denken können; jedoch ohne Lust und Liebe zur Sache. Wenn ich die Zeitungen gelesen habe, und jetzt, mit meinem Herzen voll Kummer, die Feder wieder ergreife, so frage ich mich wie Hamlet den Schauspieler: was ist mir Hekuba?"

Durch gesandtschaftliche Vermittlung, besonders durch Bemühung seiner Schwester Ulrike beim General Clarke, ward Kleist wieder frei; ein Freund, der verstorbene Rühle v. Lilienstern, verhalf ihm dazu, nach Deutschland zurückkehren zu können. Kleist ließ sich in Dresden nieder, er widmete sich von neuem dichterischen Arbeiten. Im Körnerschen Hause, dem Zufluchtsort bedrängter Poeten, lernte er er ein Mädchen kennen, das ihn zu lieben schien. Sein Herz dürstete nach einer Seele, die sein eigen wäre. Aber sie sollte ihm angehören, wie ein freier Geist dem freien Geiste. Abermals quälte ihn der alte übernächtige Kitzel, ein Frauenherz aus all seinem sonstigen Zusammenhange zu reißen, ohne ihm doch eine heimische Stätte sichern zu können. Die Geliebte sollte ihm insgeheim angehören ohne Mitwissenschaft der Ihrigen; der gemeine Trödel der fraubasenhaften Zusammengehörigkeit entadelte für ihn das Verständniß der Seelen. Die junge Dame widerstand solchem Bündniß; Kleist's

krankhafte Stimmung mochte sie ohnedies schrecken. Er brach
das Verhältniß ab und dichtete das Käthchen von Heilbronn,
— man sagt: um der Geliebten und der ganzen Welt im
dichterischen Bilde zu zeigen, wie das Weib lieben müsse,
ganz kindlich seelisch, ganz somnambul verloren, ganz reine
Magd mit verzückter Engelsmiene und mit dem Seufzer-
hauch: Mein hoher Herr! Eine Zwischenträgerin, hieß es,
habe aus Abneigung gegen ihn auf die Trennung eingewirkt;
er zeichnete sie in der Caricatur der Kunigunde, einem Maga-
zin weiblicher Häßlichkeiten. *) — Kleist war damals in
Dresden von neuem reif zum Sterben. Er nahm, wird berichtet, Opium; Rühle fand ihn halb entseelt. Gerettet,
schwebte er wiederholt zwischen Wahnsinn und Selbstmord
auf der irren Grenzlinie eines zerstörten Lebens, das sein
Ende sucht und es noch nicht finden kann. Rühle's Frau er-

---

*) Der balladenartige Stoff vom holden Liebeswahn einer
reinen, von ihrem Instinct fast göttlich getriebenen Mädchenseele
hat dies Drama mit und trotz der Holbein'schen Bearbeitung zu
einem Lieblingsstück des deutschen Publicums gemacht. Tieck aber
hatte das Verdienst, durch die glückliche Erfindung eines Haupt-
motivs das Drama erst möglich zu machen. Nach Kleist gebährdet
sich der treffliche Waffenschmied als Käthchens Vater und der
Dichter straft ihn schließlich Lügen, da schließlich der Kaiser in
ihr die Tochter, den vergessenen Sproß süßer Nebenstunden, erkennt. Tieck macht Theobald Friedeborn zum Großvater in der
Geschichte und läßt seine Tochter, die Mutter Käthchens, im Grabe
ruhen. Dadurch tritt Menschenmöglichkeit in diese Romantik. Zu
dem Somnambulismus, wonach Graf Wetter von Strahl und
Käthchen in derselben Nacht Visionen von einander gehabt, gehört
bei alle dem noch eine starke Dosis Opium, wie sie die Männer
der romantischen Schule, thatsächlich wie figürlich genommen,
liebten.

zählte, Kleist habe sich damals eingebildet, Adam Müller's Gattin zu lieben. In wilder Verrücktheit, während er das Geständniß macht, ergreift er den Gatten auf der Brücke, um ihn ins Wasser zu stürzen. Spuren förmlicher Tollheit waren also eingetreten. Und doch war noch die Macht seines Geistes stärker in ihm als die Macht des Wahns. Er überwand den Irrsinn, um — einer Laune des Zufalls zu erliegen.

Tieck's Erinnerungen an Kleist gehören dem Jahre 1808 an. Dies Jahr schien in Dresden für Kleist äußerlich von Wichtigkeit werden zu wollen, so wenig auch der vertraute Umgang mit dem Apostaten Adam Müller für sein inneres Leben von Heil sein mochte. Mit Hülfe der Freunde unternahm Kleist die Gründung einer Monatsschrift und einer Buchhandlung, wozu die allezeit bereite Ulrike fast ihr gesammtes Vermögen beisteuerte. Man hatte Aussicht auf den Verlag von Novalis Schriften, Aussicht auf Beisteuer der bedeutendsten Kräfte Deutschlands, selbst Goethe's, zu diesem Kunstblatt „Phöbus", das Kleists schon erwähnte Arbeiten brachte, bis es Ende December der Ungunst der Zeitstimmung und der Planlosigkeit der Unternehmer erlag. Demselben Jahre gehört auch „die Hermannsschlacht" an, dieses Drama im großen, kühnen Styl, das die Nation aus ihrer Schmach aufschütteln sollte. Es blieb, statt zu zünden, wirkungslos; scheu und schüchtern ging es unter dem Siegel des Geheimnisses als verpöntes Manuscript von Hand zu Hand. Ihm schloß sich die Ode: „Germania an ihre Kinder" an. — Wir Epigonen sahen das Drama in unsern Tagen (mit Dawison) auf der Bühne derselben Stadt, in der es gedichtet worden. Des Dichters Muse entfaltet sich hier wie eine Mänade, in der einen Hand Scorpionen, in der andern Brandfackeln und Blitze. Dies wunderbar mächtige, tragisch satyrische Gemälde zeigt uns, wie der Germane, selbst wo er als Sieger auftritt, geschmückt mit dem Lorbeer für die höchste Vaterlandsthat, an der Heimtücke der Genossen zu Grunde geht. Der Wolf bricht schon in die Hürden, und die Hirten stehen und hadern noch mit einander um eine Handvoll Wolle! Dies Wort der Wehklage über deutsche Brüder steht in der Hermannsschlacht. Das Zeitalter, das in diesen Spiegel blicken sollte, ertrug den Anblick nicht. Es zerschlug nicht den Spiegel; — die Schergen des Napoleonismus lauerten darauf, dies Amt thun zu können; aber es wandte sich mit feigem Entsetzen davon ab und strafte Bild und Bildner mit tödtender Gleichgültigkeit. Was Wunder, wenn auch das Herz des Dichters an sich, an seiner Sendung, an seiner Zeit kalt verzweifelte und erstarrte! Aber in Oesterreich schürte sich neue Gluth in der Asche des patriotischen Heerdes. Oesterreich rüstete, während Kleist die Hermannsschlacht dichtete; die ungeschichtliche, divinatorisch groß erfundene Aussöhnung zwischen Marbod und Hermann im Stück sollte den innern geheimen Brandschaden des Deutschthums heilen, schien darauf berechnet, eine allgemeine Erhebung aller deutschen Staaten, Fürsten und Stämme anzufachen. Wie endlich 1809 von den tyroler Bergen die Wachtfeuer der jungen Völkerfreiheit loderten,

glaubte Kleist seine Visionen ins Leben treten zu sehen. Groß-
gesinnte, Gleichgestimmte trafen mit ihm zusammen in Gedanken und in Person. Mit Dahlmann, der sich in Dresden
zufällig zu ihm gesellte, ging Kleist nach Prag; auf dem
Wege nach Wien schlossen sich ihnen Knesebeck und Pfuel an;
am Tage nach der Schlacht bei Aspern wanderten die Freunde
über das noch vom Blut dampfende Leichenfeld. Kleist besingt
den Erzherzog Karl, den Helden, der zuerst den Unüberwindlichen überwunden. Mit falscher, verfrühter Siegesbotschaft
über den Kanonendonner von Wagram eilt er nach Prag;
mit dem schmählichen Frieden, der auf Oesterreichs Helden-
schlachten folgte, bricht sein Muth, sein Herz, sein ganzer
Mensch abermals zusammen. Man weiß von einer neuen
schweren Krankheit, die ihn in Prag befiel. Er war dort
nicht müßig; er schrieb Aufrufe an ganz Deutschland, man
erzählt, daß er im Hause Kolowrat patriotische Aufsätze vortrug, die ein neues Flugblatt für alle Pangermanen bezweckten; Kleists schäumender Groll gegen den Gründer einer
römischen Weltherrschaft unter gallischem Adler wäre im
Stande gewesen, die Gewaltthat eines Staps in Schönbrunn
gegen Napoleon zu glorificiren. Ein Flammengrab für
die Feinde, wie es das brennende Moskau lieferte, wäre,
hätt' er's erlebt, vielleicht nach seinem Sinn gewesen. Die
Krankheit beugte seine Kräfte. Die Freunde hatten sich zerstreut, Alles flüchtete sich einzeln in stille Winkel; Dahlmann
in Kiel hat den kranken Dichter aufgefordert, zu ihm zu
kommen, bei ihm zu leben; der Brief hat ihn nicht erreicht.

Nach dem Frieden, den Oesterreich mit Napoleon schloß, finden wir den deutschen Tasso, seit dem October 1809, wieder in Berlin, niedergebeugt vom allgemeinen Leid, geknickt, nachdem Deutschlands beste Eichen zersplittert waren, und bei eignem persönlichen Gram am Hungertuche nagend. Die Nation erkannte in ihm den Dichter nicht, der die deutsche Ehre aufzurufen versuchte; sein bestes Dichten war verklungen in der Wüste einer fast unerschütterlich versunkenen Zeit. Seine „goldene Schwester", wie er die Schwester seiner ehemaligen Braut nennt, sieht ihn in Frankfurt a. d. O. wieder. Sie fragt, was er arbeite; er sagt ihr Verse her, die der Nation ins Herz geschrieben sein sollten; sie ist entzückt und fragt verwundert, von wem das sei. Da schlägt er die Hände über seine Stirn zusammen und ruft schmerzlich weinend: O mein Gott, warum mache ich denn Gedichte? kennt mich denn Niemand?

Kleist hat damals beim Staate um Unterstützung oder Verwendung nachgesucht; vergeblich; man wollte wissen, seine Vertrautheit mit dem katholisch und österreichisch gewordenen Adam von Müller habe behindert, daß Hardenberg auf ihn geachtet; Kleists ungestümer Zornbrief an Friedrich von Raumer, der dies verschuldet haben soll, war kindisch. Man hat aus jener Zeit auch Ueberbleibsel einer neuen Journalunternehmung, „Berliner Abendblätter" betitelt, die dem October, November und December 1810 angehören. Darunter sein politischer Katechismus, die Legende von der heiligen Cäcilia, das Bettelweib von Locarno*). Zwei Bände „Erzählungen" erschienen in Berlin 1810 und 11. In Potsdam hat Kleist seinen Michael Kohlhaas vollendet. Die Macht und die Kraft eines solchen Bildes von deutschem Mannestrotz in ehrloser Zeit schreckte die Zeitgenossen des Dichters mehr, als sie ihn erkennen und bewundern lernten. Die Bildung des Jahrhunderts war bis zu den deutschen Freiheitskriegen bankerott geworden und trug in ihrer Erschlaffung die tiefste Schmach des Vaterlandes. Man hatte keinen Sinn für die Gewalt dichterischer Schöpfungen, deren Gestalten sich wie in geschliffenem Granit hinstellten, unzugänglich und unbequem für marklose Gesinnung. So blieben Kleists Poesien ohne alle Schule, ohne alle Pflege, ohne alles Zusammengreifen mit Sinn und Geschmack ihres Zeitalters. Sie verhärteten sich in sich selbst, und die am Menschen Kleist gekennzeichnete Prüderie und Unschuld hat kein Arg, in den geschlechtlichen Beziehungen seiner Gestalten die seltsamste Unnatur und Ausartung ganz einfach und harmlos zu schildern, oder vorauszusetzen. Er hat in der Novellistik offenbar Verwandtschaft mit Cervantes. Wenn er aber geschlechtliche Verworfenheit mit der Naivität lächelnder Harmlosigkeit

---

*) Rudolf Köpke hat das Verdienst, „Heinrich von Kleists Politische Schriften und andere Nachträge zu seinen Werken" (Berlin, 1862) zum ersten Mal herausgegeben zu haben, während Reinhold Köhler: „Zu Heinrich von Kleists Werken" (Weimar, 1862) die Lesarten der Originalausgaben mit den oberflächlichen Aenderungen Tiecks und den ungeschickten Verballhornungen Julian Schmidts getreulich zusammenstellte und rettete.

schildert, so wird man fast versucht, zu glauben, er habe bei aller Prüderie doch ein Boccaz sein wollen. In seiner größten und bedeutsamsten Novelle, Michael Kohlhaas, ist der poetische Tiefsinn der Charaktermalerei nicht ohne Sonderlingslaune, skizzenhafte Zerrissenheit und visionäre Grillen. Tieck klagte über die Ungenießlichkeit des Werks gegen Ende. Er rügte mit Recht historische Willkürlichkeiten und Uebereilungen. Dresden wird als ein Nest voll verwegener Junker, ränke- süchtiger Höflinge und heimtückischer Calculatoren geschildert, während doch Wittenberg damals die Residenz der sächsischen Kurfürsten war und die Gestalt des Regierenden in Kleists Novelle nicht auf Johann Friedrich den Standhaften paßt. Kleists Kürfürst im Kohlhaas ist ein völlig mythischer, der Name seines Helden Michael ebenso willkürlich und falsch Sonst aber ist der ganze Proceß mit der Rechtsverweigerung sächsischerseits ebenso historisch wie die Niederbrennung der Wittenberger Vorstadt und das Gespräch mit Luther geschicht- lich. Nach Auffassung, Durchführung, plastischer Gestalten- zeichnung, Pinselführung und Colorit ist das Gemälde ein Meisterstück im großen Styl historischer Romandichtung.

Man weiß in den letzten Jahren seines Lebens nicht wei- ter von Momenten, wo ihn Wahnsinn beschlichen. Kleist war fertig mit sich und der Welt, ruhig, gleichgültig, todes- kalt. Trotzdem raffte er sich mit allen seinen höchsten Kräften noch einmal auf zu einem letzten und höchsten Werk, dem „Prinzen von Homburg". Der kranke brandenburgische Tasso träumte sogar noch von Hofgunst; seine Familie hatte ihm dies als möglich vorgespiegelt, wenn er ein recht specifisch und local patriotisches Gedicht schriebe. Kleist sattelte noch einmal den Hippogryphen zum Ritt ins alte romantische Land. Noch einmal feurige Vaterlandsliebe, heldische Kraft, die im Ringen nach dem Höchsten unter dem Druck eines Verhängnisses zu erliegen droht, während eine Gnade von oben das Mißgeschick schließlich löst und sühnt. Auch hier vollendete Plastik in heroischen Gestalten, wie im brandenburger Kurfürsten; auch hier visionäre Phantastik, die aus der Nacht der traumbefangenen Seele sich gespenstisch hereindrängt in die helle Tageswelt, aber bezwungen wird vom guten Ungefähr, das als Gottheit waltet. Es galt jetzt brandenburgische Vaterlandsliebe für Deutschland zu erwecken, die Geister von dieser Seite her zu beflügeln, bis ein allgemeiner Schwung die Herzen der Deutschen zusammenführte zu einer Hermannsschlacht. Die deutschen Herzen wurden aber erst warm, als das seinige schon verstummt war. Die Königin Louise war freilich „vor den Augen des ganzen Hofes zu Thränen gerührt" gewesen, als Heinrich Kleist an ihrem Geburtstage ihr ein Gedicht überreichte, und das Drama vom somnambulen Prinzen, der aus Furcht, aus Widerwillen gegen den Tod im Gamaschendienst, um sein Leben bettelt, dann aber, wie er sich ermannt, glorreich die Kugel für sich fordert, nachdem er eingesehen, daß die Weltordnung zu Grunde geht, wenn das Gesetz nicht gilt, — dies Drama voll der feinsten Ehrbegriffe und vom Zauber der höchsten und süßesten Gefühle in der Jugendbrust und im Mannesbusen beseelt, sollte zwar zunächst bei Radziwil privatim, dann aber auch auf der Nationalbühne gespielt werden; allein es unterblieb, es verschleppte sich wie Deutschlands Erhebung aus Schmach und ehrloser Niederlage. Auch der Prinz von Homburg wurde wie Kleists übrige Werke mit tödtender Gleichgültigkeit beseitigt; die Größe darin erfüllte mit Schrecken, die Seltsamkeit mit prüdem Widerwillen; Tieck allein rettete das Stück von der wahrscheinlichen Vernichtung, die ihm bei dem Zustand der Zeitgenossen drohte.

Dies war des Dichters letzter Aufschwung, sein letzter Versuch, zu leben und geistig seine Existenz zu bethätigen. Sein Gesuch um Unterstützung bei der Regierung soll bewilligt sein, als es zu spät war; eine bittere Ironie wollte, daß eine kleine Geldspende im Bureau für ihn zur Absendung bereit lag, als die Kugel ihn traf. Er vegetirte seitdem in Berlin, in den Kreisen Adam Müller's, dessen Sophistik auf ein krankes Gehirn nicht eben heilsam wirken mochte. Aber Kleist fühlte sich mit Begeisterung von ihm geliebt und dies war ein Bann, der ihn fesselte. Auch Frau von Müller war ihm mit Zärtlichkeit zugethan. Pfuels Beziehung zu ihm läßt sich nicht bis in die Zeit der letzten Katastrophe verfolgen, Rühle von Lilienstern hat ihn innig geliebt. Es hat ihm also nicht an Freunden gefehlt, nur hat Keiner geahnt, wie schwach der Faden, an welchem das Schwert über ihm hing; den Faden hielt und zerschnitt nur die Macht und die Laune des Zufalls. Vor Ulriken, der getreuen Schwester, hatte er schließlich Scham und Scheu, denn er hatte ihren Vorrath an Liebe aufgebraucht, und er schrieb ihr das einfache, aber für ihn schwerwiegende Wort: „Wie unglücklich wär' ich, wenn ich nicht mehr stolz sein könnte!" Ihn peinigte das Gefühl, ihr so tief verschuldet und ihr seinerseits so wenig gewesen zu sein. Er hatte für das „große Mädchen", wie er sie genannt, nur noch den letzten schrecklichen Brief. Zum Müllerschen Kreise gehörte die Frau, welche das Haarseil über seinem Haupte zerschnitt. Adolfine Vogel, oder, wie Kleist sie nach ihrem zweiten Namen, Henriette, nannte, die Frau eines Kaufmanns in Berlin, ward seine Freundin. — Man hat geleugnet, daß gegenseitige Neigung sie zu einander geführt. War Kleist in seiner todesmatten Stille zu einer Leidenschaft nicht mehr fähig, so steht doch die Traulichkeit der Freundschaft zwischen Beiden fest. Sie musicirten zusammen, sie sahen sich täglich, sie wurden einander zum Bedürfniß. Wer will hier sondern und sichten, was Freundschaft, was Liebe in solcher Macht der Gewöhnung? Aus dem Nebel des Trübsinns, der beide Seelen deckte, konnte freilich weder das entschiedene Glück noch das Unglück einer Verirrung der Sinne erwachsen, wohl aber eine Macht der Gewohnheit, die Beide an einander bannte. Die Freundin war krank in ihren Nerven, vielleicht gestört in ihrem physischen Naturell, vielleicht auch nur unerfüllt, unbefriedigt in ihrem ehelichen Verhältniß, ohne doch Grund zu haben, den gesetzlichen Lebensgefährten anzuklagen. Sie hielt sich für das Opfer einer tödtlichen Krankheit in ihrem Organismus, und hat sich auch darin getäuscht. Kleist täuschte sich mit nichts mehr. Er hielt das elend hinsiechende Vaterland für todt auf ewig, sich selbst aber für überflüssig, an der Leiche der deutschen Nationalehre den müßigen Todtenbeschauer zu machen. Er glaubte an keine Auferstehung des Vaterlandes. Man ließ ihn darben, er wußte nicht mehr, wie lange er dem drückendsten Mangel sich noch entwinden könne; Keiner aber ahnte, daß ein großer Mensch sich gegen den kleinlichen Jammer nur auf eine Zeitlang mit Verachtung waffnet, und dann das Heiligste endlich für gering anschlägt, weil ihn das Geringe überwächst, das Gemeine überwältigt. Kleist wäre verhungert, da er als Cavalier auf der Landstraße nicht betteln konnte, als Mann sich zu stolz fühlte für gemeine Dienste, nachdem er mit dem Aufgebot seiner höchsten Kraft an dem Zeitalter gescheitert war. Sein Ehrbegriff, wie er ihn als Dichter im Prinzen von Homburg auf das zarteste und feinste zum Ausspruch bringt, hat auch in seinem letzten Lebensact eine Rolle gespielt. — Henriette und Heinrich hatten eines Abends wieder musicirt und gesungen, sich ihres Talents gefreut. Nach ihrem Vortrag eines alten Psalms ließ er nachlässig zerstreut das Wort fallen, das sei „zum Erschießen schön." Da hat ihn die Frau groß und tief ernst angeblickt und ihn seltsam beim Worte genommen. „Kleist", hat sie ihm gesagt, „Sie haben mir einmal geschworen, Sie würden mir im Nothfall keinen, auch nicht den größten Freundschaftsdienst versagen. Wohlan, so tödten Sie mich!

Der Nothfall ist für mich da, ich kann, ich will nicht länger leben. Aber freilich, es giebt keine Männer mehr auf Erden!" — „Ich bin ein Mann, der sein Wort hält!" war Kleists Entgegnung. — Was er als Gelüst des Wahnsinns, als Geburt krankhafter Aufregung wiederholt in sich bewältigt und beseitigt hatte, war endlich reif in ihm als Ergebniß kalter Gleichgültigkeit. Das Versprechen, das ein Weib ihm abgelistet, sie zu tödten, weil sie sich für einen Raub des Todes hielt, war ihm nur ein schließlicher, ein gelegentlicher Vorwand. Möglich, daß er den Entschluß dieser Frau als stille Tollheit erkannte, und ihn doch als berechtigtes Motiv gelten ließ, wie er sammt allen Romantikern in seinen Werken so oft den Zufall die Gottheit, die Laune das Verhängniß, den Wahnsinn des Augenblicks die Prophetie des Schicksals spielen ließ. Oder hat er vielleicht als Mensch wie als Dichter die Grenze zwischen Gesundheit und Krankheit der Seele nie fest zu ziehen gewußt? Sein lange angebahnter Weg zum freiwilligen Tode führte ihn durch den Zufall, der ihm die Frau in die Arme trieb, schließlich ans gesteckte Ziel.

Unfern der alten Landstraße, eine Meile vor Potsdam, beim Gasthause, das nach dem Wirth „zum Stimming" hieß, dicht am Wansee, der auch der Heilige See genannt wird, ist die Stelle, wo Heinrich Kleist seine Freundin durchs Herz und sich durch den Mund schoß. Beide wurden dort verscharrt. Nach alter märkischer Landessitte waren die beiden Gräber lange Zeit mit Föhrenzweigen bedeckt, zu denen mancher Wandersmann, der vorüberging, noch einen neuen legte.

Neben der Eiche an seinem Grabe steht jetzt ein unbehauener Granitwürfel, den ihm nachträglich alte Freunde setzten.

In Kleists Zeilen an seine Schwester steht zu lesen: „Ich kann nicht sterben, ohne mich zufrieden und heiter, wie ich bin, mit der ganzen Welt, und somit auch, vor allen Andern, meine theuerste Ulrike, mit Dir versöhnt zu haben. —Wirklich, Du hast an mir gethan, ich sage nicht, was in Kräften einer Schwester, sondern in Kräften eines Menschen stand, um mich zu retten; die Wahrheit ist, daß mir auf Erden nicht zu helfen war. Und nun lebe wohl, möge Dir der Himmel einen Tod schenken, nur halb an Freude und unaussprechlicher Heiterkeit dem meinigen gleich: das ist der herzlichste und innigste Wunsch, den ich für Dich aufzubringen weiß.

Stimmings bei Potsdam, den —,
am Morgen meines Todes. Dein Heinrich."

Der Tag, den er nicht angab, war der 21. November 1811. Daß er der Heiterkeit, zu der er sich zwingt, sich auch noch prahlerisch rühmt, ist wohl das Schrecklichste und beklagenswerth Bedenklichste in diesen seinen Zeilen. Was Beide, Kleist und Henriette Vogel, an Frau von Müller schriftlich als Lebewohl hinterließen, hat sogar entschieden einen Anstrich coquetter Frivolität, oder soll man sagen frevelhaften Aberwitzes. Sie nennen sich als Selbstmörder „zwei fröhliche Luftschiffer", die sich über die Welt erheben. „Ja, die Welt ist eine wunderliche Einrichtung! Es hat seine

Richtigkeit, daß wir uns, Jettchen und ich, wie zwei trübsinnige, trübselige Menschen, die sich immer ihrer Kälte wegen angeklagt haben, von ganzem Herzen liebgewonnen haben, und der beste Beweis davon ist wohl, daß wir jetzt mit einander sterben. — Wir, unsererseits, wollen nichts von den Freuden dieser Welt wissen und träumen lauter himmlische Fluren und Sonnen, in deren Schimmer wir, mit langen Flügeln an den Schultern, umherwandeln werden. Adieu! Einen Kuß von mir, dem Schreiber, an Müller; er soll zuweilen meiner gedenken, und ein rüstiger Streiter Gottes gegen den Teufel Aberwitz bleiben, der die Welt in Banden hält." — Waren Beide, wie leichtfertige Kinder, der jenseitigen Sonne, in deren Schein sie mit Engelsflügeln wandern wollten, so gewiß, nachdem sie aufgehört, den Schauplatz der Menschenwelt für das Centrum des Heiligsten zu halten? Der Teufel Aberwitz aber hielt ihn selbst, den Unglücklichen, in Banden. Er fiel zu früh, wie Schill, aber nicht ehrenhaft für die große Sache, die Dieser wecken half; er fiel ganz und gar von seinem eignen Leib umstrickt und erdrückt. Es sei fern, um seiner Selbsthülfe willen einen Stein auf ihn zu werfen. Er hat sich selbst gerichtet, und die Strafe, den Auferstehungsmorgen seines Volkes nicht miterlebt zu haben, war hart genug für ihn. Denn es hätte ihm vergönnt sein können, im ehrlichen Freiheitskampf das Schwert in der Hand, wie Theodor Körner, zu fallen, oder mit Diesem und den Arndt, Schenkendorf,

Rückert heilige Kampf= und Zornlieder zu singen. In dieser Reihe und in der Nähe der Scharnhorst, Stein, Gneisenau, Blücher, hätten wir in einer deutschen Walhalla gern sein Bild, während der Ungeduldige trostlos seiner eignen Hand und der Grille eines Wahns erlag, ohne daß er ein Echo in der Wüste hatte.

IV.

Fichte.

IV.

Fichte.

Dem in und an sich selber untergegangenen, edlen Heinrich von Kleist war es nicht vergönnt gewesen, mit Schill, Scharnhorst, Körner einen ehrenvollen Tod zu sterben oder mit Blücher, York, Bülow zu siegen, nicht vergönnt gewesen, mit Arndt, Schenkendorf, Rückert, Follen, Körner, den Tyrtäen Deutschlands, Kampf und Sieg zu singen, oder mit Stein und Schön eine bürgerliche Lorbeerkrone zu erobern. Wir hätten nun also wohl in unserer Gallerie deutscher Männer Diese vorzuführen, die siegreich fielen oder am Wiederaufbau des Vaterlandes fortarbeiteten. Wir würden damit speciell ein Pantheon preußischer Ehren errichten. Es geschah dies, däucht mir, schon zur Genüge. Wir errichten hier Dem ein Standbild, der in der innern Werkstatt des Denkens ein Vater der Bewegung wurde und ein Zeitalter heraufbeschwor, in welchem sich Deutschland an der Quelle seiner selber wiederfand. Fichte hat auf preußischem Boden die Thaten seines geistigen Kampfes vollzogen, aber in Preußen nur ein Mittel zum Zweck gesehen, kein specifisches Preußenthum in Staat, Herrschaft und Sitte gewollt, vielmehr ein „Reich deutscher Nation" erstrebt, es auf preußischem Boden schaffen wollen. Daß Preußen nach der Schlacht bei Jena zusammenbrach, hat ihn nicht in Verzweiflung gestürzt; weit tiefer beugte ihn die Schamlosigkeit der Ueberläufer, Verräther und Feiglinge, die auf den Staat Friedrich des Großen gepocht und ihn dann so schmachvoll rasch im Stich gelassen. Nach dem Tilsiter Frieden schrieb er jammernd seiner Frau: „Ich glaubte, die Nation müsse bestehen, aber siehe, sie ist ausgelöscht." Eine neue Nation mußte aus der Drachensaat des Unheils entstehen, ein Reich freier Männer, die ihr Schicksal wollen, also es selbst schaffen mit oder ohne Fürsten, ein Volk mit bewußter Selbstbestimmung, welches das alte Nationalvermächtniß geistiger Freiheit, seit den Glaubenskriegen von der Gewalt der Römlinge und der Hinfälligkeit der Höfe verscharrt und begraben, selbst im Staate Friedrichs entstellt und zur Caricatur geworden, diese unveräußerliche Erbschaft deutscher Nation antreten könnte, um da wieder anzuknüpfen in der Entwicklung unserer Geschichte, wo uns in der Verwirrung der Leidenschaften der Faden aus der Hand gerissen. Das in den Religionskriegen verunglückte und entseelte, nur zum Schein im alten Trödel steifleinener Formen vegetirende Deutschland, von König Friedrich, seinem ironischen Todtengräber, bei Seite gescharrt, gründlich aber erst vom großen Corsen im Lüneviller Frieden eingesargt und förmlich bestattet, — dies

Deutschland mußte erst wieder neu geschaffen, dieser Scheinleiche erst wieder eine Seele eingehaucht werden. Und in der That, Fichte war dieser Todtenbeschwörer und Lebenwecker, von dem es, wie von den Propheten des alten Bundes, heißen kann: Er setzte seinem Volk ein neues Herz in den Leib. Und das neue Herz, das er in unseren Busen setzte, war das uns abhanden gekommene, alte Herz, die innere Kernkraft freier Selbstbestimmung, das Recht des freien Menschen, das Luther weiland in religiösen Dingen wider Rom in uns aufrief. Mit dieser That Luthers, nicht nach fremdem, äußerem Menschengebot, sondern kraft eigener innerer Willensstärke selig zu werden, beginnt das neue Deutschthum, das in der Befreiung von der menschlichen Satzung in der Religion sein Heil erkannte, im Kampf darüber aber mit sich selbst zerfiel. Aus seinem eigenen Busen mußte der Deutsche von neuem auferbauen, was jetzt sein Heil sein mußte, Staat und Volksthum. Und wenn Fichte in seinen „Reden an die deutsche Nation" vom Demosthenes die Leidenschaft und das Feuer gegen den modernen Philipp von Macedonien hatte, so war ihm von Luther die deutsche Bauernkraft und das hohe, kühne, unerschütterliche Gottvertrauen eigen. Dem Menschen sein Ich und seine Willenskraft zum Schöpfer seiner selber zu machen, erschien als eine revolutionäre Gewaltthat sondergleichen. Alles was Erbschaft der Jahrhunderte und Ueberkommenes ist, zu leugnen, und die ganze moralische Weltordnung nur für das Werk des freien Subjects zu erklären, lief gegen Alles an, was bisher geglaubt und gepredigt war.

Schon in seinen Vorlesungen über die „Bestimmung des
Menschen" beim Ablauf des alten Jahrhunderts hatte Fichte
Welt und Natur nur für das versinnlichte Material zum Act
unserer Entwicklung, Gott selbst nur für einen octroyirten
leblosen Begriff erklärt, der erst Leben hat, wenn das Ich
der Menschenbrust als Zeuge des Urgeistes hintritt und Gott
denkend, empfindend und handelnd bethätigt. Diese Zeugenschaft von Gott und diese Bethätigung des Ur-Ichs im
Menschen-Ich ist aber höchster und alleinziger Beruf des
Menschenseins, Pflicht nicht blos, sondern natürlicher Ausdruck unseres Wesens, Bestätigung unserer Existenz als
Mensch und Geist. Daß die Welt nur Werth hat, wofern sich
der Geist in ihr darlegt, die Natur nur gültig ist, wie weit
sich ein Gedanke Gottes in ihr bewahrheitet: dies ist das
Große in Fichte's Philosophie. Er ist nicht blos der fortge-
setzte, sondern der angewandte Kant. Der Kant'sche Kriticismus prüfte, bevor er an die Erkenntniß der Objecte ging,
die menschlichen Erkenntnißkräfte und wollte gefunden haben,
daß diese unsere Instrumente des Denkens nicht ausreichten,
um die Gegenstände, wie sie sind, und das Ding-an-sich
zu begreifen. Auch was wir an den Dingen dieser Welt
erkannt, als Quantität, Qualität, selbst Raum und Zeit
seien ja nur Formen unseres subjectiven Denkens. Da wir
aber das Absolute nicht begriffen, so bleibe uns nichts als
die wesenlose Erscheinung. Nur das Bedürfniß nach Gott
und Wahrheit wohnt, nach Kant, auslöschlich in uns,
aber befriedigungslos. Was an sich sei, lehrte er, sei nicht

für uns. Aber, warf Fichte ein, nur was für uns ist, hat
Werth und Bedeutung für uns; was für uns ist, ist das
wahre An-sich; die Wahrheit ist nichts Jenseitiges, nichts
Transscendentes, sondern das Drängendste, das Allernächste
für und in uns. Mit diesem Satze trat Fichte herein in den
Proceß des deutschen Denkens, und diese seine Entdeckung,
nur scheinbar revolutionär, nur scheinbar egoistisch, war eine
schöpferische That. Das verzweifelte Dilemma Kants, daß
Wahrheit und Gott ein ewig blos ersehntes, unfaßbares
Jenseits, hienieden aber nur Schein, Schatten und Schemen,
war damit glorreich erledigt, die Kluft zwischen Wesen und
Erscheinung gefüllt, da von nun an das Größte und Heiligste
nicht erst im Lande Drüben, sondern schon hüben sich zu offenbaren beginnt. Sei du nur, Mensch, in dir selber rein und
von heiliger Willenskraft beseelt, dann wird das Absolute in
dir mächtig und du seiner inne. Im Streben und Wollen
des Rechten, Guten, Ewigen liegt nicht blos Sehnsucht, die
sich stets vergeblich um ihr Ziel abmüht, es nie erreicht, sondern schon eine feste Gewähr des Erreichens und des Genusses
der unsterblichen Güter. Nicht erst jenseits, in jedem Moment
hienieden schon beginnt die Ewigkeit und hier schon zeigt
sich, ob du, Mensch, der Unsterblichkeit werth und fähig bist.
Schiller's großes Wort: Nehmt die Gottheit auf in Euern
Willen, und sie steigt von ihrem Weltenthron! ward damit
wiederholt, und als Doctrin entwickelt, Descartes' Funda-
mentalsatz: Ich denke, also bin ich! nur ausgeführt. Fichte
entdeckte: Nur weil ich erkenne, bin ich, und was erkannt

wird, ist das beste und tiefste Sein. Nur nach dem Maß meines Erkennens ist die Welt um mich her, was sie ist. Was sie mir scheint, ist kein bloßer Schein, sondern weil und wie ich sie erfasse, gewinnt sie erst die Bedeutung eines wahrhaft Seienden, das ὄν wird im Denken und geistigen Empfinden erst ein ὄντως ὄν, so wie Klopstock sang: Schön ist, Mutter Natur, deiner Erscheinung Pracht; schöner noch, wenn sie der Mensch dir nachdenkt! Wie die Welt sich im Ich spiegelt, ist also wichtiger als wie sie in ihrer Gleichgültigkeit an sich ist. Und selbst in der Auffassung des Christenthums tritt die Wendung ein, daß die müßige und hinhaltende Anwartschaft auf das Land Jenseits vom Urewigen nicht bezweckt und gemeint sein könne, da er die Erde gewürdigt, sein Liebstes, den Eingebornen, ihr zu senden und sich in ihm ihr zu offenbaren. Bei tief Gläubigen steht fest, daß nur wer Gott entdeckt, ihn hat und besitzt. Der überlieferte Glaube wird erst zum Segen und zur Wahrheit, wofern er Thatsache in mir selber geworden, die Tradition wird erst Leben, wenn ich sie in mir selbst entdecke. Selbst der Cherubimische Wanderer sagte: Wär' Christus tausendmal in Bethlehem geboren, Und nicht in dir, so wärst du doch verloren! Nur soweit ich Gott erkenne, wird er mir zur lebendigen Wirklichkeit, nur soweit ich handelnd, denkend und empfindend ihn bethätige, bin ich eines ewigen Geisteslebens theilhaftig. Der Satz der alten Weltweisen: Mensch, erkenne dich selbst! bleibt mithin die ewig neue Hauptforderung. Wie sich die Stoffe der Natur mischen und formen, wie es mit dem Lauf der Sterne steht, kümmert dich nicht so sehr als der Aufbau, Gang und Lauf der moralischen Weltordnung. Hier, Mensch, sei Freiherr deiner selber, kein Knecht des Hergebrachten, kein Sklave des Octrohirten. Dies erkenne vor Allem und in diesem dich selbst, denn du bist dir der Quell deiner Ereignisse, Gestaltungen und Formen, die moralische Weltordnung muß ganz deine Schöpfung sein, denn hierzu hast du, auch im steten Kampf mit den Elementen, die autonome Macht. Im Denken ist somit die Wurzel des Schaffens, im Erkennen der Quell des Werdens in der ganzen moralischen Weltordnung. Nicht freilich für das kleine, endliche, individuelle, menschliche Ich, denn der Gattung haben sich die Einzelnen zu beugen, sondern für das große Ich, für den Menschengeist, für den Geist überhaupt, wie ja Gott das Ur-Ich ist. Auch bei Gott ist das Denken die Wurzel alles Daseins, wie in der Bibel steht: Gott sprach und es ward! Sein Sprechen aber war nur der Ausdruck seines zusammengefaßten Denkens. Die Welt ward wie sie Gott gedacht und ist nur ein Erzeugniß seines Wollens und Denkens. Sollte da der Mensch, Gottes Ab- und Ebenbild, in seiner Welt, nach Religion, Staat, Sitte hin, nicht ebenso sehr das Product seines Willens haben und sehen, sondern nur der Sklave dessen sein, was ihm Sünde, Gewohnheit und das Bedürfniß früherer Jahrhunderte überlieferte? Selbst ist der Mann. Er läßt nur gelten, was er anerkennt im Wahren, Guten, Schönen. Und was er erkannt hat, ist sein bestes Selbst. Ich will! sagt der freie Mensch, und er bethätigt seine Willenskraft. Er hat nur Werth, wieweit er sich am Bau der moralischen Welt betheiligt, und somit ist er auch verantwortlich für die Gestalt seines Zeitalters in Sitte, Recht, Staat und Religion. Was vom Christenthum für ihn lebendigen Werth haben soll, muß sein eigenstes Leben und Eigenthum sein. Den Staat namentlich, der für ihn Gültigkeit haben soll, muß er als Bürger selbst schaffen, ordnen und handhaben.

Das war die große That der Fichte'schen Lehre vom Ich als der Seele des ganzen Lebensgehaltes, vom Segen der freien Selbstbestimmung und Autonomie des Menschen, der in Allem wirkt, Alles formt und den Stoffen der Welt und Natur erst den Adel giebt, indem er ihnen den Stempel des eigenen Wesens aufdrückt. Das Ich allein ist das absolut Schöpferische im Reiche Gottes, wie in der Menschenwelt. Die Objecte haben erst Werth, wenn das Subject in seiner Willenskraft sie gestaltet. Der Objecte der Welt und Natur bedarf das Ich nur als Anstoß zum Handeln und als Schranke, aber als Schranke, an der es seine Macht erprobt, seine Entwicklung vollendet, seine Mission vollzieht. Für Kant war die Freiheit die Bedingung zum sittlichen Handeln. Für Fichte ist diese Freiheit schon ein Ausdruck des Göttlichen im Menschen, ein Willensact der Sittlichkeit. Später drängte Fichte immer mehr darauf hin, das Absolute nicht in den Freiheitstrieb des endlichen persönlichen Ichs, sondern in das große Ur-Ich, in Gott, die Ur-Persönlichkeit, zu setzen, von der die einzelnen Geister nur die Abspiegelungen sind. (In seiner „Anweisung zum seligen Leben." 1806.) Kant machte den Pflichtbegriff zum Gebot und zum Lebenstrieb für den Einzelnen, Fichte für das Geschlecht und für ein Volk, denn in einer Nationalität sah er ebenfalls den individuellen Ausdruck und die Gestalt eines persönlichen Wesens. War er Anfangs Weltbürger mit revolutionären Sympathien, so ward er doch bald Patriot und knüpfte an das Deutschthum die höchste Sendung für die Cultur der Menschheit. Er gehörte freilich nicht zu den Romantikern, die ins glanz- und wahnumsäumte Mittelalter zurücktauchten, um unsern Nibelungenhort, unser verlornes Selbst, wiederzufinden. Es ist für die Culturgeschichte bezeichnend, daß während Friedrich Schlegel in Wien vom untergegangenen Schimmer des germanischen Kaiserreichs phantasirte und declamirte, Fichte zu Berlin just in demselben Jahre auf die Bürgermacht der alten Hansa hinwies, als auf den Hort deutschen Wesens und deutscher Machtentfaltung. Er war aber auch keiner von den Kosmopoliten, die, selbst wie Goethe, den Untergang und die Auflösung der Nationalitäten in einem Napoleonischen Weltreich bei Festhaltung gewisser einzelner, von der Revolution noch erübrigter persönlicher Freiheiten für eine vollendete Thatsache, ja für einen Segen erachteten, aus welchem eine Geschichte der Menschheit, eine allgemeine Weltreligion und eine allgemeine Weltlitteratur hervorgehen würden. Beiden Richtungen, der romantischen und der kosmopolitischen, war Fichte scharf und stracks entgegen. Das Deutschthum, das er wiederaufsand und neu hervorrief, lag ganz wo anders. Bis zur Reformation ist

Fichte zum Wiederanknüpfen an die fallengelassene Arbeit
und Aufgabe für unser verlorenes nationales Selbst zurück-
gegangen, um, ein zweiter, ein politischer Luther, mit der
Macht des freien Selbstbewußtseins ein neues Zeitalter für
unser Volk heraufzuführen und kraft der Autonomie, die
unser unveräußerliches Selbst ist, uns aber verlorenging im
Sturm der wirren Selbstverfeindung, ein Reich deutscher
Nation herzustellen, war's auch zunächst nur in der Abstraction der Gedankenwelt, in der aber, wie bei allen Stoffen,
die Idee an sich schon die schöpferische Macht übt. Die große
That, mit der wir in die neuere Geschichte traten, ja sie eröffneten, die große That Luthers war Verkündigung des freien
Menschen gegen römische Satzung, mithin eine Rückkehr zum
Germanischen, ein Besinnen auf sich selbst. Diese große That
wiederholte und erneuerte sich mit Fichte auf dem Boden der
politischen und socialen Existenz, indem er das Weltreich
des Frankenkaisers in der Blüthe seiner Macht schon und
unter den Bajonetten der Fremdherrschaft für einen eitlen,
leeren und wenn auch factisch gelungenen, doch in der Idee
und Wahrheit verfehlten, zur Caricatur gewordenen Versuch
zur Erneuerung eines Weltreichs Karls des Großen erklärte.
Diese feine mit Luther'scher Kraft und Kühnheit gesprochenen Thesen gab er in seinen „Reden an die deutsche Nation."
Schon früh war sein Zorn gegen alle Gutherzigkeit gerichtet
gewesen, die sich irgendwo und wie gefangen giebt, feig die
Segel streicht oder sich begnüglich einrichtet. Nicht was ein
Volk ererbt hat, nicht was ihm von außen zugetragen

wird (timeo Danaos ac dona ferentes!), sondern was es
sich selbst aus eigenem Stoff und Trieb erschafft, hat Werth
für sein Dasein und ist sein festes, weil freies, selbsterzeugtes
Eigenthum. Das Kant'sche Princip von der freien Selbstbe=
stimmung und Pflichterkenntniß der Menschen entwickelte sich
in Fichte mit einer Entschiedenheit, die vor keinen Folgerun=
gen zurückbebte. Fichte war von früh an gegen Spinoza, der
ihm die Freiheit des Willens und der Sebstbestimmung raubte.
(Goethe's Spruch: „Was machst du an der Welt, sie ist
schon gemacht!" war Spinozistisch.) Für Fichte — (Kant
war der Vater dieser Doctrin und Schiller ihr eingeborner
poetischer Sohn) — für Fichte ist das innere Gewissen des
Menschen die einzige absolute Instanz. Sie ist verantwort=
lich für die Gestaltung der Welt, deshalb ziemt ihr die Kühn=
heit, sich Alles zu unterwerfen, denn für das freie selbstbe=
wußte Ich ist Alles nur als Material da, Raum und Zeit
nur die Tenne, auf der es drischt, die ganze Welt nach Form
und Zweck das Erzeugniß seines Willens. Es war revolu=
tionärer Ungestüm in Fichte's Auftreten, aber der Sache nach
hat man ihn ebenso richtig den Vollender des Protestantis=
mus genannt. Und so tief hängt seine abstracte Lehre vom
Ich, dem Nicht=Ich, d. h. der Welt, gegenüber, nicht blos mit
dem evangelischen Christenthum, sondern auch mit der con=
creten Thatsache unserer Befreiungskriege zusammen. Fichte
war deren großer Vorkämpfer.

Schon 1804 und 1805 in seinen Vorträgen zu Berlin
über „die Grundzüge des gegenwärtigen Zeitalters" erklärte er

sich gegen die Gewalt aller Thatsachen, weil nur die aus
Gott stammenden Ideen Dauer und Ewigkeit haben, alles
Andere vergänglich ist. Desgleichen gegen die Gewalt der
Sinnenwelt, weil der Geist sich mit ihr entzweien, sie be-
kämpfen und ihrer Herr werden muß, soll der Mensch über
dem Thiere stehen. Nur der Geist ist es, der aus Chaos,
Untergang und Trümmern eine neue moralische Welt erschafft. Aber nicht der Geist des egoistisch Einzelnen, denn
wer die Ideen erfaßt, wird auch von ihnen erfaßt, hält sich
also für ein Werkzeug des großen Geistes, der Alles führt
und umschließt. Grundzug des gegenwärtigen Zeitalters sei
eben, predigte Fichte, der Egoismus des Einzelnen, der die
Ideen, die das Ganze schaffen, knechten wolle. Egoismus und
Gewalt der Sinnenwelt, sagt er, haben den Zustand über
Europa hervorgerufen, welcher dem römischen Cäsarenthum
nahe kommt. Napoleonismus ist der persönliche Name dieses Zeitalters, in dem es übermüthige Herren und feige oder
schwache Knechte, aber keine Bürger giebt. Frei vom Cäsarismus werden, heißt ein neues Zeitalter der Freiheit, der Freiheit des Ichs und der Freiheit der Völker heraufführen.
Erbe der Revolution, fand Napoleon sich mit ihr ab, ein
falscher, rechthaberisch eigensinniger und selbstsüchtiger Sohn
einer großen, wenn auch chaotisch dunkeln Mutter. In der
Rechnung zwischen Fürstenthum und Volksthum machte er
ein voreiliges Facit. Den Schwächen, Launen und Gewohn-
heiten angeerbter Dynasten entzog er, kraft der Revolution,
die Welt, um sie, kraft eigener Gelüste, der Willkür und Bru-

talität militärischer Parvenus preiszugeben, die sich allerdings nicht Fürsten von Gottes Gnaden, wohl aber heuchlerisch Cäsaren nach Volksbeschluß nennen, — heuchlerisch, weil sie diesen Volksbeschluß unter dem Druck der Bajonette erzielen. Somit wurden die schleichenden Fieberschwächen der Erbherrschaft mit der acuten Wildheit des augenblicklichen Dünkels vertauscht, ohne daß die Welt, wozu sie nach der Revolution ein altes Anrecht wieder geltend zu machen hatte, eine freie, sich selbst verstehende und sich selbst regierende geworden. Die Abrechnung, die die Völker mit den Fürsten begonnen, war noch nicht fertig, noch nicht ausgeglichen, als Bonaparte den Schlußpunkt setzte und mit gewaltsamer Faust Alles strich, was zum eigenmächtigen, selbstsüchtigen Facit nicht paßte. Der gallische Cäsarismus ist eine tyrannische, militärische Maschine mit einem gewissen kleinen Rest von Menschenrechten, die wie persönliche Freiheiten aussehen, aber doch den Grundzug ächter Freiheit, die Selbstbestimmung der Völker, vernichten.

Ein Reich germanischer Nation mußte und sollte diese Weltherrschaft des gallischen Kaiserthums stürzen, und Napoleon hat auf St. Helena Recht gehabt, wenn er das Bekenntniß machte, die deutschen Ideologen mit der unwiderstehlichen Gewalt der Aufregung, die sie in der Jugend entzündeten, hätten ihn gestürzt. Dies Element hatte der Corse mißkannt und mißachtet. Fichte war der Vorfechter dieser deutschen Ideologie, der Blücher des deutschen Denkens, der Marschall Vorwärts im Befreiungskampf, nur daß ihm kein

Fürst, sondern der Genius des Deutschthums das Schwert des Geistes dazu in die Hand drückte. Preußen hat das Meiste gethan im Werk dieser Befreiungskriege, aber in Fichte's Sinne lag kein Großpreußenthum. Preußen war ihm nur Mittel zum Zweck, und Zweck war ihm ein Reich deutscher Nation, ein Reich von Freibürgern, die den Staat selber machen, weil sie der Staat selber sind und mit germanischem Sinn den Grundstein legen zu einer großen Völkerrepublik, gleichviel ob Fürsten dabei mitarbeiten, helfen und siegen oder daran zu Grunde gehen.

„Ich rede für Deutsche schlechtweg, von Deutschen schlechtweg", sprach Fichte in seinen großen Reden zu Berlin, „nicht anerkennend, sondern durchaus bei Seite setzend und wegwerfend alle die trennenden Unterscheidungen, welche unselige Ereignisse seit Jahrhunderten in der einen Nation gemacht haben." Wir waren in der That uns entfremdet, charakterlos geworden, entdeuscht. Charakter haben und deutsch sein, sagte Fichte, sei gleichbedeutend, unsere Sprache habe dafür keinen besondern Namen. „Wir müssen wieder werden, was wir ohnedies sein sollten, Deutsche!" rief Fichte, umringt von französischen Machthabern, belauscht von Spionen und unter dem klingenden Spiel der kaiserlichen Soldatesca. Napoleon sagte zum Schauspieler Talma: Schaffen Sie mir Helden! Und in der That an glänzenden kaiserlichen Theaterhelden, prahlenden und prunkend aufgeschmückten, hat es nicht gefehlt und fehlt es nicht den Franzosen unter beiden Kaiserreichen. Von Fichte dagegen sagte ein Zeitgenosse, er

habe gesprochen als wollte er große Menschen machen. Und
es war groß von ihm selbst, von seinem Volke groß zu denken.
Dem deutschen Volke, sagte Fichte, gehört die Entwicklung
der Zukunft der Menschheit. Diesen stolzen Glauben gab er
den politisch und social untergegangenen Deutschen seiner
Zeit, er gab ihnen den Muth zu dem Beruf, ein Reich der
Freiheit und Gerechtigkeit hinzustellen mitten unter der Knechtschaft des Eigennutzes, der seine Triumphe fast in ganz Europa feierte. Geschichte ist für Fichte überhaupt die Entwicklung der Menschheit zur Freiheit aus der Gebundenheit
der Natur heraus. Und im göttlichen Weltplane, sagte er,
liege vorgezeichnet die Mission der deutschen Nation: alle besondern Volkseigenthümlichkeiten siegreich in sich zusammen-
zufassen unter dem Banner der freien Persönlichkeit. Selbst
niedergeworfen und als Beute eines Siegers sei Deutschland
kein sichres, sondern ein verhängnißvolles Geschenk, denn der
Deutsche lerne wie einst Held Hermann der Cherusker vom
Feinde die Kunst, zu fechten, um ihn dann mit dessen eignen
Waffen zu besiegen. Als Träger eines Reiches menschlicher
Zukunft sei der germanische Stamm unverwüstlich. Auch in
seiner „Staatslehre" erläutert das Fichte. Der Einheits-
begriff unsers Volkes sei noch gar nicht verwirklicht, sei noch
ein Postulat der Zukunft. Ein Deutschland müsse erst geschaffen werden; auch habe es ja gar keine Grenzen. Der Um-
kreis fehle, nur das Centrum sei unzerstörbar gewiß, dies
Centrum aber sei die Freiheit des Ichs, aus der der Bürger
der Freiheit, der Deutsche, „ein wahrhaftes Reich des Rechts"

darstellen werde, „wie es noch nie in der Welt erschienen ist, in aller der Begeisterung für die Freiheit der Bürger, die wir in der alten Welt erblicken, aber für Freiheit, gegründet auf Gleichheit alles dessen, was Menschenangesicht trägt. Nur von den Deutschen, die seit Jahrtausenden für diesen großen Zweck da sind und langsam ihm entgegenreifen, ist die Entwicklung dieser Reichseinheit zu erwarten; ein anderes Element ist dafür in der Menschheit nicht vorhanden." (Staatslehre 1812. Sämmtl. W. IV. 423.) Gegen die Geschichte und der Geschichte der letzten Jahrhunderte zum Trotz müsse ein Reich germanischer Nation, selbst über den Staat hinaus, gebildet werden. Das sei der Deutschen Beruf. Bis jetzt seien die Deutschen behindert, Deutsche zu werden, ihr Charakter liege in der Zukunft, in der Hoffnung auf eine neue glorreiche Geschichte. Diese Epoche fordern, heißt sie schon halb beginnen, denn in der Zuversicht der Willenskraft zu sich selbst liegt die Gewährschaft für jede That. Für ein neues Deutschland müsse uns das nationale Selbstbewußtsein selbst den Boden erst schaffen; unsere Metaphysik, sagte Fichte, mache uns unsere Geschichte und unsern Staat. In den „Reden an die deutsche Nation" sagt er, die geschlossene Existenz einer solchen Nation mehr voraussetzend und fordernd: „War es im ewigen Rathschluß einmal bestimmt, daß der deutsche Name untergehen sollte, so war es besser, dieser Untergang geschah ehedem im alten Römerreiche, denn jetzt unter dem neuen Reiche des gallischen Römerthums. Geht Ihr zu Grunde, Deutsche, — rief er und schüttelte eines Jeden Brust — so geht mit Euch zugleich alle Hoffnung des gesammten Menschengeschlechts auf Rettung aus der Tiefe seiner Uebel zu Grunde. Wenn Ihr versinkt, so versinkt die ganze Menschheit mit, ohne Rettung einer einstigen Wiederherstellung!" Bis auf diese Spitze hinauf hob er das nationale Selbstgefühl in Gedanken. Und seine Gedanken entstiegen dem Schooß eines tiefen Instincts. Wir fühlen, nach all den Verkümmerungen zur politischen Neugestalt eines Germaniens, noch heute leise mit ihm: Der Untergang des deutschen Volks würde der Untergang der Cultur sein. — Nach Fichte kann der Mensch auch den Glauben an seine persönliche Unsterblichkeit nur bewahrheiten, wenn er ein Vaterland bauen hilft, in welchem er selbst fortlebt. Sich einen Himmel auf Erden schaffen, heißt — wie es in seiner achten „Rede" lautet — ein staatliches Vaterland gestalten. Wie die letzte gesteigerte Mahnung und Forderung der Sibylle klang Fichte's Wort in Berlin: „Bedenket, Ihr seid die Letzten, die noch gehört von einem deutschen Leben, deutschen Staat. Wie lange wird's währen und es lebt Keiner mehr, der Deutsche gesehen!" Es war im Winter von 1807 zu 1808, als er, wie er selbst gestand, „auf die Gefahr des Todes hin" Sonntags nach der Kirche im runden Saal der Berliner Akademie diese seine markerschütternden „Reden" hielt. Er wäre gern Feldprediger gewesen; er hat sich auch zweimal, aber vergebens, dazu angeboten. Da er nicht mitfechten, nur reden durfte, so sprach er Schwerter und Blitze, und das Schwert und der Blitz seiner Rede hat mehr als Kanonen-

donner gewirkt; er nahm den Zeitgenossen das Gefühl der
Erbärmlichkeit vor sich selber, gab ihnen Zuversicht und
Glauben an sich selbst wieder, deckte ihnen die geheimen
Quellen der Macht des Geistes auf, lehrte ihnen Unerschrocken=
heit gegen vollendete Thatsachen, die der Sturm der nächsten
Stunde verweht, gab ihnen Selbstgefühl und lehrte sie stolz
sein, Deutsche zu heißen, beschwor sie aber, zu sein und zu
werden, was sie heißen, selbst einer Welt in Waffen gegen=
über. Die freie Selbstbestimmung der Willenskraft als die
göttliche Macht aller Ereignisse zu proclamiren, das eigene
Ich im Busen des Einzelnen, im Busen und der Gesammt=
kraft eines Volkes für den einzigen unüberwindlichen Sieger,
für den alleinigen Schöpfer einer richtigen Weltordnung zu
erklären, selbst wenn Blut diese Schöpfung auf Leben und
Tod besiegeln sollte: — das war der Athemzug, der einen
heiligen Krieg anfachte, einen Krieg, den der Spanier hinter
Busch und Berg mit zäher Langmuth führte, der Russe sogar
im Brand seiner Kirchen und Altäre begann, der Deutsche
aber, der in seiner Brust die beste Brustwehr trägt, nach
langem Leid und langer Schmach in offener Feldschlacht zu
führen lernte. Vielen war Fichte sicherlich ein Prediger in
der Wüste erschienen, der wenig Glauben gewann, und die
im Amt Hochgestellten und Weisen im Staate Preußen
rümpften in der That die Nase, zogen die Schultern, klopf=
ten ihm höchstens vielleicht wohlwollend auf die Schulter,
ihn officiös, wenn auch nicht officiell bedeutend, er
möge sich in Acht nehmen; schützen werde und könne man ihn

nicht! Unbeugsam, trotzig, schroff: so mußte er sein, der
große Vorkämpfer jener Freiheitskriege, die erst wieder ein
Deutschland möglich machten, obschon Fürsten und Diplo=
maten zwischen der Möglichkeit und der Erfüllung der Wirk=
lichkeit die große Kluft offen ließen. Auch Blücher, der Mek=
lenburger, fluchte, daß die Feder immer wieder verdarb,
was der Degen gut gemacht. Der deutsche Bauerntrotz, in
Fichte's Schulter- und Schädelbau deutlich ausgesprochen,
mußte diesem Freidenker innewohnen, wenn er Der sein
sollte, der seinem Volke ein neues Herz in den Busen setzte.
Und dies neue Herz war eigentlich nur das alte Herz deut=
scher Ehrlichkeit und Ehre; aber der Muth eines Luther, ja
die Verwegenheit eines Bauernführers Thomas Münzer ge=
hörte dazu, den Zeitgenossen die Scham auf die Wange zu
treiben im Anblick dessen, was Deutsch sein sollte und was
aus Deutschland geworden. Und wenn er vom Frankenkaiser
als einer Ausgeburt des Egoismus ein Bild entwarf, das er
dem Urbilde gleichsam ins Antlitz warf, so daß man beides
schier verwechseln konnte, so mußte er vom imperatorischen
Dictator fast selber etwas in seiner Natur haben, wie ja so=
gar sein Aeußeres in der untersetzten, kurzhalsig felsenfesten
Musculatur bis zur Gewaltsamkeit der energischen Kinnlade
als etwas Napoleonisches gedeutet wurde. Das Bild, das
Fichte von Napoleon entwarf, war gewiß das treffendste,
das es gab und giebt. Seine Zeichnung dieser unheilvoll
mächtigen Gestalt liegt mitten inne zwischen den Auffassun=
gen Goethe's und Blücher's. Für Goethe war Napoleon

der fataliſtiſche, aber zugleich bewundernswürdige Genius des Jahrhunderts, dem ſich die Völker nicht entwinden würden. Blücher im Gegenſatz ſeiner ganz niedrigen Faſſungsart rief: Wenn ich ihn kriege, laſſ' ich ihn aushauen! Denjenigen, der das geſammte Zeitalter erſchütterte und durchſchüttelte, als Buben zu nehmen, iſt gewiß ſo beſchränkt und roh wie möglich, während freilich heutzutage nach Anweiſung des kaiſerlichen Autors im zweiten Kaiſerreich ſelbſt die ganze Weltgeſchichte verfälſcht zu werden droht, um im großen Corſen einen Lichtbringer für die Völker, einen wahren Boten Gottes und der Freiheit zu feiern. Es giebt aber Naturen, die, wie alle Gødegieſel in den Schickungen der Völker, mehr blos große Ereigniſſe als große Perſönlichkeiten ſind; nur die Hinfälligkeit und Nichtigkeit der Andern macht ſie groß. Fichte's Anſicht ſtreift hieran. Er nahm Napoleon als den Dämon des Jahrhunderts, als den Dämon der Selbſtſucht, den das neue Geſchlecht nur überwinden könne, wenn es in ſich ſelber, aber im guten Sinne, die gleich ſtarke Gegenkraft dreiſter Entſchließung und Rückſichtsloſigkeit aufrief. Und in der That, gegen den Dictator der wälſchen Gewalt und Liſt erhob ſich in den „Reden" ein Dictator des deutſchen Gedankens, ihm die Endſchaft ſeines egoiſtiſchen Weltreichs in der freien Entſchließung der Völker verkündend. Fouqué hat Fichte im „Sigurd" als Propheten der neuen Zeit gefeiert, und wenn dieſe akademiſchen Reden kurz nach Schillers „Wilhelm Tell" gehalten wurden, in welcher Dichtung zuerſt die eigentlich poetiſche Prophetie des Jahrhun-

derts erklungen war, so ließ die neue Zeit, welche Fichte wider
Napoleon heraufbeschwor, auch gar nicht lange auf sich warten.
„Zum letzten Mittel, wenn kein anderes mehr verfangen will,"
ward den Völkern das Schwert gegeben, sie griffen in den
Himmel und holten ihre Rechte sich herunter, „die droben
hangen unveräußerlich und ewig wie die Sterne selbst." Und
dem Prediger in der Wüste zu Berlin half der Weltgeist nach.
Seiner Mahnung an einen heiligen Krieg, an eine Teuto-
burger Schlacht, wo deutsche Faust massenhaft ein Römer-
heer zermalmte, folgte zunächst die That der Russen, die in
Moskau's Brand das triumphirende Gallierheer verwüste-
ten, bis deutscher Jugend Heldenmuth und gesammte euro-
päische Kraft bei Leipzig den Unbesiegbaren besiegte.

Fassen wir Fichte's persönlichen Lebenswandel ins Auge,
nachdem wir den Kern seines Gedankengangs dargelegt. —
Johann Gottlieb Fichte wurde, eines braven armen Band-
webers ältester Sohn, am 19. Mai 1762 im Dorfe Rammenau, in der sächsischen Oberlausitz, unfern von Kamenz
Lessing's Geburtsort, geboren. Sachsen hat nicht volles Recht,
stolz darauf zu sein, Lessing und Fichte, wie früher Leibnitz,
geboren zu haben; denn außer der Stelle, wo ihre Wiege
stand, hat Sachsen von den Männern nichts aufzuweisen, es
hat sie alle Drei nicht brauchen können, sie von sich ausge-
schieden oder gehen lassen. Preußen aber, auf dessen Boden

sie wesentlich ihr Wirken entfaltet, kann sie auch nicht die
Seinigen nennen; denn sie sahen in Preußen nur eine größere Anhäufung deutscher Elemente, haben nicht für ein specifisches Preußenthum, sondern auch auf preußischem Boden für
ein „Reich deutscher Nation" gearbeitet und gekämpft. Welcher Gestalt dies Reich deutscher Nation politisch ins Leben
treten werde, gehört der Zukunft an; verkennen wir unsererseits nur nicht, wes Geistes Art der Grund ist, den die großen
Vorkämpfer zum Aufbau eines neuen Germaniens gelegt
und erstritten. — Der Knabe Gottlieb hatte ganz Gestalt
und Wesen deutscher Bauernnatur, die hartnäckig in sich
gefaßte und auf sich trotzende Figur und Sinnesart, die in
der Sprache des Franzmannes einen homme carré bezeichnet.
Vom Vater Weber hatte er neben der Gottesfurcht, die ihn
zum Ablesen des Morgen- und Abendsegens am Heerd der
Familie anhielt, auch das sinnende, brütende Mitsichselbstver-
kehren. Auch ward er zum Handwerk des Alten bestimmt,
während Deutschlands Genius nach des Ewigen Weltplan
es gerathener fand, ihn nicht am Webstuhl des Vaters,
sondern am Webstuhl des Jahrhunderts seinen Platz und
seine Arbeit finden zu lassen. Schwerfällig, aber voll innerer,
zurückgehaltener Feuerkraft, mag der Knabe nicht allzu schnell,
aber desto nachhaltiger in seiner Entwickelung gewesen sein,
bis ein gütiger Zufall seine versteckte Eigenthümlichkeit ans
Licht brachte. Im Schlosse zu Rammenau war eines Sonntags
nach dem Gottesdienste ein Gast des Hauses, ein Kammerherr
v. Miltitz, eingetroffen, der es bedauerte, zu spät gekommen zu

sein, um den Pastor Loci zu hören. Scherzhaft wurde ihm ein Bube im Dorfe bezeichnet, der im Stande sei, ihm die ganze Predigt aus dem Gedächtniß herzusagen. Der Bube ward geholt und im leinenen Kittel stand der neunjährige Gottlieb Fichte vor den Herrschaften, Anfangs schüchtern, aber im Verlauf immer feuriger die Rede des Predigers wiederholend. Alles staunte und der Kammerherr nahm den Knaben mit sich auf sein Gut bei Meißen, ließ ihn von seinem Pastor erziehen und die nahe Stadtschule besuchen. Die Fürstenschule Pforta ward dann seine weitere Bildungsstätte. Dieser wäre er fast entlaufen. Die pedantische Zucht der Schüler unter einander, namentlich eines despotischen „Obergesellen" reifte in ihm den Entschluß zur Flucht; mitten auf dem Wege aber unter Gottes freiem Himmel — er wollte wie Robinson eine wüste Insel aufsuchen — überkam ihn im Gebet der Gedanke an seine Eltern und mit der Kraft der Selbstüberwindung trieb ihn sein Gewissen in die Anstalt zurück. Sein offenes Geständniß gewann ihm des Rectors Herz und er kämpfte sich muthig durch. Neunzehn Jahre alt bezog er als Theologe die Hochschule zu Jena, dann zu Leipzig. Sein Gönner starb, seinem Vater blieben noch sieben jüngere Kinder zu ernähren und Gottlieb mußte darben bei Correcturarbeit und Stundengeben. Den Candidaten hörten die Eltern dann in der Heimath predigen, während er eine Hauslehrerstelle suchte, da das kurfürstliche Consistorium nicht von der Art zu sein schien, einen freimüthigen Mann Gottes zu befördern. Er hat über die „mehr als spanische Inquisition" seiner Heimath gescholten, nachdem ihn später das kurfürstliche Dresden des Atheismus geziehen. Ein geborner Redner, schwankte Fichte lange zwischen Kanzel und Katheder; die Noth aber trieb ihn wiederholt in's Ausland. Man kennt auch metrische Arbeiten von ihm aus jener Zeit und eine Novelle: „das Thal der Liebenden", die Band 8 der sämmtlichen Werke aus seinem Nachlaß brachte.*) Der Dichter und wohlbestallte Kreissteuereinnehmer Weiße, der holde „Kinderfreund", rettete ihn vor Verzweiflung und verschaffte ihm eine Hauslehrerstelle in Zürich. Ein gleich rüstiger Fußgänger wie zwei Jahre später Seume, der Wandersmann nach Syracus, wanderte Gottlieb Fichte über Nürnberg dem Schweizerlande zu, wo er, unter Freibürgern, den Beginn der Revolution erlebte. Er wollte in Zürich eine Schule errichten, in der sich Jünglinge systematisch zur Fertigkeit der freien Rede heranbildeten; so sehr bekundete sich wiederholt in ihm das Wesen des Redners, der, Mann gegen Mann, sein Alles mit

---

*) Man hat aus späterer Zeit auch Sonette von Fichte; sie sind undichterisch wegen des gehäuften Gebrauchs abstracter Umschreibungswörter; und ein Drama: „der Tod des heiligen Bonifacius", zu dem ihn die Idee des Opfertodes begeisterte. Auch sein begeisterter Brief an Schiller über die Berliner Aufführung der Natürlichen Tochter (s. Deutsche Charaktere, Bd. 3, S. 338) bezeugt, daß er in der Poesie nur Sinn für ideelle Abstractionen und Begriffsbestimmungen hatte. Wichtiger für Fichte's Styl und Sprache war seine Uebersetzung des ganzen Sallust und mehrerer Stücke von Montesquieu. Auffälliger Weise war Cicero unter den Alten sein Lieblingsautor, dem er in der Satzbildung mitunter sogar nacheiferte, während die gebundene Kürze und Schlagkraft des Tacitus weit mehr in seiner Natur lag. In einer Abhandlung über Klopstock's Messias hat er die unpoetische Wirkung der theologischen altmodigen Orthodoxie gerügt.

sich und seine geistigen Waffen jederzeit kampffertig bei sich
führt. Bedeutungsvoll war in der Schweiz für ihn auch
sein Verkehr mit Pestalozzi, welcher dem jungen Geschlecht
eine Bildung zu geben gedachte, die nicht Selbstzweck ist,
sondern nur Mittel zum allezeit fertigen Handeln. Von Dauer
war ein anderer Gewinn in der Schweiz für den Menschen
Fichte; eine Nichte Klopstock's, Johanna Rahn, ward in Zürich seine Braut. Seines Bleibens war freilich dort nicht;
eine schweizerische Republik war zu eng, einem Ausländer
den Boden zu gönnen. Sein Beruf als Prediger war noch
nicht beseitigt in ihm, allein sein Vaterland Sachsen blieb
ihm verschlossen dafür. Er wollte jetzt Menschen erziehen, aber
nicht mehr Kinder, sondern Erwachsene, womöglich Prinzen; er
suchte in der That, von Lavaters Bemühungen unterstützt,
eine Lectorstelle an einem Fürstenhofe, mußte sich aber, wie
er sich selbst ausdrückt, abermals begnügen, „die zärtlichen
Zweige eines sächsischen Edelmannes zu beschnitzeln". Da erst,
im Juli 1790, begann er sein Studium Kants und der kate-
gorische Imperativ ward seitdem das Axiom seines sittlichen
Philosophirens. „Nicht Glückseligkeit, Glückwürdigkeit ist
der Zweck unsers Daseins!" Dies Wort Fichte's datirt schon
aus jener Zeit. Ihm fehlte dazu nur ein Stück Brot, nach
dem er abermals in Leipzig bitterschmerzlich suchte. Warschau
lockte mit einer Erzieherstelle beim Grafen P., und der rei-
sende Pädagog griff wieder zum Stabe. Zwischen prächtigen
Palästen Einsturz drohende Hütten: so schilderte er Warschau, ein Bild des ganzen Volkes und Staates der Polen.

Aber dem französirten Grafen mißfiel der derbe deutsche
Hauslehrer, der ohne Perrücke, mit vorne kurzgeschnittenem
Haar und Locken im Nacken, mit breiten muskelstarken Schultern, mit blutvollem Angesicht und stark vorspringender
„ketzerischer" Nase, wie er selber sein Riechinstrument bezeichnete, so äußerst wenig salonmäßig erschien. Es kam nicht
zum Antritt der Informatorstelle; er bestieg noch als Gast-
prediger in Warschau die Kanzel und verließ dann die Polen-
stadt, um bei Kant in Königsberg zu hospitiren. Er fand
des Altmeisters Vortrag schläfrig, und schrieb dort anonym seine
„Kritik aller Offenbarung", ein Werk, das zu Kant's Buche:
„Die Religion innerhalb der Grenzen der bloßen Vernunft"
nicht ein Nachzügler, sondern ein Vorläufer war. Man hielt
es auch in der That für ein Werk Immanuel Kant's, bis dieser
öffentlich dem widersprach und Fichte als Verfasser nannte.
Hiermit war der Jünger eingeführt und sein Ruf begann.
Später ward dem alten Herrn Fichte's Kühnheit zu keck und
unbequem, und er wies jede Gemeinschaft mit solcher Fort-
führung und Ergänzung seines eigenen Denkens entschieden
und unwirsch von sich. Leider hat Fichte ihn in seiner
Noth und Bedrängniß damals auch „angepumpt" und war
höflich abgewiesen, dagegen von ihm als Hauslehrer dem
Grafen Krockow bei Danzig empfohlen. Dort, in einem
feingebildeten und zugleich für tiefere Eigenthümlichkeit nicht
verschlossenen Kreise blieb Fichte bis ins Jahr 1793. Seine
„Kritik aller Offenbarung" erregte währenddessen Aufsehen
und machte Glück. Er verspottete jetzt das Wöllner'sche Re-

ligionsedict und that dann einen kecken Schritt weiter ins Gebiet der Politik. Stand doch das Gewitter der Revolution nicht mehr am Horizont, sondern im Zenith des Zeitalters, um die höchsten Scheitel zu treffen! Seine Feder eiferte gegen „die Unrechtmäßigkeit des Büchernachdrucks", schrieb (1792) seine „Rückforderung der Druckfreiheit von den Fürsten Europa's" und drang dann auf den Kern der Sache im Laufe der Zeitentwicklung: „Zur Berichtigung der Urtheile des Publicums über die französische Revolution". Heft 1, noch im Krockow'schen Hause geschrieben, untersucht und bejaht in abstracto die Frage, ob ein Volk das Recht habe, seine Staatsverfassung zu ändern. In Zürich (1793), wohin er, um seine Verbindung mit Johanna zu feiern, zurückkehrte, hat er in Heft 2 die Verhältnisse von Adel und Kirche im Fall einer solchen berechtigten Staatsumwälzung erläutert. Er ward damit nicht zum politischen Parteiführer, aber legte darin den Grund zur ganzen Reihe seiner rechtsphilosophischen Werke: „Grundlage des Naturrechts" (1796), „der geschlossne Handelsstaat" (1800), „Grundzüge des gegenwärtigen Zeitalters" (1804), „Rechtslehre" (1812), „Staatslehre" (1813). Manche rigoristische Uebereilung der ersten Schrift, im Eifer gegen die Versumpfung der alten Zeit verfaßt, hat er zurückgenommen, der Kern seiner Anschauungen und Beweise blieb. Und die Machthaber bezeichneten ihn als Demokraten, verfolgten auch als sie später den Atheisten anklagten, eigentlich nur die Demokratie in ihm. Seine Berufung nach Jena an Stelle des nach Kiel abgegangenen Reinhold nannte

Goethe „Kühnheit, ja Verwegenheit". Als ob mit dem Gegentheil dem Zeitalter gedient gewesen wäre, um die Stürme, die über die Menschheit heraufzogen, zu beschwören! In Zürich war für Fichte auch bei seinem zweiten Aufenthalt kein bleibender Wirkungsraum möglich geworden; seine Hochzeitsreise führte ihn noch nach Richterswyhl zum Verfasser von „Lienhard und Gertrud"; dann folgte er dem Rufe Karl Augusts, der ihm nur 200 Thlr. Gehalt zu bieten hatte, aber wiederholt seine Lust an kühnen Geistern damit bethätigte.

Am 23. Mai 1794 begann Fichte mit einer Vorlesung „über die Bestimmung des Gelehrten" seine fünfjährige Professur in Jena; seine „Wissenschaftslehre" setzte das Thema fort. Der größte Hörsaal faßte nicht die zuströmende Menge; sein sprudelndes Kraftgefühl und starkmuthiger Humor spricht sich über den Erfolg in seinen Briefen an die Gattin aus, die ihm alsbald aus der Schweiz nachgefolgt war. Ein Hörer und Augenzeuge, Forberg, schrieb über den Lehrer: „Der Grundzug von Fichte's Charakter ist die höchste Ehrlichkeit. Ein solcher Charakter weiß gewöhnlich wenig von Delicatesse und Feinheit. In seinen Schriften kommen auch wenige eigentlich schöne Stellen vor; sein Trefflichstes hat immer den Charakter der Größe und Stärke. Seine Grundsätze sind streng und wenig durch Humanität gemildert; gleichwohl verträgt er Widerspruch und versteht Scherz. Sein Geist ist ein unruhiger Geist; er dürstet nach Gelegenheit, viel in der Welt zu handeln. Fichte's öffentlicher Vortrag rauscht daher wie ein Gewitter, das sich seines Feuers in einzelnen Schlägen entladet. Er rührt nicht, aber er erhebt die Seele. Reinhold, sein Vorgänger, wollte gute Menschen machen; Dieser will große Menschen machen. Sein Auge ist strahlend und sein Gang ist trotzig. Durch seine Philosophie will er den Geist des Zeitalters leiten; er kennt dessen schwache Seite, darum faßt er ihn von Seiten der Politik. Er dringt in die innersten Tiefen seines Gegenstandes ein und schaltet im Reiche der Begriffe mit einer Unbefangenheit umher, welche verräth, daß er in diesem unsichtbaren Lande nicht nur wohnt, sondern herrscht." An seinen Vorträgen und Schriften arbeitete Fichte unermüdlich; seine Wissenschaftslehre gestaltete er (von 1794 bis 1813) sechs- bis siebenmal um und jede dieser Umgestaltungen war ein neuer Versuch, "zum Verstehen zu zwingen." Die Härte und Schwere seines Styls räumte er nicht ein, er verlangte von seinen Schriften lauten Vortrag; in der Declamation, war er der Meinung, schwinde, was man ihm als Härte vorwerfe. Er war eben Redner im vollen Sinne des Wortes; das Schreiben erschien ihm nur als Nothbehelf. Er lehrte nichts systematisch, sondern dachte laut, lehrte lernen, ähnlich wie Lessing. Sein Vortrag ging auf den Mann und rief in jedem einzelnen Ich das allgemeine Ich und Bewußtsein der Menschheit auf, wie Schiller als Dichter. Seine Lehre predigte nicht objectiv sein sollende Weisheit, sondern rief das Subject zur Gesinnungstüchtigkeit und zum freien selbstbewußten Handeln auf. Als er gegen den faulen Comment der Corps und geheimen Orden unter der Studentenschaft eiferte und dafür Steinwürfe gegen sein

Fenster erntete, widerlegte er vom Katheder diese falsche Beweisart gegen seine Lehre, und seine Zuhörerschaft geleitete ihn im Triumph nach Hause, wie ein Augenzeuge, der spätere Bremer Bürgermeister Smidt, erzählt. Nur auf kurze Zeit zog er sich aus Unwillen gegen die Indolenz des schon eifersüchtigen Senates von dem wüsten Treiben einer ihn mißverstehenden Partei zurück. Daß aber Männer aus den Drachenzähnen, die er säete, entstehen sollten, ward den Machthabern bereits bedenklich, und die Gelegenheit, ihn zu stürzen, fand sich bald. Eben jener Forberg, damals Schulrector in Saalfeld, lieferte ihm für sein „Philosophisches Journal" einen Aufsatz voll skeptischer Betrachtungen über die Gottheit, welche die Vernunft nicht anerkennen könne, die Religion aber im Glauben bestehen lassen müsse. Fichte nahm den Artikel: „Ueber die Gründe unseres Glaubens an eine göttliche Weltregierung" auf, gab aber seine Widerlegung daneben, mit dem Hinweis, daß Gott, obschon ein Geheimniß, doch als moralische Weltordnung von der Philosophie zu begreifen sei. Er bekämpfte also die Skepsis des Atheisten, aber nur mit philosophischen Gründen, nicht mit den Formeln der kirchlichen Dogmen. Die kursächsische Regierung erließ an den Weimarischen Hof eine Beschwerdeschrift, beschuldigte die Verfasser beider Aufsätze des „gröbsten Atheismus", verbot das Journal und drang auf Bestrafung unter dem Androhen, den Besuch der thüringischen Hochschule zu verbieten. Gegen das Verbot seines Journals erhob sich Fichte (1799) in einer „Appellation an das Publicum", gegen die Anklage des

Atheismus in einer „Gerichtlichen Verantwortung", in der er den Unsinn nachwies, ihn, der das Göttliche für das einzig Reale halte und die Sinnenwelt negire, der Gottlosigkeit zu zeihen. In der That kann Fichte's Lehre eher des Akosmismus bezüchtigt werden, da sie das Nicht-Ich für nichtig erklärt. Moralität und Religion sind absolut Eins, sagt Fichte in seiner „Appellation", beides ein Ergreifen des Uebersinnlichen, das erste durch Thun, das zweite durch Glauben." Den eigentlichen Grund zur Verfolgung sah er mit Recht in seiner Wahrheitsliebe, im Geist der Freiheit und Selbständigkeit, zu der seine Lehre erzieht; er schalt seine Verfolger Obscuranten, der Gott Derer, die ihn Atheisten schälten, sei nur ein Götze. — Der Weimarische Hof war nicht gewillt gewesen, Fichte als Ketzer verurtheilen zu lassen; mit einer amtlichen Rüge „wegen Unvorsichtigkeit" in den Ausdrücken glaubte man dem Dresdener Hof zu genügen und den Angeklagten schonend behandeln zu können; man hatte ihm durch den befreundeten Schiller von seinem kategorischen Vorgehen, mit dem er als Gegenkläger auftrat, abrathen lassen. Fichte aber, überhaupt kein Mann des gütlichen Beilegens und diplomatischen Vertuschens, wollte Entscheidung, wollte „sich für immer Ruhe verschaffen oder muthig zu Grunde gehen." Seiner trotzig barschen Drohung, den Abschied fordern zu wollen, kam man zuvor und gab ihm, womit er drohte. Goethe, dem Fichte's ganze Natur zu „schroff" und zu „unkünstlerisch" war, hat für seine Dienstentlassung gestimmt; er erklärte, er würde bei so stolzer und drohender Sprache wider ein Gouvernement, selbst gegen seinen eigenen Sohn votiren. Fichte hat später bereut, daß er nur gegen seine Ankläger, nicht gegen sich selbst im vollen Recht geblieben; er hätte sich mit ihnen nicht auf ihrem Felde einlassen sollen, darum sei ihm ganz recht geschehen, daß sie ihn überlistet. Vermittelnde Versuche schlugen fehl, wiederholte Petitionen der Studierenden wurden selbst vom Herzog unmuthig zurückgewiesen. Goethe aber irrte sich, wenn er im August 1799 an Syndicus Schlosser schrieb: "Was Fichte betrifft, so thut mir's immer leid, daß wir ihn verlieren mußten, und daß seine thörichte Anmaßung ihn aus einer Existenz herauswarf, die er auf dem weiten Erdenrunde, so sonderbar diese Hyperbel klingen mag, nicht wiederfinden wird. Je älter man wird, desto mehr schätzt man Naturgaben, weil sie durch nichts können angeschafft werden. Er ist gewiß einer der vorzüglichsten Köpfe, aber wie ich fast fürchte, für sich und die Welt verloren." Fichte war nicht verloren; im Gegentheil, sein Stern und sein großer Wirkungskreis ging ihm erst in Preußen auf.

Er war Anfangs allerdings überrascht, plötzlich amtlos, wenn auch nicht heimathlos geworden zu sein. Er dachte an das mit dem linken Rheinufer französisch gewordene Mainz, dessen Universität neugestaltet werden sollte; er warb sogar deutsche Gelehrte für diesen Plan; er wäre dort vielleicht ein Genosse Forsters geworden. Er, der später den Franzosenkaiser stürzen half. Da bot sich in Berlin ein Asyl; Männer wie Beyme waren dort just am Ruder, die mächtige

Genossenschaft der Freimaurer bereitete ihm den Boden und Friedrich Wilhelm III. hatte die biedermännische, ehrsam naive Anwandlung, zu äußern: „Ist Fichte ein so ruhiger Bürger, als uns aus Allem hervorgeht, und so entfernt von gefährlichen Verbindungen, so kann ihm der Aufenthalt in meinen Staaten ruhig gestattet werden. Ist es wahr, daß er mit dem lieben Gott in Feindseligkeiten begriffen ist, so mag dies der liebe Gott mit ihm abmachen; mir thut das nichts." Dem entsprach auch die Antwort des Berliner Cabinets auf den Dresdener Antrag, Fichte's Journal zu verbieten. Wo Preußen seinen Vortheil und seine eigentliche Aufgabe verstand, war es allezeit freisinnig; es verstand und versteht nur beides nicht immer aus Dünkel und Hochmuth.

Schleiermacher war damals in Berlin Prediger an der Charité; mit ihm und Friedrich Schlegel trat Fichte in Verkehr, besonders im Kreise der geschiedenen Frau Dorothea Veit, Mendelssohns Tochter, nachherigen Gattin Schlegels, auch mit dem Sprachforscher Bernhardi und dem treuen Arzte Hufeland. Ein neues Werk: „Die Bestimmung des Menschen" beschäftigte ihn sofort. Zum Mitglied der Akademie vorgeschlagen, erhielt er unter den Einflüssen des feindlichen Nicolai zwei Stimmen Mehrheit gegen sich. Er hatte auch später noch zu kämpfen gegen den selbstgenügsamen Dünkel flacher Verstandesaufklärerei. Nicht minder empörte ihn der leere und frivole preußische Wahn, auf Oesterreichs Niederlage als eine Sache des eigenen Vortheils hoffen zu können. Mit scharfer Lauge geißelte er diesen Separat-

Patriotismus, der, sich noch auf den Staat des großen Friedrich stützend, sich steif aufblähte und stumpfsinnig beschränkt nach egoistischen Einzelvortheilen geizen wollte. Es war im Jahre 1805, als Fichte in einer Gesellschaft, wo man die Besiegung Oesterreichs als ein Heil für sich pries, zornig aufsprang und ausrief, es werde kein Jahr vergehen, so werde man diese Niederlagen höchlichst bedauern. Und in der That, es verging kein Jahr, und trat das Bedauern noch nicht ein, so geschah's nur, weil der hohle Hochmuth sich plötzlich in eine feige Verzagtheit verkehrte, die nirgend mehr Hülfe wußte. Der Kreis, der in Fichte's Wohnung (auf der Neuen Promenade im dritten Stock des Hauses, das jetzt seit dem 19. Mai 1862 eine Gedenktafel trägt) sich zu seinen Vorträgen um ihn schaarte, war eine geringe Anzahl edel Denkender, deutsch Gesinnter. Berufungen nach Charkow in Rußland und Landshut in Baiern schlug Fichte aus; er erhielt den Lehrstuhl in Erlangen, wo freilich seine Thätigkeit bald genug unter den Folgen der Schlacht bei Jena unmöglich wurde. Auch Berlin war kein Hort mehr für ihn, und nachdem sein Lehramt auf Königsberg übertragen war, schien er auch dort vor den Nachstellungen der Sieger von Eilau und Friedland nicht sicher. Bleiben, um dem Kaiser der Gallier „präsentirt" zu werden, ihm zu huldigen, wie sein Freund Johannes Müller, oder sich huldigen zu lassen wie Goethe, war ihm, dem ehrlich Schroffen, unerbittlich Biderben, ein Gräuel. Auf dem Katheder Kant's hat er prophetisch eine ideale Republik der Deutschen des 22. Jahrhunderts verkündet und seine Gegenwart als elende Vergangenheit geschildert, die Zerfallenheit des Vaterlandes in der Verblendung der Fürsten, Erbärmlichkeit des Adels, Habgier und Feigheit aller Classen aufgedeckt. Er schrieb von dort: „Wie tief, tief, tief die höchsten Angelegenheiten der Menschheit zerrüttet, welchen unwürdigen Händen sie anheimgefallen sind, weiß ich jetzt. Wie ich die Menschen diesen Winter kennen gelernt, läßt sich nicht sagen. Der Leichtsinn, die Sorglosigkeit mitten im Schiffbruch; daneben Andere, die aus dem Brande so viel zu rauben suchen, als nur irgend möglich!" Er floh über Memel nach Kopenhagen und kehrte erst im Sommer 1807 nach Berlin zurück.

Friedrich Wilhelm, Anfangs im Gegensatz zum Regiment seines Vaters „der Römer", dann „der Gerechte", am besten wohl der ehrsam Naive genannt, hatte abermals einen guten Gedanken gehabt oder sich einflüstern lassen. „Der Staat muß an geistigen Kräften ersetzen, was er an physischen verloren hat!" sprach Friedrich Wilhelm der Dritte und ließ auf Wilhelm v. Humboldt's und Beyme's Rath Pläne entwerfen zur Gründung einer Hochschule zu Berlin. In Zeiten der Noth griffen auch Fürsten wie Völker gern zum letzten Mittel, wenn kein anderes mehr verfangen will von den verbrauchten Dosen dünkelvoller Selbstherrschaft. Was Wilhelm v. Humboldt an Beweggründen vorführte zur Begründung einer Hochschule im Mittelpunkt des Reichs, war nur Ausdruck oder Folge dessen, was Fichte zur Begründung eines freien Reichs der Geister und eines Reiches deutscher

Nation gesprochen. Daß auch dies wieder zu bloßem Bureaugeist verknöcherte, wissen wir, aber Drang und Antrieb waren edel, der Quell zu einer geistigen Neugeburt Preußens groß und rein. Auch Fichte mußte einen Universitätsplan entwerfen; die Pläne von Schmalz, Wolf und Schleiermacher erschienen aber passender. Fichte wollte eine Normalanstalt mit geschlossenem Zusammenleben und Zusammenwirken der Lehrenden und Lernenden. Dieser Spartaner wollte wie Lykurgus Männer für den Staat erziehen, die sich diesem auf Leben und Tod weihen und opfern; er construirte eine fast mönchische Genossenschaft von Professoren und Studenten, in Pestalozzi's Sinn, mit Ausschluß alles Familienzusammenhanges. In Winter von 1807 auf 1808 hatte er in der Akademie der Künste seine 14 „Reden an die deutsche Nation" gehalten; am 15. October 1810 ward die Berliner Hochschule im Palast des Prinzen Heinrich eingeweiht. Schmalz war ihr erster, Fichte ihr zweiter Rector. Als es mit Theodor Körner hieß: „Das Volk steht auf, der Sturm bricht los!" da hat Fichte wiederholt, wie 1806, aber vergeblich eine Stelle im Heere nachgesucht, um als Prediger mit ins Feld zu rücken und im wilden, wüsten Getümmel des Kriegs die angefachte Flamme der Begeisterung fortgesetzt anzufachen und die Seele der großen Volksbewegung wach zu erhalten. Preußen schien abermals wie zur Zeit Friedrich's des Großen, diesmal aber mit ganz deutschen Elementen, den Anlauf nehmen zu wollen, ein deutscher Musterstaat zu werden. Stein, der Befreier des preußischen

Bauernstandes, der Schöpfer der Städteordnung, der Erste in Preußen, der das Zusammentreten der Landstände forderte, war altfreiherrlichen Geschlechts aus Nassau, Scharnhorst, der Schöpfer der preußischen Landwehr, der mit dreimonatlichem Waffendienst ein Volksheer bildete, war eines hannöverschen Bauern Sohn. Stein, auf Napoleons Achtserklärung aus dem preußischen Dienst entlassen, mußte flüchtig werden, Scharnhorst starb schon im Juni des ersten Befreiungsjahres an seinen Wunden in Prag. Der philosophische Landsturmmann aus der sächsischen Oberlausitz, Fichte, hielt im Sommer 1813, als Episode zu seiner Staatslehre, „Vorlesungen über die Grundzüge des gerechten Krieges." Mit den Octobertagen der Leipziger Völkerschlacht schien ihm Ein Ziel erreicht, aber noch während die Verbündeten den Feind verfolgten, überkam ihn ein Trübsinn; er sah schon in der Ahnung die Kraft und Wehrhaftigkeit eines opfermuthigen Volkes von der Engherzigkeit der eigennützigen Selbstsucht, dem Grundzug der alten Zeit, entweiht, entkräftet und wieder ausgebeutet. „Es ist unzweifelhaft, schrieb Kalisch, sein Freund und Jünger, zum Berliner Fichtefeste: hätte ihn die Seuche des Krieges nicht so schnell, so unerwartet dahingerafft, der Friede würde ihn zu seinem ersten Märtyrer gemacht haben." Dies Martyrium vollzog sich noch 1824 an seinen „Reden an die deutsche Nation", denen die Censur in zwei Instanzen die Druckerlaubniß verweigerte. Fichte's Name stand unter den Verfehmten auch auf der Liste der Mainzer Bundescentralcommission. Er starb, ohne diese

Beschämung zu erfahren, an den mittelbaren Folgen des Krieges. Frau Johanna, seine Gattin, hatte zu Berlin mit begeisterter Hingabe im Herbst und Winter 1813 die kranken Krieger in den Spitälern gepflegt. Der Typhus ergriff sie. Langsam genesend, übertrug sie ihm das Gift der Ansteckung und er erlag in der Nacht des 27. Januar 1814. Die Kunde vom Uebergang Blüchers über den Rhein war das Letzte, was er vom wiederauferstehenden Vaterland erlebte und erfuhr. Ein Obelisk auf dem ersten Friedhofe vor dem Oranienburger Thore bezeichnet sein Grab. Ein Spruch aus dem Buche Daniel ihm zu Häupten kündet: „Die Lehrer aber werden leuchten wie des Himmels Glanz, und Die, so Viele zur Gerechtigkeit weisen, wie die Sterne immer und ewiglich."

Fichte's Irrthümer sind verschollen oder erledigt. Seine Lehre vom geschlossenen Handelsstaat ist der Einsicht des vorgeschrittenen Zeitalters gewichen. Fichte bezweckte auch durch sachliches und sociales Abschließen Einheit des Volkes: Ein Geschäft, Ein Staat! Sein Ausschluß der Familie von der Erziehung, die lediglich der Staat übernehmen sollte, ist ein spartanisches Utopien geblieben. Aber Zweck und Ziel dieser seiner Absicht war stark und tüchtig, und eine gesammte Nation in Waffen: dieser Gedanke hat Preußen mächtig gemacht. Von der geschlossenen Gesammtheit der Bürger geht nach Fichte auch die Gesetzgebung aus, selbst die Vertretung nach Außen. Er wollte im neuen Geschlecht der Jugend ein Volk immerdar in Waffen haben, auch geistig, ein sich selbst bestimmendes, sich selbst regierendes Volk. Das Heer hat nach

Fichte dem Willen der Volksgesammtheit, nicht einzelnen Souverainen als Kriegsherren zu gehorchen. Und was Stein 1813 bei der ursprünglichen Einsetzung der deutschen Centralverwaltungscommission bezweckte, ging ebenfalls auf Zusammenfassung aller deutschen Kriegsmittel, auf ein einheitlich gesammtdeutsches Heer, unabhängig von Gelüst, Neigung und Abneigung territorialer Dynasten. Das Parlament der Paulskirche in unsern Tagen hat nicht gekannt und erwogen, was Fichte darüber in seinen „Grundzügen des gerechten Krieges" erörterte.

Die metaphysischen Einseitigkeiten der Fichte'schen Lehre sind von Hegel widerlegt und ergänzt. Der Stoff in Welt und Natur ist dem Ich gegenüber keine träge, todte Masse. Ist der Geist der νοῦς der Welt, so ist doch diese Welt auch auf ihn wirkend und bestimmend. Das Leben ist weder ein Verhältniß von Herren und Dienern, noch ein mathematisches Rechenexempel, es ist ein Proceß und ein Kampf ineinanderwirkender Mächte und Elemente. Die Welt soll so sein, wie ich will, wenigstens die moralische Welt. Ich bin nicht und soll nicht sein der Sclave vorgefundener oder octroyirter Gesetze, sondern Mitfactor der Gesetze in der sittlichen Weltordnung. Das ist das Große in Fichte's Lehre. Aber der Natur gegenüber eigensinnig Recht haben wollen, ist Fichte's Schwäche. Keine Kraft nämlich wirkt allein, auch der Geist nicht. Der Geist ist die Flamme an der Kerze. Ohne den Geist hätte die Natur keinen Zweck. Ohne die Natur aber hätte der Geist keinen Stoff zum Brennen und Leuchten. Der Geist

ist in Erkenntniß und Genuß die zusammenfassende Kraft, die erst Sinn in die Welt bringt, oder vielmehr den Sinn, der in ihr schlummert, erkennt und aufruft. Ohne Geist sieht das Auge weder Sonnenauf- noch Untergang, sondern nur den Wechsel im Bedürfniß zum Wachen und Schlafen, — keinen Regenbogen, sondern nur Tropfen die sich färben, kein Meer, sondern nur Wasser das zusammenschlägt. Die Dinge sind da, aber sie erhalten erst Begriff, Zusammenhang, Gestaltung und Bewußtsein, wenn der Geist sie erfaßt. Die Natur wird erst durch den Geist zu dem, was sie sein möchte, aber nicht von selbst werden kann. Der Geist erst bringt Sinn in die Welt, indem er sie versteht. Er legt aber das Verständniß nicht willkürlich hinein, sondern entnimmt es aus ihr, und so wird aus dem Verstande die Vernunft. Der Geist ist freilich der Egoist, der Alles auf sich bezieht, aber doch nicht um sich dessen prahlerisch zu rühmen, sonst wäre er der Renommist. Er fühlt sich, auch wo er sich als das Bestimmende weiß, doch zugleich als etwas das bestimmt und beeinflußt wird. Er herrscht nicht über die Natur, sondern in ihr, indem er ihre eigenen Gesetze entdeckt, versteht, vollzieht und zum Bewußtsein bringt. — Es bedurfte des Durchgangspunktes der Schelling'schen, oft genug unverständig abirrenden Naturphilosophie, um die Ergänzung der Einseitigkeiten der Fichte'schen Lehre möglich zu machen.

V.

Schleiermacher.

V.

Schleiermacher.

Es war am 12. Februar des Jahres 1834 als Schleiermacher, dieser Lessing der deutschen Theologie, ein Sechsundsechszider, starb. Er starb als Christ und als Lehrer der Kirche. Er hatte unter Kirche immer nur eine Gemeinde verstanden, die sich zu gegenseitiger Erbauung versammelte, und so sah er seine nächste Gemeinde, seine Familie um sich, und betrachtete als deren Priester den letzten Act seines Lebens wie ein letztes Thema zu gemeinsamer Erhebung der Gemüther. Das Triebwerk seines forschenden Geistes schien zu stocken, seine Glaubens- und Zweifelslehre war erschöpft; was nach ihm würde gepredigt und gedeutet werden, hatte ihn wohl in den letzten Lebensjahren viel und mit Sorgen beschäftigt, aber in der Stunde des Todes wandelte ihn keine Bekümmerniß mehr an. Nur auf die Seinigen war sein Blick gerichtet, an ihre Erbauung verwandte er die letzte Kraft seiner Rede, sprach Allen Muth ein, um sich so des eigenen Muthes zu versichern, reichte ihnen das Abendmahl, das er dann selbst nahm, und schloß das Auge, das Tausenden so lange Zeit als ein kluger Stern der Religion geleuchtet, sie vor Unglauben und Aberglauben behütend. Zwischen Beidem hatte er seine ganze Lehre — die Einen sagten: immer in der Schwebe, die Andern: in der richtigen Mitte zu erhalten gesucht, ein Feind des todten Buchstabens und ein ewig sorgsam bemühter Vermittler, um Sinn und Bedeutung der überlieferten Schrift zu erfassen, nie arm an Hülfsmitteln und an Hebeln, um den Geist aus dem Born des Lebens zu schöpfen, selbst nicht verlegen an klugen Auskunftsmitteln und Nothbehelfen. War doch die Art, wie er in der letzten Stunde das Abendmahl genoß, ebenfalls ein Document seiner erfinderischen Exegese, so freilich daß auch hier die Weisheit seines Verstandes nur ein Werkzeug, ja ein Product seines Gemüthsbedürfnisses schien. Die Aerzte hatten dem Leidenden Wein untersagt. Ihn aber dürstete nach dem Symbol vom Blute Christi. Da mahnte er die Seinigen daran, daß, weil ja im ganzen Alterthum, auch bei den Juden Wein und Wasser nur gemischt genossen worden, Christus seinen Jüngern das Abendmahl sicherlich nicht in reinem Wein könne gegeben haben; der Ansicht sei er immer gewesen, und weil also auch das Wasser dabei gesegnet sei, so reichte er den Seinigen den Wein und nahm für sich das Wasser; er starb in dem Glauben, den er noch mit lauten Worten bekräftigte, der Buchstabe tödte, die Form sei gleichgültig, wenn nur der Sinn der ächte sei.

Am Begräbnißtage sah man mehr als dreißigtausend

Menschen der Leiche des Mannes folgen; ganz Berlin war bewegt. Denn hatte er auch nur zumeist den obern Classen der Gesellschaft gepredigt und Zeit seines Lebens den Gebildeten das Christenthum ausgelegt, so waren doch eben, weil seine Gemeinde wie eine freie Loge in der Christenheit dastand, gar Viele des besondern Reizes an solcher Gemeinschaft wegen aus allen Ständen herbeigezogen, um dem Manne zu huldigen, von dem man sagte, seine Weisheit sei noch größer gewesen als alle seine hohen Tugenden. Und noch an demselben Tage versammelte Henrich Steffens die akademische Jugend im Hörsaal der Hochschule und sprach mit der ihm eigenen phantasievollen Innigkeit von dem Gestorbenen als einem Hochbegabten, der nach vielen Seiten hin segensreich gewirkt, schloß freilich mit den Worten, Schleiermachers Christenthum sei nicht das seinige gewesen.

Steffens war ein entschiedener Altlutheraner; auch die Einsetzungsworte der Abendmahlslehre: „das ist" verstand er verbaliter, nicht spiritualiter: „das bedeutet". Für Schleiermacher hatte aber selbst in den Wundern, die Christus that, nicht der Buchstabe, sondern ihr Sinn Geltung. Wo er für sich den rechten Sinn gefunden zu haben glaubte, da ließ er freilich Andern das Recht der Auffassung und Deutung nach ihrem Bedürfniß. Sollte seine Dogmatik, seine Glaubenslehre und seine Christologie widerlegt sein, so steht Schleiermacher in dieser Freigebung des Rechts für Andere, die Wahrheit zu suchen, doch noch groß da für alle Zeiten. Diese ächte Freiheit der Kinder Gottes liegt in seinen drei

16*

Bekenntnißschriften, die den Menschen Schleiermacher entfalten, ganz außerhalb seiner Dogmenlehre noch gültig sein und Zeugnisse der christlichen Bildung Deutschlands bleiben werden.

Diese drei Bekenntnißschriften, die er neben seiner Thätigkeit auf Kanzel und Katheder verfaßte, sind die „Reden über die Religion", die „Monologe" und die „Weihnachtsfeier". Die „Reden über die Religion", 1799 an die „Gebildeten unter ihren Verächtern" gerichtet, brachten beim Scheiden des alten Jahrhunderts der Bildung die verlorengegangne Ueberzeugung, daß Religion der Inbegriff unserer höchsten Gefühle sei, auch ohne Bekenntniß, denn der Buchstabe tödtet, auch ohne feste Einsicht in das Wesen Gottes, schon als zusammengefaßte Kraft des Subjects zum Höchsten, was im Himmel und auf Erden. Die Religion aus den Beinkammern des bloßen Formeldienstes zu erlösen, die Kirche ins Leben der Menschen zu bringen, statt das Leben in der Kirche abzutödten: dies ist Schleiermachers hohes Verdienst, von dem man wie Cicero von Sokrates rühmen könnte, er habe die Philosophie vom Himmel auf die Erde gebracht und in die Wohnungen der Menschen. Es ist viel Spinozismus in den „Reden"; das Aufgehen des Einzelnen im Absoluten, im Unendlichen wird als Zweck, Ziel und Genuß hingestellt. Allein die Ewigkeit, der das Subject sich in die Arme wirft, ist für Schleiermacher nur eine Kette von Momenten. Beute den Augenblick aus, o Mensch, denn nur aus Punkten besteht die lange Linie und nur im Moment kannst du an der Ewigkeit Theil haben!

So lautete sein Bekenntniß. „Beginne darum, heißt es wörtlich, schon jetzt dein ewiges Leben in steter Selbstbetrachtung; sorge nicht um das was kommen wird, weine nicht um das was vergeht; aber sorge, dich selbst nicht zu verlieren, und weine, wenn du dahin treibst im Strome der Zeit, ohne den Himmel in dir zu tragen." — Mit dieser Stelle aus den „Monologen" bekundete sich das Fichte'sche Element in Schleiermachers Lehre, die Freiheit und Selbstberechtigung des Ich, seine Fähigkeit sowie seine Verpflichtung, Theil zu haben am Absoluten, erhaben zu sein über Natur und Schicksal und selbständig der Wandelbarkeit der Materie gegenüber. Im Spinozismus ist der Geist blos eine Kraft, die absolute, aber nicht die freie; es fehlt der Uebergang vom Object zum Subject, und die Brücke von diesem zu jenem, vom Einzelwesen zum großen Ganzen und Absoluten fand Schleiermacher freilich im zweiten Adam, der den Gedanken der Kindschaft des Menschen zu Gott entdeckte und in seiner Natur wie sonst kein Sterblicher entfaltete. Seine Bitterkeit gegen Fichte, der dieser Brücke nicht bedurfte, um das endliche Ich mit dem Ur-Ich zu verknüpfen, war heftig genug; denn trotzdem all sein Sinnen und Trachten dahin ging, in allen Stoffen das Element der Persönlichkeit festzuhalten, war doch für ihn das Abhängigkeitsgefühl des Einzelwesens und dessen Bedürfniß der Hingabe Grund und Kern aller Religion. Sein Eifer gegen Fichte geschah nur aus Schreck vor der Arroganz dieser autonomen, die geistige Weltordnung selbstbestimmenden Macht, die kein Gesetz anerkennen wollte, als das sie sich selbst gegeben. Schleiermachers Lehre vom Ich ist nicht die Fichte'sche Schöpferkraft des Mannes, sondern die weibliche Furcht und Scheu, auf sich selbst fußen zu sollen, statt sich anschmiegen zu dürfen an etwas ebenfalls Persönliches, aber Ewiges. Und dies persönlich Ewige sah er in seinem Christus. Der historische Christus entzog sich häufig seiner Untersuchung; um so mehr galt ihm dann der Sinn und die Bedeutung des Unerklärbaren im Leben Christi und sein idealer Christus blieb ihm der Inbegriff des Reinsten und Edelsten, ja des Göttlichen selbst, das sich nirgendwo sonst so ungetrübt als in diesem lautern Quell des ächt Menschlichen offenbart. Hierin und in dieser Auffassung Christi sah Schleiermacher den innern Kern des Christenthums, alles Andere gab er frei oder hielt er für untergeordnet. Er bekannte sich nicht zur Trinitätslehre; selbst Christus war ihm keine zweite fertige Gottperson. Er stand in der Mitte zwischen Supernaturalismus und Rationalismus, beide Seiten der Auffassung aber freigebend, sobald und soweit sie Theil haben am Mittelpunkt der Sache, während die Anhänger des todten Buchstabens die Welt mit Geschrei und Getümmel erfüllen, in Formeln die Bedingung zum Heil verkünden und den Bann der Ausschließlichkeit behaupten. Die Freigebung der Auffassungsweise hat er am schönsten und gediegensten in seiner dritten Bekenntnißschrift, in der „Weihnachtsfeier" entwickelt.

In dieser poetisch dialogischen Schöpfung wird der Ideenstoff der Religion nach verschiedenen Seiten hin zur Sache vieler Persönlichkeiten, so daß das Christenthum als der Prototyp alles Menschenlebens erscheint. Die Gemüthsart der kleinen Sophie, die sich von früh auf an den Mythen des Christenthums weidet, ist die Geburtsstätte jener Mystik, die sich in der Geschichte der Kirche als Katholicismus oder als Herrnhutertum gestaltete, je nachdem aus dieser Richtung ein ganzer kirchlicher Organismus oder eine bloße Zufluchtsstätte der Andacht für stille Gemüther hervorging. Diese unmittelbare Hingebung an die legendenreiche Religion theilt in der Novelle auch Joseph, der in der Offenbarung des Johannes seine tiefe, dunkle Befriedigung sucht. In Leonhard wird ein edler Vertreter der rationalen Auffassungsweise vorgeführt. Ohne profan zu sein, noch verschlossen für die Heiligkeit der Offenbarungen, dringt er auf die Realität der Sache. Indem er die Wunderthaten Christi als Producte der Entzückung der Liebe in den Gemüthern der Gläubigen deutet, und die Person des Jesus von Nazareth ihm in die ganze Reihe jener tiefbegabten Männer, der Propheten, Johannes des Täufers, der Jünger und der Apostel, sowie der Kirchenväter eingegliedert erscheint, nimmt er das Christenthum als eine weltgeschichtliche Thatsache, als eine neue Culturperiode des Menschengeschlechts. In Ernst dagegen ist ein christlicher Idealismus persönlich geworden. Sein Glaube geht nicht aus von den geschichtlichen Spuren der Erscheinung Christi; er läßt es dahingestellt, wie weit die Welt der Wunder, in der sich Jesu Leben bewegt, eine geschichtliche Basis hatte: aber wie er mit aller Liebe und Hingebung von der Bedeutung des Weihnachtsfestes spricht und das wundersame Gefühl erklärt, in ihm eine aufgehende Sonne des neuen Lebens, einen Frühling des Geistes zu ahnen und zu feiern, so findet er die Wesenheit und Wahrheit des Ereignisses in der Nothwendigkeit eines irgendwie erschienenen Erlösers. Und wer den Kern in allen Mythen des Christenthums durchgefühlt hat, dem erscheint dann auch der Vertreter dieser Idee bis in alle Poren und Einzelheiten seiner Persönlichkeit mit einem göttlichen Schein umstrahlt und in lieblichster Verklärung. Eine verwandte Seite dieser Anschauung faßt Eduard auf. Er sieht in der Feier der Weihnacht nichts als die Feier der Menschheit selbst; die Welt der Wirklichkeit, wie er sagt, kommt erst zu ihrem Rechte, indem das Creatürliche des Menschen nicht als das Verlorne, sondern als das Begnadigte erscheint, da die Wahrheit in ihm offenbar geworden. Das Factische der Mythe ist ihre Wirklichkeit, aber erst ihr Sinn ist ihre volle Wahrheit. Christus ist der Mensch-an-sich, der seine Göttlichkeit in sich entdeckt und weiß. Dieser Act der Entdeckung des göttlichen Princips in der menschlichen Natur ist jedoch nur einmal dauernd vollzogen, weil das verworrene und getrübte Leben des Einzelnen dem Scheine verfällt und seinem Blicke die keusche Ruhe nicht vergönnt ist, um den Punkt der Gottgemeinschaft in sich festzuhalten.

In der Person jenes Ernst, däucht mir, hat sich Schleiermacher selbst gezeichnet.*) Er hat nach dieser Novelle vom

---

*) Er hieß mit Vornamen nicht blos Friedrich, wie er sich nannte und genannt wurde, sondern auch Ernst, und mit diesem Lieblingsnamen redete ihn seine spätere Gattin als Freundin und Braut an.

Christenthum nicht weiter in gleich poetischer Weise gearbeitet. Was von Schöpferkraft in ihm war, erledigte sich dann in den rhetorischen Ergüssen seiner Kanzelvorträge, wo er oft mit Engelzungen sprach, ihn oft ein höherer Geist erfaßte, um nicht zu sagen ein heiliger Geist, da er die Kategorie eines solchen kirchlich nicht anerkannte. Er hat auch nicht als Philosoph das Thema vom Christenthum, seinem Inhalt und seiner Form, weiter geführt als in der „Weihnachtsfeier". Sein Thun als Theolog blieb kritisch. Er philosophirte weiter über Bibel und Christi Lehre, aber er glaubte eine Theologie schaffen zu können, die von aller Philosophie unabhängig wäre. Und doch lag ein Schritt weiter nahe genug, um, was Mythus und was Historie vom überlieferten Christenthum, in das richtige Verhältniß zu bringen. Näher der Wahrheit war fast Keiner in diesen Stoffen, obschon freilich David Friedrich Strauß ihn widerlegt zu haben wähnt. Schleiermachers Dogmatik blieb freilich eine Christologie, mit der persönlichen Gestalt eines Christus, wir mögen ihn als Jesus von Nazareth oder als Gottmenschen fassen, steht und fällt für ihn das Christenthum. Und um den historischen Christus mit dem idealen möglichst zusammenzuhalten, ging all sein kritisch theologisches Tichten und Trachten darauf hin, im Evangelium Johannes die ächte und einzige Berichterstattung eines Zeitgenossen Christi zu sehen. Die drei ersten Evangelien waren für Schleiermacher später compilirte, unzusammenhängende Materialiensammlungen. Das könnte sein. Im vierten Evangelium ist Zusammenhang und Folgerichtigkeit, eine systematisch durchgreifende Behandlung des Stoffes, es giebt uns ein höheres Bild vom Gottgesandten, etwa wie Platon uns einen höheren, ideelleren Sokrates giebt als Xenophon, dessen harmlos einfache Erzählungsweise weit eher mit dem Styl der drei Synoptiker harmonirt. Man könnte einem Johannes ein höheres, tieferes, innigeres Charakterbild vom geliebten Meister zumuthen. Allein das Johanneische Evangelium giebt mehr als das, es hat Tendenz und Absicht, seine Folgerichtigkeit ist nicht die Natur des Augenzeugen, sondern die tiefsinnige Speculation des Nachgebornen, den der sinnliche Moment nicht reizt und verwirrt, erst die nachträgliche Reflexion concentrirt. Das hat Schleiermacher nicht sehen wollen; er nahm die bewußte Tendenz und Folgerichtigkeit des Johanneischen Evangeliums für Zeugniß der Autopsie, den geistigen Zusammenhang in dieser Bekenntnißschrift für materielle und thatsächliche Treue. Das vierte Evangelium läßt aus Christi menschlichem Leben fort, was zu seiner Tendenz nicht paßt, und diese seine Tendenz ist, nachzuweisen, wie ein so heiliges, von den Juden verworfenes Menschenleben nur Gültigkeit haben konnte, wenn es als ein göttliches, als ein mit Bewußtsein duldendes, aller nächsten und weltlichen Ziele sich begebendes, den Opfertod freiwillig leidendes, ja suchendes erkannt wurde. Das thatsächliche Leben Jesu war, nach gewöhnlichem menschlichen Maßstab genommen, die Stiftung einer neuen Religionsgemeinschaft betreffend, in seinen Erfolgen so ziemlich als ein gescheitertes anzusehen. Dies anfängliche Scheitern der Mission des letzten Propheten war nur erklärlich, wenn im Geopferten eine freiwillige Selbstbestimmung zum Leiden und Sterben, eine Selbstgewißheit, des äußern Triumphs nicht zu bedürfen, vorausgesetzt wurde. Dies geschah erst im vierten Evangelium, indem es aus Jesu Christum, aus dem geliebten lehrenden Meister den Sohn Gottes machte. Hier erst ist Christus der Logos, der von Ewigkeit her beim Vater war; als solcher nahm er sein Leiden und Sterben zum Besten der Menschen aus freier Wahl, mit festem Wissen auf sich. Deshalb fehlt dem vierten Evangelium Christi Angstgebet in Gethsemane, weil es den Moment menschlicher Verzweiflung verräth. Ihm fehlt auch was die drei Synoptiker von Geburt und Kindheit Jesu erzählen, weil die große Mission Christi erst mit seiner Taufe im Jordan durch Johannes den Täufer beginnt; das Vorhergehende bleibt dem poetischen Sagenstoff anheimgegeben; nicht blos als den Sohn Davids, nicht blos als den Auserwählten Israels, sondern als den von Anfang an von Gott Erzeugten stellt ihn das vierte Evangelium hin. Es fehlt ihm auch die Himmelfahrt, weil Christus, das Wort Gottes, bei uns bleibt bis an der Welt Ende. Das ganze Evangelium ist nicht die Relation eines Augenzeugen, sondern eine schöpferische Wiedergeburt von Christi Leben und Tod, Wirken und Thun, ein Zeugniß von seinem Reiche auf Erden, welches Reich wir seine Kirche nennen, eine Kirche, die sich in Petri Herrschaft freilich sehr äußerlich und nach judaischem Usus in Rom entfaltete, bis Luther und die neuen Zeugen des neuen besseren

Verständnisses kamen und von neuem sprachen: Sein Reich ist nicht von dieser Welt, d. h. kein Staat und kein Priesterregiment, sondern eine Gemeinschaft der Geister, die sich zu ihm bekennen. Der jahrhundertealte Glaube Israels, ein Messias werde kommen, des auserwählten Volkes Hoffen, Harren und Sehnsucht sollte und durfte doch nicht zu Schanden werden: deshalb der Eifer, nachzuweisen, jener Jesus von Nazareth sei in Wahrheit Der gewesen, den Juda erwartet und den die alten Propheten verkündet. Darum, bei aller Färbung methaphysischer, Neuplatonischer Auffassungsweise in der Logoslehre, das emsige Bemühen, jeden Ausspruch Christi als Bestätigung eines alten Prophetenspruches, jedes Vorkommniß seines Lebens blos als eine Erfüllung dessen zu deuten, was im alten Bunde geahnt und ersehnt. Anders war ja das verstockte Israel nicht zu gewinnen für das neue von Gott gesandte Heil. — Dies die Auffassung der Tübinger Schule; Schleiermacher blieb sein Lebenlang bei der fixen Idee, der Johanneische Christus sei der alleinige und einzig wahre Jesus von Nazareth. Sein feiner Scharfsinn zerarbeitete sich daran, diesen Widerspruch zu decken.

Strauß hat nun zur Genüge seit dreißig Jahren (schließlich 1865 in seiner Kritik des Schleiermacher'schen Lebens Jesu: „Der Christus des Glaubens und der Jesus der Geschichte") nachgewiesen, daß Schleiermacher in seiner Christologie ein Supernaturalist, in seiner Kritik und Exegese ein Rationalist gewesen sei, in den Bemühungen seiner Vermittelung und Versöhnung beider Elemente aber nur leeres Stroh gedroschen habe. Was aber ist denn nun bei David Friedrich Strauß seinerseits das Ergebniß des Dreschens? Mit der diabolischen Kälte seines Scharfsinns hat er des feinsinnigen Schleiermacher Auffassung theils als gutmüthige Hypothesen und Illusionen, theils als Sophismen oder „Chicanen" dargelegt. Das Verdienst der Widerlegung der Schleiermacher'schen Annahme gebührt im Ganzen und Großen dem Tübinger Baur, nicht Strauß. Aber zugestanden, Strauß habe das Verdienst, diese Widerlegung bis ins Kleinste und aufs zäheste unablässig festgehalten und durchgeführt zu haben: das positive Ergebniß seiner scharf- und spitzfindigen Darlegungen ist: Am historischen Jesus sei fast nichts wahr, und das Menschheitsideal, das die Apostel und die Jahrhunderte nach ihm sich von Jesus gemacht, sei der Kern der ganzen Menschheit und ihr Ziel, das die kommenden Geschlechter auch ohne das Urbild erreichen würden. So stellt er als theologischer Zukunftsmusiker sein Ergebniß. Von wo entnahm denn aber die Menschheit den Gedanken zu diesem Ideal? Woher die Idee der Kindschaft des Menschen zu Gott, wenn Der, den die Apostel um dieser Entdeckung willen den Erlöser und Sohn Gottes nannten, entweder gar nicht existirte oder in allen seinen Thatsachen fraglich blieb? Von wo diese Zeugnisse eines heiligen Geistes, wenn dieser gute und also heilige Geist in allen seinen Regungen nichts als Gespinnst eitler Visionäre? Woher die Bergpredigt, wenn nirgend Einer war, der sie hielt? — Und so ganz fertig in seiner Widerlegung ist doch auch Strauß nicht, so sehr hat dieser große Herkules in angeblichem Augiasdienst doch nicht aus- und aufgeräumt, daß er gar keinen Schimmer des Realen und Historischen am Menschen Jesu übrig ließe. In seinem „Leben Jesu für das deutsche Volk" sagt er schließlich (S. 623), er glaube nicht, „daß es so schlimm stehe," behaupten zu müssen, kein einziger der Aussprüche, die in den Evangelien Christo in den Mund gelegt werden, sei wirklich von ihm gethan; er glaube, daß es deren giebt, die wir mit aller Wahrscheinlichkeit dem historischen Jesu zuschreiben dürfen. Das Menschheitsideal, das sich die Welt von Jesu gemacht, in ihm einen Christus sehend, hat also auch für Strauß doch noch einen kleinen, wenn auch freilich, wie er achselzuckend sagt, geringen historischen Anhalt, der — nicht zu entbehren: nein, denn das anzunehmen, wäre Schwäche, sondern: der nicht umzustoßen sei. „So schlimm" also „nicht", sagt der schlimme Mann, der es doch erst so schlimm gemacht hat! Darüber ließe sich lächeln, denn Strauß mit seinem Teufel des Zweifelns hat ja auch schon weiland in Bruno Bauer, der ihn für einen zurückgebliebenen Orthodoxen erklärte, seinen obersten Beelzebub gefunden. Es wäre zu lächeln, wenn es nicht zu ernst wäre, das Straußische Zugeständniß nur als Nothbehelf bestehen zu lassen. Wie leicht es den Geistern der Negation erscheint, ein Ideal zu schaffen, d. h. einen Inbegriff des guten Geistes, nach welchem die Menschheit Jahrhunderte und Jahrtausende lang ringen soll! Und als ob irgend ein Gedanke anders als durch Menschenmund, in der ganzen Weltgeschichte irgend eine Idee, ja der νοῦς der Welt selber anders als in der Form persönlicher

Erscheinung und concreter Lebendigkeit möglich gewesen und in die Wirklichkeit getreten wäre! Ein altes Sprichwort sagt, die Furcht vor den Uebeln sei schlimmer als die Uebel selber. Und wenn wir nach Kant das Ding-an-sich gar nicht erkannten, so sind wir nun seitdem doch so weit, zu wissen, daß unsere Vorstellungen von dem Dinge wichtiger, mächtiger und mehr werth sind, als das Ding selber, das gar nicht da ist, wenn der Mensch es nicht denkt. Ist Strauß bei all seinem Scharfsinn nicht so weit in der Logik, das nicht zu wissen? Nicht jener historische Jesus von Nazareth hat Jahrhunderte lang die Welt erfüllt, wohl aber die Vorstellungen, die sich die Jahrhunderte von ihm als dem Christus machten, und sie machten sich diese Vorstellungen nicht nach Willkür und eitlem Belieben, sondern aus innerstem Bedürfniß, also aus Nothwendigkeit und getrieben von einem guten Geist, den wir kirchlich den heiligen Geist nennen, wenngleich die Kleriker nicht gut daran thun, auf diesen Begriff Beschlag zu legen, als sei er blos ein Paragraph ihrer kirchlichen Scholastik. Es ist schlimm, wenn die Optimisten die Welt dumm gemacht haben; aber es ist noch schlimmer, wenn der Pessimist uns nun die Aufklärung bringen soll.

Es ist vollständig unmöglich, daß Einer ein Mensch gewesen, ohne der Schwächen der Menschennatur theilhaftig geworden zu sein. Daniel Schenkel (in seinem „Charakterbild Jesu") nimmt an, die Versuchung Christi lasse auf „starke Stürme" in der Anfechtung zur Sünde schließen. Dann kann eine völlige Unberührtheit von Anwandlungen des

Bösen nicht möglich gewesen sein. Es ist aber andererseits ebenso vollständig undenkbar, daß Christus nur der Gott gewesen, der menschlich blos dergestalt erschienen sei, daß, nach doketischer Auffassung, sein Leib nur ein Scheinleib war, in welchem das rein Göttliche etwa nur transparent figurirt habe. Wenn nun aber beides nicht annehmbar, so liegt, dünkt mich, nur das Dritte als möglich vor, daß der Mensch Jesus gelehrt, gelebt und gewirkt, aber in seiner harmlosen Reinheit und Unschuld, in seiner naiven, still anspruchlosen Gottinnigkeit sein besseres Verständniß von Gott und seine Lehre von der Kindschaft des Menschen zu Gott seinem Volke nicht zur Ueberzeugung und Annahme bringen konnte, vielmehr seine Religionsstiftung an der Verstocktheit des Geschlechts zu Grunde ging, seine Mission also nach ihren ersten Erfolgen als eine gescheiterte erschien, die wenigen Gläubigen aber im Schmerz über seinen Untergang nachträglich von der ganzen Gewalt seiner menschlichen Heiligkeit so ergriffen waren, daß ihnen die Ueberzeugung erwuchs, just so habe das Göttliche in ihm ein Opfer der Menschen werden müssen, nur duldend und leidend, nicht als actives Heroenthum, das äußerlich triumphirt, sondern als passives Heldenthum, das innerlich siegt; nicht anders denn in Knechtsgestalt habe das Göttliche in diesem Jesus, wenn er der Christus sein sollte, erscheinen können, just sein kläglicher Ausgang sei der Triumph der stillen Göttlichkeit in ihm gewesen. Denn was er gelehrt, war ja zu retten um jeden Preis, wie es noch heute das Edelste, Reinste und Tiefste ist, was je ein Religions-

verkünder geprebigt. Die kindliche Befangenheit und die süße
Betäubung, die dieser Rabbi auf die Jünger geübt, machte
im Schmerz über seinen Verlust einem Entzücken Platz, das an
Fanatismus grenzte, so daß sie nun in der Reue, ihn nicht
besser verstanden zu haben, in Angst und Verzweiflung sich
zu dem Glauben verstiegen, das sei eben der ächte Stempel
des Göttlichen in ihm gewesen, so unverstanden, ohne äußere
Siege und Erfolge hingegangen zu sein. Er war bei alle dem
als Mensch jedenfalls eine ungewöhnliche, eine außergewöhn=
liche Erscheinung gewesen, er hatte wunderartig gewirkt leh=
rend und lebend, Wunder geübt mit der Berührung seiner
Hand; — wer das nicht für möglich erachtet, der hat über=
haupt keinen Glauben, daß in der Menschheit Göttliches zum
Durchbruch kommen kann. Fischer und Hirten, Naturmen=
schen reinster Art, empfanden das, aber doch ohne es ganz zu
fassen und zu verstehen, und gleichsam wie in Betäubung
gebannt; für einen Gott hielten sie den Menschen Jesus erst,
als er ihnen entrissen war und diese Betäubung in den Schmerz
der Verzweiflung überging. Nun ergriff sie — ein guter
Dämon — der heilige Geist, und sie schwuren auf Christi
Heiligkeit, hatten Visionen und gingen für ihr Gefühl in den
Tod. Was sie gelehrt, schrieben erst die Jünger der Jünger,
die Apostel der Apostel auf, nicht Christi Zeitgenossen. Der
Mensch Jesus mußte mit den Einzelheiten seines Wandels
den Menschen erst entrückt sein, ehe sein Bild ihnen als ein
göttliches im heiligen Abendschein der Erinnerungen auf=
gehen konnte. Das Bedürfniß der Spätzeit mit deren An=

schauungen kam dazu und das Evangelium Johannis, dem der Mensch Jesus fast verschwunden ist, um ihn als Logos, als das Wort, das vom Anfang an beim Vater war, zu feiern, ist allerdings keine Zeugenschaft seines Lebens, wohl aber eine erleuchtete Wiedergeburt seiner Lehren. Nicht der Jünger, der an des Meisters Busen gelegen, sondern ein vom Geist des Gnosticismus Ergriffener kann es geschrieben haben. Ein heiliger Geist aber war über Alle gekommen, die das apostolische Christenthum schufen und ausbauten; und es erlebte nicht blos diese eine Johanneische, es erlebte auch im Heidenapostel von neuem eine Wiedergeburt, das Judenchristenthum des Johannes wurde erst mit Paulus, der den großen Lehrer gar nicht leiblich geschaut, zum Christenthum für alle Welt. Mit der Tradition Petri gestaltete sich dann das auf den Felsen gebaute, aber immer weltlicher werdende, in den Formen und Bräuchen Judenthum und Heidenthum verbindende christliche Rom der Päpste; die Kraft des heiligen Geistes wurde matter, je weltlicher das Christenthum wurde. Nur in den Entzückungen göttlicher Kunstbegeisterung hatte der Geist des ersten Christenthums noch einmal seinen späten Nachglanz. Wo der apostolische Geist mit der Reformation als Kriticismus neu auflebte, drohte ihm die Gefahr der Verknöcherung im Buchstaben. Mit Strauß aber und der unfruchtbaren Negation seines in Einzelheiten unwiderleglichen, unbarmherzigen Scharfsinns droht uns der ganze Werth der Sendung eines Sohnes, d. h. eines ungewöhnlichen Boten Gottes, zu verschwinden. Wer, was Historie daran ist, zur

Mythe machen will, hätte erst die Schuhe abzuthun, denn die Stätte ist heilig, und was Mythus heißen soll, ist nichts müßig als Fabel Erfundenes, sondern aus dem tiefsten Born der Menschennatur, wo Gott wohnt, Geschöpftes. An sich wird eine Historie, die uns zur Mythe geworden, noch nicht entkräftet, im Gegentheil, wie uns das Ding erscheint und in unserer Auffassung fortlebt und wirkt, ist wichtiger, als das Ding an sich war, nicht was es ist, sondern was es uns bedeutet, ist das Höhere, nicht was Jesus als Mensch war, sondern wie er dem Zeitalter nach ihm erschien, hat Jahrhunderte lang die Menschheit beherrscht, bestimmt und geleitet, gequält und entzückt. Strauß hat nichts als die Widersprüche, die im Einzelnen dabei hundertfach zu Tage kommen, nachgewiesen, aber vergessen, daß das Real-wahre, das blos Richtige nicht höheren Werth haben kann als ideelle Wahrheiten; er hat die Evangelienbücher nicht damit entkräftet, daß er sie als Erzeugnisse des zweiten Jahrhunderts nach Christo nachgewiesen. Daß der evangelische Christ sich nicht auf den Buchstabenglauben verpflichten lassen könne, ist schon Schleiermachers Lehre. Und sind wir der Erlösung nicht mehr in gleicher Form wie frühere Jahrhunderte bedürftig, so sollten wir uns doch scheuen, in den Wandlungen und Führungen der Menschheit einen Geist des Bösen, statt einen Geist Gottes zu sehen. Sonst ist Alles Schaum, Lug und Trug, und hat dann niemand als Mephisto, der Schalksnarr, Recht.

Ich glaube nicht, jetzt schließlich noch blind zu sein über

Schleiermacher, so gern ich auch in der Zeit akademischer
Jugend zu seinen Füßen gesessen, lieber freilich wenn er auf
der Kanzel stand als auf dem Katheder. Ich würde ein schlech-
ter Porträtmaler sein, wenn ich wissentlich oder unwissent-
lich schmeichelte. Selbst alt geworden, kann ich es mir nur als
Ziel setzen, gerecht zu sein. Dazu gehört aber, um eine Gestalt unseres geistigen Lebens richtig zu fassen, daß man er-
wägt und beleuchtet, in welchen Zeitelementen sie erwuchs.
Schleiermacher fand im Felde der theologischen Wissenschaften eine grenzenlose Verwirrung vor. Die lähmenden Spaltungen zwischen Unglauben und Aberglauben auszugleichen,
fühlte sich die klare Schärfe und die dialektische Lust seines
Geistes ganz vorzüglich angespornt, und so wurde er von
mehreren Seiten darauf hingedrängt, die Wissenschaft des
theologischen Protestantismus zu befruchten und die Summe
seines eignen Glaubens und Denkens allmählich zu einer
Dogmatik zu gestalten, die der Frömmigkeit des unmittelbaren Glaubens und zugleich der Intelligenz des wach gewordenen Verstandes genügen sollte. Schleiermacher setzte
den Beginn der Religion in das Gefühl der Abhängigkeit
von dem Höheren. Wenn man entgegnet hat, auch der Hund
habe seinem Herrn gegenüber dies Gefühl, aber doch keine
Religion, so hieß das blos die Auffassung ad absurdum führen. Bei der Frage, was das Primäre, handelt es sich nicht
um den höchsten Inhalt des Religiösen, sondern um den ersten
Antrieb dazu, seine Entstehung und Genesis. Was den Wilden
treibt, sich die erste, roheste Vorstellung vom ewigen Wesen

zu machen, ist nicht die Lust am Denken, auch nicht der Bildnertrieb, denn dieser führt ein Volk schon zur künstlerischen Thätigkeit, zur Plastification seiner Ahnungen von einem Gott. Was den Naturmenschen zum ersten Mal treibt, religiös zu sein, ist Furcht, Angst, selbst blos physische Angst vor Ereignissen, vor dem Gewitter, dem Orkan, allem Ungeheuerlichen, das ihn zu verschlingen droht, also Instinct und Ahnung von einem übermenschlichen Wesen. Der Wilde fühlt sich in seiner Haut bange, er schauert zusammen, und dieser Schauder giebt ihm die Ahnung, es existire außer dem Endlichen und Zerbrechlichen um ihn her etwas Nichtendliches, Nichtzerstörbares, d. h. Göttliches. Und das Subject von heute und in jedem Zeitalter hat denselben kindlich rohen Beginn wie der Wilde. Das Subject wird nicht zuerst durch den Verstand inne, daß es ein Höheres, Göttliches gebe, nicht durch den Trieb, nachzudenken, daß hinter der Kette der zerfallenden Einzelheiten unter den Dingen dieser Welt ein Etwas stecke, das diesem Wechsel nicht unterworfen sei. Weit öfter, vielleicht in allen Fällen ist es der Schreck über ein plötzlich vor unsern Augen Zerfallendes, ein großes Unglück, ein jäher Schmerz, was uns mitten unter endlichen, sinnlichen Anreizen plötzlich zur Besinnung bringt, die Furcht, daß Alles zerstörbar, die Sehnsucht, daß Etwas dauernd sein möge. Das ist der erste Antrieb zur Religion, das Nachdenken über den Causalnexus zwischen Endlichem und Unendlichem ist das Secundäre. Das Gefühl ist das Erste, nicht das Höhere, im Gegentheil das Niedere, der Zeit nach aber das Primäre, mithin Ursache, Quelle und treibende Macht, die den Naturmenschen nöthigt, zu fürchten, zu glauben, zu hoffen, bevor die Versuche beginnen, über Inhalt und Form dieses Fürchtens, Glaubens und Hoffens nachzudenken. Der evangelische Pietismus, wie im römischen Dienst die Messe hält, sogar den Menschen fest auf dieser Stufe, wo Furcht und Angst dem Hautschauer des Wilden gleichkommt. Der Priester behält sich das Denken vor, indem er den Laien sichern möchte vor den Irrungen des Verstandes. Er verpflichtet ihn zum Formeldienst und läßt ihn das Symbol mit der Sache verwechseln. Sich abhängig fühlen von etwas Unendlichem, Ewigem, Unbegreiflichem, das sich dem Wandel der Dinge dieser Welt entzieht, ist Anfang aller Religion. Will man spottend sagen, auch das Thier habe dies Gefühl, habe Pietät vor seinem Herrn, fühle sich abhängig von dessen Person, so ist zu entgegnen, daß eben wenn diese Person als etwas Unendliches gefühlt wird, die Religion und der Mensch in der Creatur beginnt. In der Person Christi aber sah Schleiermacher den Hochpunkt der Gottgemeinschaft; er würde sie erfunden haben, hätte er sie nicht in den Ueberlieferungen des Neuen Testamentes erkannt. Das Erkennen, also unser Mitthun, gehört freilich dazu, denn objectiv ist nichts für den Geist gegeben, er nennt nur sein, was er sich erworben und erobert. Im Katholicismus wird der alleinige, einmal in Christo vollzogene Opfertod täglich in der Messe mit dem sinnbildlichen Opfer erneuert. Und mit dem sinnbildlichen Opfer ist auch der Unterschied zwischen Priestern und Laien, wie im jüdischen Dienst, wieder hergestellt, während bei uns Jeder sein Priester sein soll, der Priester aber nur der Diener der Gemeinde, dieser Gemeinschaft in Jesu Namen, ist. Wir glauben nicht, daß mit Christi Erscheinen, Lehren, Leben und Sterben fest und sicher der Welt das Heil zuertheilt sei; wir glauben nicht, daß mit dem Blut seines Opfertodes alles was je von Menschen gesündigt und gefrevelt, gesühnt werden könne, das Reich Gottes auf Erden schon mit ihm und ohne unser Zuthun fertig errichtet sei. Christus selber betete: Dein Reich komme! Es war also noch nicht gekommen, es sollte und soll kommen, aber nicht von selbst, nicht von außen, sondern durch unser Zuthun, durch die Heiligung, die wir an uns selbst vollziehen, und wenn von seiner Hand, dann doch nicht ohne unser Thun, nicht ohne Zusammenraffen aller unsrer Kraft. Denn der Weg ist Er, aber das Ziel ist Gott. Schleiermacher selber hat in den Briefen einmal seine Frau bedeutet, doch nicht immer und immer den Kindern blos von Christus zu reden, auf ihn allein sie zu verweisen, als ob Gott vergessen und übersehen werden solle. („Aus Schleiermachers Leben." Bd. 2. S. 465.) Als Dogmatiker und Lehrer der Gemeinde hat Schleiermacher niemals die ihm ursprünglich eigne zarte Fügsamkeit der Phantasie verloren, vielmehr erhielt sie sich als der fortdauernde Reiz in Allem, was er schrieb und sprach, aber aus dem Zauber seiner Dialektik, sagten die Gegner, wurde ein Handwerk, ein Instrument zu bestimmten nützlichen Zwecken, aus der Biegsamkeit seines Geistes eine gewandte Klugheit des Verstandes, aus dem religiösen Gefühl eine Virtuosität

der Bildung. Statt die freie Forschung des Gedankens mit
der Ueberlieferung auszugleichen, statt Rationalismus und
Supernaturalismus, den abstracten Verstand mit der Hingebung des gläubigen Gemüthes zu versöhnen, schien er allerdings oft nur dazu da, die in der christlichen Welt erwachse-
nen Spaltungen mit der Leuchte seines hellen Witzes deut-
licher herauszuheben; aber in dem Bemühen, die widerspen-
stigen Elemente des Glaubens und Denkens zu bezwingen,
verlor er die Fäden für Beide nie aus der Hand, obschon er
beiden Parteien für einen Abgefallenen galt und mit einer
völligen Isolirung endete. Je mehr er den Gehalt des Christenthums dogmatisch abzufassen suchte, desto mehr schälte
er sich von Allem los, was mit der Miene der Bestimmtheit
unter seinen Zeitgenossen auftrat. Ursprünglich in Jacobi'scher
und Fichte'scher Doctrin geistig erwachsen, wie seine "Monologe" den ganzen Jubel eines subjectiven Idealismus von
sich strömten, sagte er sich auch von diesen wie von allen
selbständigen Gestaltungen der philosophischen Forschung los.
Den Gläubigen zu forschungslustig, wo nicht gar skeptisch, den
Denkenden zu sehr gebunden an die Nöthigung des unmittelbaren Gefühls, sah er sich immer mehr dazu hingedrängt, das
Christenthum in der Schwebe zwischen Unglauben und Aberglauben zu halten. Dies erschien ihm selbst als eine hohe Aufgabe, an die er alle Kräfte seines seltenen Geistes setzte, und blieb
es bei der Aufgabe, ja sogar bei den bloßen Versuchen, sich
seine Aufgabe erst zum Bewußtsein zu bringen, so wolle man
bedenken, daß mit einem blos scholastischen Abschluß Christi

Lehre noch nicht abgeschlossen ist für das lebendige Leben der Menschen, jedes Geschlecht in der Erkenntniß derselben immer wieder von neuem beginnt und sich dieselben Zweifelskämpfe eröffnet. Und so entfaltete er denn mit aller Sorgsamkeit, mit allem Scharfsinn und zugleich mit aller Scheu vor verderbnißvollen Ergebnissen in der „Glaubenslehre" das Princip, jedes Dogma so zu stellen, daß keine Forderung frommer Bedürfnisse und kein Ergebniß der Wissenschaft ihm etwas anhaben könne. Dadurch, daß es seine Aufgabe war, erst zu ergründen, wie er sich zum Inhalt der Religion in ein Verhältniß zu setzen habe, verblieb er recht eigentlich in der Sphäre des Fichtianismus, nicht gebunden an dessen Einzelheiten, denn wie er im „Athenäum" über die „Wissenschaftslehre" sprach, war bitter und lossagend genug, aber doch in diesem Zuge des Geistes, der sich außerhalb des Inhalts aller Dinge, Gottes und der Welt, befindet, und das Werk der Thätigkeit damit beginnt, sich selbst vor diesem Inhalte zu betrachten, um zu ihm eine Stellung zu gewinnen. Die Ergebnisse seines Denkens aber fielen seinen Widersachern unrettbar in die Hände. Allen Parteien stand er mit seiner klugen Lehre gegenüber, denn die Klugheit seiner Doctrin hatte die Spaltung zwischen Gläubigen und Denkenden nur erst recht beleuchtet. So kunstfertig die Nothbrücke war, die er über die Kluft gebaut, so widerstrebend erschien das Hüben und Drüben, das er zu vermitteln getrachtet. Wenn man blos die Ergebnisse seiner Glaubenslehre betrachtete, wurde man irre an dem Manne, der Allen ein Anderer schien, den

Gläubigen zu aufgeklärt und weltergeben, den Aufgeklärten zu sehr an die Ueberlieferung gebunden. Er hatte im Christenthum die Fülle der Weisheit und Göttlichkeit gefunden; daß er an den geschichtlichen Christus glaube, räumten ihm selbst seine Gegner ein; aber er hatte die Dreieinigkeit geleugnet, denn für ein Leugnen hielt man es, daß er dieses Dogma nicht für die Säule des Christenthums ansah, und es aus dem Bereich seiner Glaubenslehre verwies. Wenn er dann von der Göttlichkeit Christi erfüllt war, so nahm es Wunder, daß er nicht an die zweite Person der Trinität*) glaubte und in dem Walten des heiligen Geistes nicht die Bestätigung und Festhaltung der Gottmenschgemeinschaft finden konnte. In seinen Reden am Pfingstfeste fand man eine kunstgewandte Deutelei; auf dem Katheder sprach er ganz schlicht sein Nichtanerkennen der Dreieinigkeit aus. Daß der ganze Umfang des Christlichen nicht aufgegangen sei in seiner Lehre, lag wohl klar am Tage, und während Steffens nur einfach sagte, Schleiermacher's Christenthum sei nicht das seinige gewesen, waren die Ergebnisse der Schleiermacher'schen Doctrin schon längst von allen Seiten angegriffen, die Früchte seiner wissenschaftlichen Forschung zerschnitten und zerpflückt. Wer in die persönliche Nähe des Mannes gerieth und die Gewalt seiner Beredsamkeit über sich ergehen ließ,

---

*) Statt Dreieinigkeit sprach er immer nur von der Dreiheit. Spötter aber deuteten darauf hin, daß er so lange Zeit in der „Dreieinigkeitskirche" gepredigt. Ernster rügten seine Gegner, daß er die Agende unterzeichnete, ohne sich für ihren ganzen Inhalt zu bekennen.

der wurde durch ihn auf wunderbare Art zum Christenthum bekehrt oder in ihm befestigt, und während die Wissenschaftlichen die Früchte seines Baumes als unzulänglich, falsch oder taub erklärten, stand die persönlich um ihn versammelte Gemeinde gewissermaßen im Blüthenduft seines Glaubenseifers, war erquickt und gelabt und fühlte die Wirkungen ächt christlicher Erhebung und Begeisterung. — So hatte sich trotz der Befehdung, die ihm von der protestantischen Theologie widerfuhr, um seine Person eine Gemeinde gebildet, die ihm unbedingt ergeben und von den Segnungen des neuen apostolischen Geistes, die seiner Rede entströmten, tief ergriffen blieb. Und der Zauber seines Wortes war auch von der seltensten Art. Dem Denkenden, der sich ihm nahte, entzündete er das Gefühl für das Göttliche im Christenthum; der Gläubige, der an seinen Lippen hing, ahnte in ihm den sichersten Zusammenhang seiner prüfenden Gedanken, der Person des Mannes und der geistigen Gewalt seines Ichs vertrauend, selbst wo in der Predigt des Meisters der letzte Hinweis auf die Sicherheit des überlieferten Glaubens fehlte. Schleiermacher's Rednerkraft war von der Seele des Christenthums belebt, eine wirklich biblische Zunge, keineswegs blos eine Weisheit sokratischer Doctrin. Es war ein Hauch unsterblichen Lebens, der ihn mitten im Strome seiner oft nur klügelnden Verstandessprache überraschte, eine Weisheit Gottes, die ihn mit dem Nimbus einer nahenden Verklärung überglänzte. War es dann Wehmuth, in die er ausbrach, so war diese Wehmuth keine Schwäche, keine Hinfälligkeit des Gefühls, denn sie war beredt, wie mit Engelszungen beflügelt. Ein Rausch des Entzückens erfaßte ihn, wenn er vom Zauber des Kreuzes sprach und die kleine weiße Hand über den Kopf schwang, mit drohendem Finger, der zitternd gen Himmel wies, aber zugleich wie ein kriegerisches Signal aller Satzung, allem Herkommen, das der Buchstabe bringt, eine ewige Fehde ankündigte. Seine Kampfluft, sein Hang zum Negiren wollte nur den Proceß herbeiführen, den er dem Gegenstande gegenüber begann, um den Standpunkt zu erobern, ihn nach seiner Weise zu fassen. Weiland Lessings Kunst der Untersuchung bestand darin, Knoten zu knüpfen, um sie dann zu lösen. Schleiermacher kräuselte vielleicht oft ohne Noth Wolken zusammen, um sie dann durch den Morgenwind seiner Rede und die Sonne seines Lichts zu verscheuchen. Niemals konnte er, nach seinem eignen Geständniß, plötzlich hingerissen oder eingenommen werden; immer fing er an zu zersetzen und oft mit einer zähen Analyse alle Bedenklichkeiten abzuwägen, um sich allmählich in den Inhalt der Sache zu stellen. Nie war er trunken vom fertig und ein für alle Mal überlieferten Heil, die betäubenden Schauer des Pietismus vermied er in den Gemüthern zu erwecken; vielmehr zeigte er, wie ein Jeder den Versöhnungsact Christi erst an sich selber zu vollziehen habe, sonst sei er nicht da für ihn im Reiche der Wirklichkeit. Nicht eine Fackel, die jäh lodernd schnell erlischt, eine ewige Leuchte wollte er anzünden, und indem er, alle Mächte des Innern zum offnen Kampf aufrufend, auch den zweifelnden Verstand zu Worte kommen ließ, bis sich derselbe in seinen eignen Fallstricken fing, war eine Umwälzung des ganzen innern Menschen Zweck, Ziel und Triumph seiner kunstgewandten Rede. Man fand in vielen seiner Frühpredigten zu sehr psychologische Abhandlungen, zu denen er den Bibeltext nur heranzog, um die Natur des Menschlichen zu beleuchten. Aber die frohe Botschaft der Lehre Christi hielt er für das Leben der Menschen, nicht für Stiftung einer Kirche bestimmt, diese nur für ein Mittel und Werkzeug für jenes. Und Alles schien ihm erst im Strom der Rede zu entstehen, Gedanke und Gefühl; selten gab er was er gedacht als fertiges und festes Ergebniß, immer ließ er die Art des Gewinnens, wie Lessing den Proceß seines Denkens schauen, und man erlebte, wie Alles in ihm entstanden, ganz neu in sich selber; indem er sich selbst erst zu überzeugen schien, überzeugte er Andere. Dies war die Maxime des großen Redners, durch die er wunderartig wirkte. Stets nahm er Partei für den des Heils Bedürftigen und zog mit ihm aus, die Wahrheit zu suchen. Nie erschien er auf der Kanzel als der Senator, der die Offenbarung proclamirt; immer war er der Tribun des Volkes, der in dessen Namen sich erhebt, um das geheimnißvoll verschlossene Buch des Lebens zu entsiegeln. In seiner Stimme, schon immer hell und durchdringend, erklang ein schmetternder Ton, wenn er sein Veto ausrief über alle Gesetze der Welt, wenn sie von außen kamen oder die Ueberlieferung sie brachte. Der sinnende, still berechnende Blick seines klugen Auges leuchtete dann wie ein zündender Blitz; in seine mäßige Action, die sonst nicht aufzukommen vermochte im Wellen-

schlag der Rede, ging die Bewegung seines Innern über, und
die kleine, wundersame Gestalt des Mannes schien aus sich
selber herauszuwachsen, wenn er sich über den Rand der Kanzel
bog, um einem Jeden ans Herz zu klopfen und auch im
felsenfesten Unglauben die Quelle des Lebens zu entriegeln.
Das war nicht unchristlich, wenn er so einem Jeden im eigenen Busen den wahren Inhalt der Bibel nachwies. Das
konnte man nicht schwache Momente nennen: gab sich doch
die Spürkraft seines Prüfens nie ganz gefangen; es waren
nicht blos lichte Intervalle seiner sonst atomistischen Denk-
kraft, die mit dem Zweifel begann, um den Glauben zu finden; das waren die Ergebnisse seines innern Lebens, die
besten Resultate seiner Forschung, der Calcül aller seiner Ge-
müthserfahrungen. Nur wenn seine Rede, die im Rausche
des Augenblicks seine Hörer begeisterte, sich zur schriftlichen
Ueberlieferung anschickte, dann schien es, als wären ihr plötzlich alle Blüthen abgestreift, die besten Ergebnisse seines Denkens sahen arm und nüchtern aus, wenn sie als Doctrin sich
darlegten und der flüssige Geist seines Wortes sich in Para-
graphen einfangen sollte. Hier galt es dann, durch Kunst das
Fehlende zu ersetzen, und in sokratischer Dia'ogik geübt,
begann Schleiermacher's Katheder- und Schriftsprache jenes
Gewebe von klugen Einschränkungen und berechneten Wendungen zu entfalten, hinter welchem sich seine Lehre gegen
Widerspruch und Mißverständniß gesichert wähnte. Seine
dogmatische Sprache verglich er selbst einer Münze mit dop-
peltem Gepräge, einem bildlichen auf der einen, einem dia-

lektischen auf der andern Seite. Jenes sei für die Fühlenden, die Gläubigen, dieses für die Wissenden oder Denkenden, denn Jenen gehöre die Person, das lebendige Wesen, Diesen gebühre die Erkenntniß des ideellen Werthes. Wer aber die Münze völlig kennen lernen wolle, müsse beide Seiten betrachten, für beide den Sinn des Verständnisses haben. Hieraus erwuchs denn bei schwierigen Fragen für die Speculation eine Dopelbeleuchtung gefährlicher Art. Probleme, die sich in bildlicher Auffassung glücklich lösen, unterliegen, sobald der ideelle Werth besichtigt wird, einer neuen, ganz andern Prüfung. Was Schleiermacher für geschichtlich fest ausgab, davon wußte man nicht immer, ob er es auch ideell für richtig nahm; was er ideell für die Summe der Wahrheiten hielt, darüber war man ungewiß, ob er ihm nicht sein geschichtliches Dasein in Abrede stellte. Das Geschrei über Zweideutigkeit wurde allgemein gegen ihn; man sagte witzig, er habe im Nothfall für halb erledigte Fragen der Wissenschaft immer einen Doppelgänger in Bereitschaft, der er selbst sei und doch auch nicht. Von allen Seiten zog man aus, oft mit Stangen und Latten wie die Kriegsknechte, um den Geist seiner Lehre einzufangen; Viele glaubten ihn ergriffen und tödtlich getroffen zu haben, wußten aber nicht, ob nun dies seine eigene Gestalt oder sein Doppelgänger war. Wer sich Blößen gab in der Hitze des Angriffes, dem leuchtete er heim mit dem ganzen Scharfsinn seiner durchdringenden Ironie, die auch ihrerseits nicht selten sich vergaß und aus Uebermuth in grausame Spottlust ausarten konnte. Lag der streitige Gegen-

stand außerhalb des Gebiets der Religion, so verführte ihn
die Ueberlegenheit der geistigen Waffen, seine Gegner in einem
Autodafé des Witzes völlig aufzuopfern. Schleiermachers Re-
cension von Fichte's Grundzügen des Zeitalters war ein
Exercitium der Spottlust, nicht minder seine Polemik gegen
Friedrich August Wolf, gegen Theodor Schmalz und gegen
Bunsen in dem „Sendschreiben an Ritschl". Rahel sagte,
Fichte habe Klauen im Kopf, Schleiermacher Messer. Wie er
den Prediger Jenisch verfolgte, mag das Aeußerste in persönlicher Verfolgung gewesen sein. Zu Anfang des Jahrhunderts,
zur Zeit, als sich Schleiermacher mit den beiden Schlegeln
verbündet hatte, war unter dem Titel: „Diogenes' Laterne"
eine Schrift erschienen, die den Zweck hatte, das damalige
Berliner Triumvirat zu parodiren. Eine Titelcaricatur
stellte die kleine Figur Schleiermacher's neben seiner damaligen Duzfreundin, der großgewachsenen schönen Frau Henriette Herz, so vor, daß er ihr Pompadour zu sein schien.
Man vermuthete, obschon es ungewiß blieb, den Prediger
Jenisch als Verfasser des Pasquills, und Schleiermacher's
Rache kannte selbst nach dem Tode des Mannes, der freiwillig starb, keine Grenze. Er kritisirte eines seiner Bücher in
der Jenaischen Allgem. Litteraturzeitung vom Jahre 1805,
und schloß seine Bitterkeit gegen den unglücklich Geendeten
mit den Worten: „Von dem Verdacht, daß er noch lebe, hat
sich der Verfasser doch nun hinlänglich gereinigt." Da schien
aus der Hülle Schleiermacher's ein versteckter Satyr hervor-
zugucken, der freilich nur wenn man ihn aufrief, Sprache

gewann und sonst vor dem muthvollen Tiefsinn des Mannes nicht auftauchte.

In seinem zweiten „Sendschreiben an Lücke", welches den Versuch zum Ausgleich mit den Gegnern seiner Glaubenslehre enthielt, sagte er mit jener lächelnden Wehmuth, die ihn am Spätabend seines Lebens auf eine rührende Weise kleidete, man habe einen eignen Rationalismus für ihn erfunden, weil man sein Wesen als Theolog gar nicht unterbringen könne in die vorhandenen Kategorien. Die streitigen Punkte liefen meist darauf hinaus, was nach seiner Ansicht im Christenthum als ein Natürliches und was als ein Uebernatürliches anzunehmen sei. Einen ideellen Rationalismus, sagte er, nenne man seine Theologie, der darin bestehe, daß zugegeben werde, ein Natürliches könne auch ein Uebernatürliches sein. Allein er wisse doch noch einen bessern Rath. Wo nämlich Uebernatürliches bei ihm vorkomme, da sei es immer ein Erstes, das aber hernach ein Natürliches als Zweites werde. So sei die Schöpfung übernatürlich, aber sie werde hernach Naturzusammenhang; so sei Christus übernatürlich seinem Anfange nach, aber er werde natürlich als eine menschliche Person; und so sei es auch mit dem heiligen Geist und der Kirche. So sei das, was seine Theologie bezeichne, eher ein Supernaturalismus, aber ein reeller. Was jedoch damit gewonnen sei, sehe er nicht ein, wie er sagte. Seine Auffassung der Wunder ist am meisten als sophistisch und ironisch verschrieen; mich dünkt mit Unrecht.

Strauß versteift und verkneift sich auf den Gegensatz dessen was man Wunder und dessen was man ein natürliches Ereigniß nennt. Als ob beides nicht in den Dingen, die uns noch heute begegnen, zusammengriffe! Als ob, was wir in seinem Causalnexus erkannt, nicht auch noch in seinen Urkeimen als etwas Unmeßbares, mithin Wunderbares sein könne, und als ob die täglichen Erscheinungen, die uns blos um ihrer häufigen Wiederkehr willen natürliche sind, troß unserer Gewöhnung an sie nicht ebenso gut noch in ihren Urgründen wunderbare wären! Das Wort des Markus: „Herr, ich glaube; hilf meinem Unglauben!" gilt auch noch täglich in den ganz sichtlichen Dingen dieser Welt. Und im Wunder das Uebernatürliche als ein vom „Himmel" stammendes zu verwerfen: dies scheut sich Strauß nicht, der doch als Philosoph wissen muß, daß es in diesem Sinne keinen Himmel mehr giebt, weil uns die alte, antike und auch jüdische Annahme eines Gottessißes im blauen Aether über uns gänzlich fehlt, der Himmel des Geistes in uns, nicht über uns ist, und etwas Uebernatürliches gar nicht existirt, weil Alles innerhalb der Natur, und der Geist, auch der Urgeist, nicht mehr ein jenseitiges Wesen ist, sondern die innerhalb der Welt wirkende Seele. Es ist also weder gesucht, noch sophistisch, das Wunder der Himmelfahrt Christi als ein Aufgehen seines Geistes in den Geist seiner Gemeinde und der Menschheit überhaupt zu verstehen. Was die Todtenerweckungen betrifft, so schrieb Schleiermacher Christo die Gabe zu, „das leibliche Leben aus seinem innersten verborgensten Schlupfwinkel wieder hervorholen zu können, wo es schon ganz gestorben schien." Er nahm also Scheintodte, noch nicht in Verwesung Uebergegangene an, wie Christus offen und einfach von Jairi Töchterlein sagte, das Mägdlein schlafe. Bei andern Wunderthaten Christi behauptete Schleiermacher, der sinnliche Vorgang sei nicht klar erzählt; mithin thäten wir besser, uns des Urtheils darüber zu begeben und uns an den Sinn der uns allerdings unenträthselten Thatsache zu halten. Für Schleiermacher war Wunder überhaupt nur der religiöse Name für Begebenheit. „Je religiöser Ihr wäret, rief er, desto mehr Wunder würdet Ihr überall sehen, und jedes Streiten hin und her über einzelne Begebenheiten, ob sie so zu heißen verdienen, giebt mir nur den schmerzhaften Eindruck, wie arm und dürftig der religiöse Sinn der Streitenden ist. Die Einen beweisen diesen Mangel dadurch, daß sie überall protestiren gegen Wunder, durch welche Protestation sie nur zeigen, daß sie von der unmittelbaren Beziehung auf das Unendliche und auf die Gottheit nichts sehen wollen; die Andern beweisen denselben Mangel dadurch, daß es ihnen auf dieses und jenes besonders ankommt, und daß eine Erscheinung gerade wu n d e r l i ch gestaltet sein muß, um ihnen ein Wunder zu sein, womit sie nur beurkunden, daß sie eben schlecht aufmerken." Es ist sehr gleichgültig, mit wieviel Fischen und Broten Christus so oder soviel hundert oder tausend Menschen gesättigt. Daß er aber so gesprochen, mit göttlicher Stimmung die versammelte Menge beseelte, daß sie der leiblichen Speise nicht bedurften: dies Wunder wird wohl gültig bleiben müssen, solange Menschen ungewöhnlicher Regung fähig sind. Schlimm das Zeitalter, das solcher Befähigung geistiger Wirkungen baar und ledig wäre. Wunder ist die Wirkung gesteigerter Seelenkräfte, eine Thatsache des Geistes, der sich auf Momente beflügelt fühlt und Dinge thut, die er in gewöhnlicher Verfassung nicht vermag. Jeder Moment zusammengefaßter Geisteskraft ist ein Wunder, jeder aufblitzende Gedanke, jede Entschließung zur großen oder guten That, jede Zuversicht, etwas wider Erwarten und Berechnung leisten zu können. — So lag für Schleiermacher der Werth und die Kraft des Gebetes nicht darin, daß dasselbe etwas ganz Widernatürliches, den Gesetzen der Natur Widerstreitendes wirke, sondern darin, daß Alles was gut, fest, sicher und gewiß sein soll, im Bewußtsein Gottes und im Zusammenhange mit ihm begonnen, der Mensch sich seiner eignen höhern Potenz inne werde. Die ersten Sendboten Christi hatten erhobene Stimmungen, in denen sie Wunderbares übten, wie jeder Held. Die Visionen des Apostels Paulus auf epileptische Zufälle zu reduciren, ist wohl die erbärmlichste der Auffassungen, zu denen die nüchterne Kritik in Profanirung hoher Geistesstimmungen führt. Ich zweifle, daß der fribol gescholtene Franzose Renan, der jetzt das Leben des Apostel Paulus schreibt, so profan wie Strauß sein wird. Wenn Christi geschichtliches Leben und Wirken nicht ausgereicht hat, ein Reich Gottes auf Erden, die neue Religion, fertig zu gründen, so gehören auch die Thaten der Apostel zu seinem Werke. Wenn zu Anfang der Schlacht der Führer fällt, seine Schaaren aber in der Erbitterung über seinen Tod ihren Heldenmuth beflügelt fühlen und über seine Leiche hinweg den Sieg erringen, so so ist es der Geist des Todten, der ihnen Feuer, Kraft und Muth zum Siege giebt, und der Sieg zählt sicherlich mit zu den Wirkungen seines Lebens.

Schleiermachers „Leben Jesu" ist erst 1864 nach seinen Vorträgen zusammengestellt. Sein idealer Christus war ihm der im Evangelium Johannes wiedergeborne Jesus von Nazareth, ohne daß er sich eingestand, daß diese Wiedergeburt nicht schon im Bericht eines Augenzeugen sich vollziehen konnte. Die Annahme von Mythen hält er für unzulässig. Dabei nahm er aber doch nach dem Tode Christi hymnische Dichtungen an, welche die Momente seines Lebens und Wandels ausschmückten. Das Sichaufthun der Gräber, das Erscheinen der Heiligen, das Zerreißen des Vorhangs im Tempel wollte er symbolisch verstanden wissen, wie ihm ja Auferstehung und Himmelfahrt nicht historische Thatsachen, sondern ideelle Momente sind, deren Wahrheit in dem, was sie bedeuten, liegt. Der speculativen Dogmatik Marheineke's gegenüber äußerte er die Besorgniß vor neuer römischer Hierarchie und Scholastik. In den „Briefen an Lücke" sprach er wiederholt schon früh die Befürchtung aus, die Ergebnisse der Naturwissenschaft möchten in Zukunft alle naive Einfalt aus den evangelischen Schriften und alle blüthenvollen Wunder aus dem Leben Jesu verscheuchen, und es werde dann nichts dastehen vom Baume des Lebens als der nackte Stamm, nichts übrig bleiben von der Herrlichkeit der göttlichen Sendung als die Abstraction des nackten Gedankens. Für Schleiermacher gab es kein Christenthum ohne einen Christus, Jesus von Nazareth aber blieb ihm keine Wahrheit ohne die Heiligkeit der Person ihres Verkünders. Schleiermacher hielt sein bestes Denken mit seinem Glauben im Einklang, das war sein letztes Wort und „in dieser harmonischen Seelenstimmung, schrieb Wilhelm von Humboldt, ist er gestorben." An der Wiege seines Lebens hat das schlichte Herrnhuterthum mit seiner Jesuliebe und seiner Einkehr in sich gestanden, und derselbe stille Genius des Glaubens an die Person eines Mittlers senkte seine Fackel, als er sein müdes Auge schloß.

Friedrich Schleiermacher war am 21. Nov. 1768 in Breslau geboren. Da sein Vater, reformirter Feldprediger, auf Amtsreisen häufig den Wohnort wechselte, erhielt der Knabe zu Pleß in Oberschlesien, dann in der Colonie Anhalt seine erste Erziehung, bis die Eltern auf einer Reise die Erziehungsanstalt der Brüdergemeinde zu Niesky in der Oberlausitz kennen lernten und ihn dieser frommen Anstalt anvertrauten. Siebenzehn Jahre alt trat er (1785) in das Seminar zu Barby, die eigentliche Universität der Brüdergemeinde, wo sich nach heftigen Kämpfen seine Emancipation von der Secte vollzog. Schon vom fünfjährigen Knaben schrieb die Mutter: „Fritz ist ganz Geist." Sein kleiner, zarter Körper, etwas gekrümmt, ohne mißgestaltet zu sein, hatte von früh an mit Leiden zu kämpfen, deren er auch später im Mannesalter immer nur durch gesteigerte Geistesthätigkeit

Herr zu werden pflegte.*) Schleiermachers Selbstbiographie, 1794 auf amtliche Veranlassung aufgesetzt, gab über die Gemüthskämpfe seiner Jugend Aufschluß. Die Herrschaft einer spielerischen Phantasie im Umgang mit der Person Jesu hätte ihn, sagte er, bei weniger Kaltblütigkeit wahrscheinlich zum Schwärmer gemacht. Bei der klugen Wachsamkeit seiner Seele wurde er stutzig, daß Christi Blut ohne unser Zuthun selig machen sollte; er sträubte sich gegen übernatürliche Gnadenwirkungen ohne Verdienst und sittliche Verantwortung. Der römische Dienst und der Herrnhuterglaube treffen hierin zusammen, während im Jüngling Schleier-

---

*) Steffens, sein trauter Freund und Stubengenosse zu Halle in der Zeit der höchsten Noth und Dürftigkeit, während die Stadt von den Feinden besetzt, die Universität zersprengt war, hat seine Persönlichkeit geschildert: „Schleiermacher war bekanntlich klein von Wuchs, etwas verwachsen, doch so, daß es ihn kaum entstellte. In allen seinen Bewegungen war er lebhaft, seine Gesichtszüge höchst bedeutend. Etwas Scharfes in seinem Blick mochte vielleicht zurückstoßend wirken. Er schien in der That einen Jeden zu durchschauen. Sein Gesicht war länglich, alle Gesichtszüge scharf bezeichnet, die Lippen streng geschlossen, das Kinn hervortretend, das Auge lebhaft und feurig, der Blick fortdauernd ernsthaft, zusammengefaßt und besonnen. Ich sah ihn in den mannichfaltigsten wechselnden Verhältnissen des Lebens, tief nachsinnend und spielend, scherzhaft, mild und erzürnt, von Freude wie durch Schmerz bewegt. Fortdauernd schien eine unveränderliche Ruhe, größer, mächtiger als die vorübergehende Bewegung, sein Gemüth zu beherrschen. Und dennoch war nichts Starres in dieser Ruhe. Eine leise Ironie spielte in seinen Zügen, eine innige Theilnahme bewegte ihn innerlich und eine fast kindliche Güte drang durch die sichtbare Ruhe hindurch. Die herrschende Besonnenheit hatte seine Sinne auf eine bewundernswürdige Weise verstärkt. Während er in lebhaftem Gespräch begriffen war, entging ihm nichts. Er sah Alles, was um ihn her vorging, er hörte Alles, selbst das leise Gespräch Anderer."

macher der Gedanke des freien Ichs auftauchte, das seine
Sünde selbst zu tragen habe, aber auch seine Sühne und
Erlösung kraft eigner Entschließung und Befähigung in
sich erleben müsse. Das Seminar zu Barby schloß klösterlich
ab gegen die Bewegungen der Gedankenwelt draußen. Schleiermacher wandelte das Gelüst an, die Zweifel der Widersacher
gegen Christi Verdienst doch erst zu kennen, ehe er sie ver-
dammte; er wollte sie prüfen und fühlte den Muth in sich,
sie zu widerlegen. Man versuchte seine Bekehrung durch alle
Mittel, und es kostete ihm Mühe, wie er sagte, „sich durch
alle die Verhaue und Hindernisse durchzuarbeiten", die man
ihm legte. Der Briefwechsel mit dem Vater war für den liebenden Sohn die härteste Prüfung; Jener eiferte „gegen das
Verderben seines Herzens", „gegen den Abfall vom Gott seiner Väter". Schleiermachers umfassende Entgegnungen offenbaren den rührendsten Widerstreit zwischen kindlichem zärt-
lichem Gehorsam und dem entschlossenen Muth, seine Ueberzeugung nicht dem Herkommen zum Opfer zu bringen. Vater
und Sohn fordern sich heraus über die innersten Fragen.
Der Vater hält die Verherrlichung Gottes für den einzigen
und höchsten Zweck der Religion, der Sohn die Vervollkommnung der Geschöpfe, in der er die beste Glorie Gottes sieht.
Seine Zweifel an dem ein für allemal geleisteten Versöhnungs-
tode und an der zweiten Gottheit im Erlöser stiegen schon im
Jüngling auf, ohne daß der Greis sie je beseitigte. Erst 1787
gab der Vater ihn frei und Friedrich trat aus der Brüdergemeinde, um seine Studien von ihren Satzungen unbehin-

dert zu verfolgen. Die zwischen ihm und dem Vater eingetretene Kälte nannte er die dunkelste Stelle seines Lebens. Mit einer Schwester in der Colonie blieb er in stetem Briefwechsel, und wenn ihn später die Sorge überkam, seine Kraft würde auf dem Felde der Wissenschaft dem Unglauben und dem Aberglauben gegenüber erliegen, dann dachte er fast reuig an den abgeschlossenen Frieden unter den Herrnhutern; während des Agendenstreites ersehnte er sich wenigstens die dörfliche Stille eines Landpfarrers. Durch den Hofprediger Sack erhielt er beim Grafen Dohna in Schlobitten eine Hauslehrerstelle, die er nach drittehalb Jahren aufgab. Weich und zart wie er war, hat er in diesem Hause zuerst sich in der Pflege edler Frauen gefühlt; er rühmte namentlich eine früh geendete Tochter, Friederike, die das Verdienst um ihn gehabt, die Gemüthsseite seines Innern belebt und beflügelt zu haben. Im J. 1793 folgte er einem Rufe an das Schullehrerseminar in Berlin, im Jahr darauf als Hülfsprediger nach Landsberg a. d. Warthe, bis er von 1706 bis 1802 als Pastor an der Charité, zum zweiten Male in Berlin seinen Wirkungskreis fand. Es war dies beim Wechsel des Jahrhunderts die bedeutendste Epoche seines Lebens. Seine ersten Bekenntnißschriften, seine „Reden" und seine „Monologe", gehörten ihr an, sein Verkehr mit Henriette Herz und mit Friedrich Schlegel, sowie eine dunkle Stelle in seinem Gemüthsleben. Das Ideal eines Freundschaftsbundes war für Schleiermacher eine „geistige Ehe"; so hoch stellte er und so tief und innig faßte er die Gemeinsamkeit der Arbeit zweier Geister, gleichviel ob verschiedenen oder desselben Geschlechtes. Die schöne, junonisch gestaltete Henriette Herz, die Tochter des Berliner Arztes de Lemos, eines Juden von portugiesischer Abkunft, war, fünfzehn Jahre alt, die Gattin eines Arztes geworden, der, um vieles älter, ihr Erzieher gewesen war und in kinderloser Ehe ihr Lehrer und Freund blieb, auch als sie im Verkehr mit den Männern der romantischen Schule jene Freiheit und Selbständigkeit gewonnen, die sie nach seinem Tode zum Christenthume führte. Schleiermacher las mit ihr Griechisch und widmete ihr seine „Monologe", das Buch, in welchem er sich selbst idealisirte. Zur Zeit der Sommerfrische lebte er oft den ganzen Tag mit ihr in dem kleinen Häuschen, das sie im Thiergarten bewohnte. Jene „Monologe" waren eigentlich mehr ein Ertrag seiner Dialoge mit dieser seiner „Jette". Sein Sokratisches Wesen, die gerühmte Hebammenkunst der Erzeugung des Denkens in Andern, gestattete ihm gar kein einsames Dichten und Trachten, seine innerste Natur war geselliger Art. Sein geschlechtliches Verhalten im Umgang mit Frauen ging so weit, daß er, von Freunden gewarnt, sich nicht zu verlieren an Wesen, die ihm nicht angehören konnten, diese Warnung entweder belachte oder gar nicht verstand. Seine fast mädchenhaft reine, sittliche Zartheit war bewundernswürdig. In gleicher Hingebung und Bedürftigkeit des Herzens und Geistes war er auch in der Männerfreundschaft. Im Herz'schen Hause lernte er Friedrich Schlegel kennen, dessen „Athenäum" (1796—1800) damals erschien. Wenn er sein Verhältniß zu Diesem auch

eine geistige Ehe nannte, so war er seinerseits wohl der
weibliche Theil, der treu bedächtige, sorgsam begütigende,
der die Extreme des Mannes klug und fein vermittelt. Die
tumultuarische Persönlichkeit dieses Schwarmgeistes schien
ihm zu imponiren, dessen weitgestellte Ziele gaben seiner stillen, wenn auch unaufhörlich bewegten und wachsamen Seele
neuen Antrieb, stärkern Stachel und Reiz. Stubengenossen-
schaft und die gemeinsame Unternehmung, den Platon deutsch
zu geben*), bei deren Ausführung Schlegel den Genossen
freilich bald im Stich ließ, machten die Duzfreundschaft sehr
innig. In ausschweifenden Wagnissen, und auch als Mensch,
bedurfte Schlegel der Nachhülfe, der treuen Vermittelung.
Schleiermachers „Vertraute Briefe über die Lucinde" waren
eine Ehrenrettung. Schleiermacher hatte sich Anfangs in das
Buch gar nicht finden können; er schrieb an eine Freundin:
„Mit der Lucinde werden wir unsere Noth haben." Als das
Buch jedoch geradezu als ein unsittliches gebrandmarkt, sein

---

*) Schleiermachers zum großen Theil vollendete Uebersetzung
der Platonischen Dialoge, deren Ordnung und Erläuterung haben
Philosophen wie Philologen als sein glänzendstes Verdienst gerühmt. An diese Arbeit voll staunenswerther Kraft, Emsigkeit
und Ausdauer reihen sich noch seine Sammlung der Fragmente
des Heraklit im Buttmannschen Museum, seine Würdigung des
Anaximander und des Diogenes von Apollonia, seine Abhandlung
über des Aristoteles Nikomachische Ethik, eine Charakteristik des
Sokrates und eine Studie über die verschiedenen Methoden des
Uebersetzens. Seine Methode lief freilich Gefahr, selbst seinen
eignen Styl an die Grenze erkünstelter Manierirtheit zu drängen.
Mancher hat geklagt, zum griechischen Text greifen zu müssen, um
Schleiermachers Periodenbau in dieser Uebersetzung zu verstehen.

Verfasser geächtet wurde, da fühlte er sich nicht nur um des Freundes, auch um der Sache willen gedrängt, den pharisäischen Finsterlingen gegenüber eine Vertheidigung zu schreiben, welche ihm Gelegenheit gab, die Heuchelei der stumpfen Askese und die falsche Prüderie zu geißeln. Bezeichnend ist ein Wort Schleiermachers über Schlegel schon in damaliger Zeit, wo man ihn für blind eingenommen vom Freunde hielt. Er vermisse, klagt er, an Friedrich Schlegel „das zarte Gefühl und den feinen Sinn für die lieblichen Kleinigkeiten des Lebens und für die feinen Aeußerungen schöner Gesinnungen, die oft in kleinen Dingen unwillkürlich das ganze Gemüth enthüllen." Was nicht feurig und stark erscheine, halte Schlegel für schwach, äußerte Schleiermacher, dem oft ein Strohhalm genügte, um Gott zu erkennen, während Schlegel sich in stolzen Velleitäten erging, ohne Centrum in Peripherien schweifte. Daß dieser Stern kein Planet war, hat Schleiermacher später gründlich eingesehen, als dessen Kometenschweif sich im Schooß einer alleinseligmachenden Kirche verlor und auch dort in Dunst sich löste. Die dunkle Stelle in Schleiermachers Leben gehört der Zeit an, als Schlegel mit Moses Mendelssohns Tochter ein Bündniß schloß, das erst nach deren Trennung von ihrem ersten Gatten, dem Maler Veit, möglich wurde. Schleiermacher lag ebenfalls in romantischen Banden der Neigung zu einer leidenden, mit ihrem Geschick an der Seite eines ungeliebten Gatten ringenden Frau, der er sich zutraute Heilmittel des Leibes und der Seele bieten zu können. Die an Frau Eleonore, Gattin des Predigers

Grunow, gerichteten Briefe athmen das tiefste, das glühendste Bedürfniß, ihr anzugehören und sie aus einer Ehe zu erlösen, die er, weil sie nicht in Liebe geschlossen war, für keine ächte hielt. Um ihr den Entschluß zu erleichtern und das Aufsehen zu vermeiden, wenn sie sich von ihrem Gatten trennen würde, verließ Schleiermacher Berlin und nahm (1802) die Predigerstelle in Pommern an, wo er sich ein Ovid in Tomä als Verbannter fühlte und seine Entfernung dann doppelt bereute, als Eleonore doch nicht Kraft und Muth genug besaß, das alte Band zu zerreißen. Schleiermacher irrte in der Verzweiflung fast bis an den Rand des Entschlusses, sein Leben freiwillig zu beenden; doch hat man die Briefzeugnisse davon nicht zu veröffentlichen gewagt. Klar und offen hat er gewiß seiner Freundin Herz darüber gebeichtet. — Die zweite „Jette" in seinem Leben war die Frau eines jungen Freundes, der in Stralsund Prediger war, 1804 die sechszehnjährige Henriette von Mühlenfeld, Tochter eines Oberstlieutenants und Gutsherrn zu Sissow auf der Insel Rügen, heirathete, aber schon einige Jahre darauf in der Franzosenzeit ein Opfer des Lazarethfiebers wurde, die junge Frau mit einem lebenden Sohne und einem zweiten Kinde unter dem Herzen hinterlassend. Durch das Medium des Freundes war er zu ihr in ein inniges Verhältniß getreten, und schon zu ihres Mannes Lebzeiten hatte Henriette v. Willich in Schleiermacher einen väterlichen Freund und Lehrer erkannt. Mit naiver Grazie hatte sie dem „Väterchen" die zärtlichste Sorgsamkeit und Neigung gewidmet; plötzlich verwittwet und verwaist, fand sie in ihm Hülfe, Trost, Rettung und Liebe. Sie wurde 1809 die Gattin des bereits Einundvierzigjährigen, dem bei seinem innigen Bedürfniß nach Liebe so spät das Glück der Ehe wurde. Im Briefwechsel Beider ist der Austausch und die Genesis der Empfindungen im zarten Uebergang von Freundschaft in Liebe von einem Interesse, das uns sonst nur in Herzensromanen entgegentritt. Es ist nicht neu, daß im Herzen einer Schülerin Achtung und Bewunderung für den Lehrer sich in Leidenschaft wandelt. Hier aber stand noch der Geist des geschiedenen Gatten und Freundes zwischen den Liebenden, — nicht aber um zu trennen, im Gegentheil um Beide einander zuzuführen und segnend die Hand über sie zu breiten. Der Todtendienst, den Friedrich und Henriette dem frühvollendeten Ehrenfried Willich unausgesetzt widmen, verdrängt hier nicht den ersten Gatten aus dem Herzen der Gattin, giebt vielmehr dem neuen Bündniß eine neue, ätherisch reine, fast geisterhafte Weihe. Ein Sohn aus dieser Ehe, Nathanael, starb 9 Jahre alt; eine Tochter wurde die Gattin des preußischen Ministers Grafen Schwerin.

Seit 1804 war Schleiermacher als Prediger und als akademischer Lehrer in Halle thätig gewesen, nach dem Abtreten der Saalestadt an das westphälische Königreich (1807) abermals nach Berlin verpflanzt, wo er für die neue Hochschule eine wesentliche Stütze wurde. In der Zeit der Drangsal und höchsten Noth, wo die Fürsten nach den Völkern rufen, in der Zeit der Versuche, das erloschene Leben der Nation wieder anzufachen, da ward er unter den Männern gern befunden, die helfen und fördern sollten. Schleiermacher stand wie Fichte im Brennpunkt der Bewegung deutscher Freiheitsmänner, die sich wie eine Loge geheimer Verbrüderung über Volk und Jugend erstreckte, in Schill und Dörnberg ihren ersten, äußerlich verfehlten Ausdruck fand, bis die Zeit reif war und selbst ein König mit seinem Aufruf, mit Brief und Siegel den Aufstand und den Volkskrieg sanctionirte. Bevor noch die Arndt, Rückert, Schenkendorf und Körner sangen, schon unter den Bayonetten des Feindes entzündete Schleiermachers Wort von Kanzel und Lehrstuhl die heimlich in Freiheitslust klopfenden Jugendherzen. Zelter hat in Briefen an Goethe von des kühnen Predigers Unerschrockenheit in der Franzosenzeit berichtet, und aus des Mannes eignen Briefen erfahren wir, wie ihn Davoust, der Henker Hamburgs, nebst mehreren andern Bürgern Berlins vor sich beschied, ihm wie ähnlichen Aufruhrstiftern mit Strafe drohend. Bischof Eilert hat erzählt, wie Schleiermacher nach dem Aufruf von Breslau die Schaaren bewaffneter Jünglinge in der Dreifaltigkeitskirche zum Kampf für die neue Zeit eingesegnet. Im Styl alter Zeiten ließ ein Herodes einen Johannes enthaupten; plötzlich rief man nun vom Throne nach den Propheten, um den Kampf zu einem heiligen zu entflammen. Das waren allerdings Zeichen einer neuen Zeit, von der es immer heißen wird: die Blinden werden sehend und die Lahmen stehen auf und wandeln! Draußen vor der Kirche standen die Büchsen der Freiheitskämpfer, und drinnen weihte ein Priester, der für innere und äußere Freiheit gekämpft, die Jugend

zum Kampfe, die weinenden Mütter segnend und preisend,
daß sie solche Söhne geboren. Das waren ebenfalls Wunderthaten, und Wunder werden sich erneuern, solange sich
Menschen für ein Heiliges und Höchstes entzünden; oder es
müßte denn David Friedrich Strauß gelingen, den Begriff
Wunder, als vom luftleeren Himmel stammend, lächerlich zu
machen und als sinnlos zu erklären.*)

Wer die Propheten verspottet und verwirft, handelt fast
ebenso schnöde wie die Mächtigen dieser Erde, welche sie be-
nutzen und nach vollzogenem Dienst bei Seite schieben. Die
drei Bände: „Aus Schleiermachers Leben" brachten in Briefen des Mannes auch Bericht über seine geheimnißvolle Sendung nach Königsberg, wo man Hof hielt, eine Sendung,
die er, eine Zeitlang Mitglied des Ministerraths in Cultus-
sachen, nicht ohne Gefahr vor den Feinden des Vaterlandes

---

*) Als sich die Hörsäle der Hochschule leerten, war Schleier-
macher der Prediger in den Versammlungen des Landsturmes, der
sich in Berlin ordnete. Sich an Steffens' Seite den Reihen der
Freiwilligen anzuschließen, war ihm von Natur versagt. Zur Zeit
der Demagogenriecherei seit Kotzebue's Ermordung erlebte er mit
der Hochschule Berlins die Schmach, vergeblich gegen de Wette's
Absetzung Protest eingelegt zu haben. De Wette hatte bekanntlich
der Mutter Sands einen Trostbrief geschrieben, der dem blinden
Fanatismus der Finsterlinge Vorwand lieh, die Frevelthat eines
Schwärmers im Munde eines Gottesgelehrten gebilligt zu sehen.
Hierüber und über Arndts Absetzung in Bonn geben Schleiermachers Briefe die besten Zeugnisse. Seine mit Arndt gewechsel-
ten Briefe sind von besonderer Traulichkeit; war doch Arndt seit
1817 als Gatte von dessen Stiefschwester Schleiermachers Schwager.

unternahm. Den Inhalt der Botschaft wissen die Herausgeber des Briefwechsels nicht zu bezeichnen. Wenige Jahre jedoch nach geleisteten „Freiheitsdiensten", schon 1817, begann Schleiermachers Kampf gegen den bureaukratischen Absolutismus des wiedererstehenden Polizeistaates, sein Kampf für Freiheit der Kirche, für Selbstregierung der Gemeinden, deren Diener nach freier Wahl der Aeltesten der Prediger sein sollte statt Beamter des weltlichen Regiments. Die Polizeimänner in Preußen fürchteten die sittliche Macht freier Gemeinden und täuschten das Volk, indem sie deren natürliche Selbstregierung als eine neue Hierarchie bezeichneten. Für eine Union der Lutheraner, Calvinisten und Reformirten hatte sich Schleiermacher längst entschieden, denn was sie getrennt, waren verfallene Begriffe. Klaus Harms, Scheibel und selbst Steffens hielten ein schroff abschließliches Altlutheranerthum fest, während Luther selbst keine lutherische Kirche bezweckte, vielmehr nur Christi Kirche vom Meinungsschutt der Jahrhunderte befreite. Auf „Ordre" eines weltlichen Herrschers hin bezweckten aber Unionsmänner Symbolzwang und knechtische Bekenntnisse früherer Zeiten wiederherzustellen. Das hielt Schleiermacher für Eingriffe in die Freiheit der ächten Kinder Gottes. Und so ward er denn mißliebig bei den Fürsten, wie er den Finsterlingen zu sehr ein Denker, den Denkern aber zu gläubig und allen als zweideutig erschien. Die Sehnsucht aber nach einem stillen Herrnhutertum überkam ihn schließlich nur wie die Sehnsucht nach einer Glückseligkeitsinsel, die nicht mehr da ist im streitigen Menschenleben. „Mitten in der Endlichkeit Eins werden mit dem Unendlichen und ewig sein in jedem Augenblick": dies blieb sein Wahlspruch und die Unsterblichkeitslehre, die er predigte. Und mich dünkt, über dieser Lehre könnten sich Christenthum und Philosophie die Hände reichen.

VI.

Arndt.

VI.

Arndt.

Seit dem 29. Juli des Jahres 1865 steht Vater Arndt in Erz auf hoher Zinne zu Bonn am Rhein, als Wächter auf den deutschen Strom blickend. Zwei seiner Kernsprüche prangen am Denkmal: Der Gott, der Eisen wachsen ließ, der wollte keine Knechte! und: Der Rhein, Deutschlands Strom, nicht Deutschlands Grenze. So lautet der Titel eines jener vielen Bücher, die der getreue Eckart auf des Reichsfreiherrn Stein Geheiß geschrieben. Arndt ist Stein's Schreiber gewesen, Stein hat an ihm gleichsam seinen „Blücher mit der Feder" gehabt, wie Blücher für Gneisenau's Gedanken die Faust und das Schwert war.

Am zweiten Weihnachtstage des Jahres 1769, den 26. December, (vier Monate „gleich hinter dem Corsen her") wurde Ernst Moritz Arndt auf der Insel Rügen geboren. Sein Urgroßvater war ein eingewanderter schwedischer Unterofficier gewesen, der sich in ein Bauernwesen eingeheirathet hatte, sein Großvater ein Schäfer, sein Vater Haidereiter, auch

Schreiber beim Grafen Putbus, zuletzt Inspector auf dessen Gütern in Schoritz. Die Mutter war eines Ackerbauern Tochter. In seinen „Fragmenten über Menschenbildung" schrieb Arndt, er werde nie aufhören, seinen Eltern noch unter der Erde zu danken, daß sie ihn natürlich aufwachsen ließen, ohne allzu viel an ihm zu stutzen und abzuglätten. Er blieb ein Naturproduct, ein Geschöpf heimischer, ländlicher Sitte, voll Bauernkraft, Einfalt und Naturtreue. Bis in sein vierzehntes Jahr ging keine fremde Vocabul über seine Lippen. Es haperte sogar mit dem Unterricht. Der Vater lehrte Schreiben und Rechnen, die Mutter Lesen; über Bibel und Gesangbuch ging's nicht hinaus, aber er las dafür das Wort Gottes wohl drei-, viermal ganz durch. Sonst wurde das Roß getummelt, zur Saat- und Erntezeit sogar das Vieh gehütet. Sonntags ging's zweimal weit über Feld zur Kirche. Die Eltern waren streng, stark, derb und kurz und gut. Fast soldatisch geartet, schlief Ernst auf Brettern und Reisig mit dem Mantel bedeckt, oft genug unter freiem Himmel, im Baumgeheg oder hinter einem Heuhaufen. Das hat ihm die Liebhaberei für nächtliche Wanderungen gegeben. Das Meer und die Eichenwälder haben den Knaben groß werden sehen, der Vogel in der Luft, das Wild im Busch, der Fisch im Wasser sind sein Spielzeug gewesen; im Buchengrün und zwischen Hünengräbern ist uns dieser Nordlandsrecke erwachsen. Daher sein leidenschaftlicher naturhistorischer Trieb, Land und Leute al fresco aufzufassen, sie in ihren Naturbedingungen zu ergründen. Auf der Stubbenkammer giebt's Buchenwälder, die der scharfe Seewind nicht allzu sehr aufschießen läßt und kurz und gedrungen hält; um so eisenfester wird ihr Holz. So ein Buchengewächs nach außen und innen war Arndt. Natur war alles was ihn umgab, künstlich nur einige quälerische Mißstände, Erfindungen der menschlichen dummen Klugheit, die Leibeigenschaft der Bauern, und gegen diese Mißcultur war denn auch in Greifswald eine seiner erster Schriften gerichtet. — Endlich war daheim doch noch ein Hauslehrer gefunden, ein Mann aus Sachsen, der es in der Jugend bis zum Studenten gebracht hatte, aber dann unter die Soldaten gegangen war und nun den Corporalstock mit dem Bakel vertauschte. Etwas Latein war in diesem Präceptor sitzen geblieben; aber er hatte, zumal wenn er Kirchenlieder sang, eine kreischende Stimme, dergestalt daß die Buben laut kicherten, und da setzte es dann brav Fuchtel mit der Haselruthe. Ein anderer „Lesekerl", wie man auf gut Schwedisch die Studenten nannte, förderte auch nicht viel, bis Ernst nach Stralsund auf die gelehrte Schule kam. Schwedisch war auch in Pommern das Regiment, aber Land und Leute kerndeutsch, von der plattdeutschen Art, wie sie Fritz Reuter von Mecklenburg noch heutzutage schildert. Mehrere Gönner hatten zusammengeschossen, um den kräftig biderben Bauernjüngling studieren zu lassen. Wie er von der Schule entlassen war, regte sich aber das Gelüst des freien Bauern in ihm, er entlief und streifte in Feld und Wald umher, bis er sich doch wieder einfangen ließ und, 22 Jahre alt, 1791, nach Greifswald ging, um

Gottes Wort zu studieren. Dann besuchte er Jena als Theolog, wo ihn Fichte's „tapfere Persönlichkeit" spornte. Er predigte als Candidat „mit Schall und Beifall", die Rede floß ihm leicht und gut vom Munde; allein sein Rechtlichkeitssinn sträubte sich gegen die Kreuz- und Querwege, um eine Pfarre zu ambiren, und nach einem Hauslehrerdienst beim Pfarrer Kosegarten entschloß er sich, 28 Jahre alt, mit dem Stock in der Hand sich die Welt zu beschauen. Er wanderte vom Frühling 1798 bis zum Herbst 1799 wie Bruder Sorgenlos durch halb Deutschland, Ungarn, Italien, Frankreich und beschrieb ehrlich, grob, aber kernhaft und mit gesunden Blicken, namentlich in Paris am wilden Heerde der Revolution, in vier Bänden seine Wanderungen. Ein Dreißigjähriger kam er zurück, und da ihn eine Herzensneigung quälte, so ward er 1800 in Greifswald seßhaft, heirathete, docirte und ward Adjunct der philosophischen Facultät. In seinen späteren „Erinnerungen aus dem äußern Leben" lesen wir: „Meine Frau schenkte mir im Sommer 1801 einen schönen Sohn, der ihr das Leben kostete"; von seinem Schmerz sprechen seine Gedichte aus jener Zeit. Er hat meist Historica gelesen; seine erste Schrift lautete: „Ueber die Freiheit der alten Republiken"; seine zweite (1803): „Versuch einer Geschichte der Leibeigenschaft in Pommern und Rügen" machte Lärm. Die Junker und Großpächter schalten ihn Bauernaufhetzer und Leuteverderber. Der schwedische König ließ ihn in Stralsund vor Gericht verhören, ihn dann aber unangetastet nach Greifswald zurückkehren; Leibeigenschaft und

Patrimonialgerichte wurden einige Jahre nachher durch Gustav IV. Adolf aufgehoben. Diese schöne That seines Königs machte Arndt Zeitlebens zum Royalisten. Er blieb dies, selbst wo das Königthum so blind wurde, seine reinsten und besten Anhänger zu knechten. „Ich hatte", sagt er in seinen „Erinnerungen aus dem äußern Leben" (3. Aufl. S. 84), „als Zeitungsleser und Chronikenleser, zwischen meinem neunten und zwölften Jahre schon gewisse politische Verhärtungen und Versteifungen. Ich brauche diese Worte absichtlich, weil ich die Sache als Fehler in mir erkannt habe. Ich bin von jeher vielleicht ein übertriebener Königischer gewesen. Ich glaube, ich bin es geworden, wie die Meisten ganz unbewußt etwas werden, durch die ersten Gewöhnungen des frühen Alters." Arndts Franzosenhaß stammt auch nicht blos aus der Kriegszeit, er steckt ihm tiefer im Blute. Der Knabe las Puffendorf's und Anderer Geschichten vom dreißigjährigen Kriege. Die herrschsüchtigen, hinterlistigen, mordbrennerischen Pläne des vierzehnten Ludwig flößten der jungen Seele einen tiefen Abscheu ein, den das Gefühl noch steigerte, daß deutsche Schmach und Schwäche der französischen Größe nur zur Folie diente. Im Jahre 1803 warf Arndt in einer Schrift: „Germania und Europa" zum ersten Mal dem großen Corsen den Fehdehandschuh vor die Füße. Dann machte er seine in vier Bänden erschienene „Reise durch Schweden im Jahre 1804" mit volljährigem Aufenthalt in Stockholm und Streifereien bis ins Land der Lappen, Land und Leute mit Sympathie, aber auch mit ungefälschtem Naturblick schildernd. Zu deutschem Land und Volk aber hielt er schon damals; ein schwedischer Officier ließ beim Glase Wein ein schlechtes Wort über Deutschland fallen und Arndt, obschon nicht duellsüchtig, ging so hart auf ihn ein, daß es zum Zweikampf kam; Arndt erhielt eine Kugel und lag viele Wochen lang auf dem Streckbett. Mit seinem „Geist der Zeit" (Bd. 1. 1806) warf er „allen Schurken und Käuzen, welche das Licht mit Nacht umhüllen," den Fehdehandschuh hin. Er schilt die Schreiber, das Volk nicht aus dem Todesschlaf geweckt zu haben, die Philosophen, das thatsächliche Leben nicht zu verstehen, die Theologen, die Tempel Gottes nicht mehr füllen zu können, weil sie Lüge und Wahrheit verschmelzen; den Historikern wirft er vor, die Geschichte, die große Lehrerin der Menschheit, zu einem leeren Märchen gemacht zu haben. Die Franzosen klagt er an, Europa um seine schönsten Hoffnungen betrogen zu haben; aus Weltbeglückern und Völkerbefreiern seien sie wieder die kriechendsten und elendesten Sklaven eines Einzigen geworden, der sie durch keine edleren Künste beherrsche als durch gemeine List und prunkende Aefferei. „Ihr seid so leidlich gebildet, aber aus Schwächlichkeit und Aefferei ist Eure ganze Bildung hervorgegangen und hat nur den äußern Firniß und die Abglättung voraus. In der Mitte Europa's seid Ihr eine Art Mitteldinger geworden, und von jeher fehlte Euch die volle südliche Naturkraft und die schwärmerische nordische Tiefe des Gemüthes; Ihr schwammet in einer kümmerlichen Mitte zwischen beidem und waret auch immer Eures Mangels und Eurer Nacktheit Euch

bewußt; daher Eure Windbeutelei, Euer schaaler Spott und
Spaß mit dem Ernstesten und Heiligsten von jeher. — So
ist der Charakter Eurer Kunst, so tritt Euer zierliches Leben
hin — nichts als leerer Schein, nichts als der sündliche
Schlangenglanz von Tugenden, von welchen der unverdor-
bene Mensch sich mit Abscheu und Schrecken wegwendet. Ohne
Religion, ohne Poesie, ohne Wahrheit, zu schwach, Euch
zu bessern, zu gebildet, Eures Urtheils inne zu werden, tretet
Ihr stolz hin und krähet uns Andern mit einer beispiellosen
Unverschämtheit vor, daß wir ungeschliffene Gesellen und
Barbaren sind." — Den Fürsten wirft Arndt vor, daß sie
immer nur an sich, nie an das Volk gedacht, den Edelleuten,
die Fürsten in der Stunde der Gefahr verlassen, des Volkes
Schmach und Elend nicht getheilt zu haben. Das achte Ca-
pitel trägt die Ueberschrift: „Der Emporgekommene." Er
nennt Napoleon eine gewaltige Naturkraft. „Die Natur, die
ihn geschaffen hat, die ihn so schrecklich wirken läßt, muß
eine Arbeit mit ihm vorhaben, die kein Anderer thun kann."
Die Revolution, sagt Arndt, habe über die französische Welt
einen neuen Rausch der Begeisterung gebracht, auflodernd,
zerstörend und kurz verfliegend, da wo ein hohes Gesetz der
Stätigkeit ihn aufnehmen sollte, während die leichtere Be-
weglichkeit des französischen Elementes bei Anstrengung und
Siegen nur das Gefühl der Glorie und Ehre steigerte,
schließlich aber, nachdem Alles wieder gemein und knechtisch
geworden, nur noch ein furchtbarer Enthusiasmus übrig
blieb. Mit der Blitzesschnelle eines Dschingis und Attila

habe Napoleon den Eisensinn eines Fabricius und Marius, die Freundlichkeit und List eines Scipio und Cäsar in sich vereinigt. Nur seine Gegner verschuldeten sein Glück, er ward nur groß durch Kleinheit und Erbärmlichkeit der Andern. Man könne ihn nicht mit den gewöhnlichen Mitteln der Mittelmäßigkeit, man könne ihn nur mit seinen eigenen Instrumenten, mit gleichen Waffen besiegen. Weil er aber kein großer Mensch, wohl aber ein großes Ereigniß war, so haben ihn auch nicht einzelne große Gegner besiegt; die Völker haben ihn gestürzt, die Massen ihn erdrückt. — Wir gaben schon im Artikel über Fichte diese unsere Auffassung, die mit der Arndt's ziemlich übereinstimmt. Erst später, in der Leidenschaft und im Drange der Zeit hat sich Arndt's Ansicht heftiger verbissen, wenn er behauptete, Napoleon habe nie eine Idee gehabt. Aber die Ideen hatten ihn und trieben ihn freilich ins Verderben, weil der blinde Dämon seines Egoismus sie ausbeuten wollte. In seinen „Wanderungen und Wandelungen mit dem Freiherrn von Stein" (1858) schrieb Arndt über sich selbst: „Ich, damals ein kleiner Professor in Greifswald, hatte mit vielen Tapferen schon spanische und tyrolische Gedanken." Und er hatte sie, zwar erst nach Schiller's Tell, aber doch schon vor Fichte, der ihm in Sachen des Corsen trefflich secundirte. Im Winter von 1807 zu 1808, nach dem Erscheinen des ersten Bandes von Arndt's „Geist der Zeit", hielt Fichte in der Berliner Akademie seine „Reden an die deutsche Nation".

Nach der Schlacht bei Jena war für Arndt kein Bleiben

mehr in deutschen Landen; der Buchhändler Palm wurde wegen seiner Schrift: „Deutschland in seiner tiefsten Erniedrigung 1806" erschossen; Arndt wollte sich nicht ebenfalls einfangen und wie einen tollen Hund erschießen lassen. Er ging nach Stockholm, übersetzte schwedische Gesetze für Pommern und Rügen, auch schwedische Manifeste beim Ausbruch des Russenkrieges 1808 und eine spanische Staatsschrift, welche Napoleons Ränke gegen das spanische Königshaus aufdeckte. Als die Nachricht von Schill's Untergang in Stralsund (31. Mai 1809) nach Stockholm gelangte, litt es ihn nicht länger in Schweden, er ging unter dem Namen eines Sprachmeisters Allmann nach Deutschland zurück. Es war ein böses Jahr; Stein geächtet und auf der Flucht; Andreas Hofers Hinrichtung beschloß das Jahr. Bei Georg Reimer hielt sich Arndt in Berlin verborgen und erlebte den kläglich wehmüthigen Einzug des preußischen Königspaares. Pommern wurde an Schweden zurückgegeben und Arndt konnte wieder in Greifswald dociren. Aber es trieb ihn aus der schwühlen Stille fort ins bewegte Leben, und da die Deutschen anfingen, sich zu fügen und gar die liberalen Ideen der Nationalfeinde zu preisen, verschaffte er sich einen russischen Paß, um in Petersburg am Heerde der deutschen Bewegung schüren zu helfen. Im „Geist der Zeit" Bd. 2 schrieb er: „Gebt mir nur ein Plätzchen in Germanien, wo die Lerche über mir singen darf, ohne daß ein Franzose sie herabschieße; gebt mir ein Häuschen mit einem Gartenzaun, wo mein Hahn krähen darf, ohne daß ein Franzose ihn bei den Fittichen fasse und in seinen Topf stecke: und ich will fröhlich singen wie die Lerche und krähen wie der Hahn, wenn auch ein Leinenkittel meinen Leib bedeckt." Dieser zweite Band des Buches, wie auch 1813 der dritte, mußte in London das Licht der Welt erblicken; seinen Autor rief Stein, den Kaiser Alexander zu sich geladen hatte, nach der Zarenstadt. Der Freiherr, der über Deutschlands Freiheit mit Hülfe der Russen brütete, empfing ihn dort „im Hotel Demuth" mit den Worten: „Gut, daß Sie da sind; wir müssen hoffen, daß wir hier Arbeit bekommen." Arndt erhielt wie ein russischer Angestellter Gehalt von Stein aus öffentlichen Cassen, später aus der der „Centralverwaltung für Deutschland." In Rußland waren nicht weniger als 150,000 Deutsche unter Napoleonischen Fahnen. An Diese mußte die Mahnung ergehen, daß es hinter ihnen ein Vaterland gebe, das auf sie hoffe. In Rußland fanden und sammelten sich als Flüchtlinge und als Patrioten verschiedener Völker: der Herzog von Oldenburg, Herzog Alexander und Herzogin Antonie von Würtemberg, Chazot, Clausewitz, Pfuel, Boyen, Graf Dohna, Graf Armfeld und Dörnberg, Schubert und Adelung, Klinger und die Staël. Arndt stand Rede über diese Begegnungen in seinen „Erinnerungen" und in seinen „Wanderungen." Es galt die Gründung einer deutschen Legion, denen der Geist der hingeopferten Schill und Braunschweig=Oels eingeflößt werden mußte. Arndt war Stein's Secretär; in Dessen Sinn und Namen schrieb er in Petersburg Pamphlete, Aufforderungen, Verkündigungen, Gegenschriften, Widerlegungen französischer Bulletins und Lügen. Er traf Stein's Auffassung und Styl; denn Dieser sagte zu ihm: „Recht so! Sie sind immer kurz und gradaus! Ich mag die Wortschnitzler nicht, die weitschweifigen Umwickler, Entwickler und Auswickler der Dinge; sie bauen meist in die Luft, statt die Sache zu treffen." Arndt's „Katechismus für den deutschen Kriegs- und Wehrmann" erschien zuerst in Petersburg, im Sommer 1812 (später in Königsberg 1813, zuletzt in Cöln 1815). Es ist altbiblischer und Lutherscher Ton im Buche: „Wer Tyrannen bekämpft, ist ein heiliger Mann, und wer Uebermuth steuert, thut Gottes Dienst. Wer die Freiheit zu unterdrücken auszieht, damit unschuldige Völker als Knechte dienen, der erhebt das Schwert gegen Gott den Herrn, und treffen wird ihn, der die Blitze vom Himmel wirft. Und es ist ein Ungeheuer geboren und ein blutgeflecter Gräuel aufgestanden, und heißt sein Name Napoleon Bonaparte, ein Name des Jammers, ein Name des Wehs, ein Name des Fluchs der Wittwen und Waisen, ein Name, bei welchem sie künftig Zeter schreien werden, wenn arme Sünder zum Richtplatz gehen. Und wenn Satan der Vater der Lüge heißt, so heißet Bonaparte Satans ältester Sohn. Viele haben ihn angebetet und zum Götzen ihrer Herzen und Gedanken gemacht, und haben ihn genannt Heiland und Retter und Befreier 2c. Ich aber kenne ihn, spricht Gott, und habe ihn verworfen, und ist kein Heil und keine Rettung und Freiheit in ihm, und hat er kein Zeichen, daß man ihn

nenne nach Gott" u. ſ. w. Das war der Ton der Sturm-
glocke, die gezogen werden mußte; andere Töne wirkten
nicht, um den Volkskrieg anzufachen. Auch Arndt's Flug-
ſchrift: „Glocke der Stunde in drei Zügen" erſchien 1812
in St. Petersburg. Als die Kunde vom Brande Moskaus
vom 15. und 16. September nach Petersburg gelangte,
ſaßen Dörnberg und Arndt bei Stein zu Tiſche. Stein erhob
ſtolzer und heiterer wie je ſein Haupt. Er ließ friſch ein-
ſchenken und rief: „Muth, Muth!" Dann erwog er die
Möglichkeit, ein Paar hundert Meilen noch weiter nach Oſten
zurückweichen zu müſſen, aber er habe ſein Gepäck im Leben
ſchon drei, viermal verloren; man müſſe ſich gewöhnen, es
hinter ſich zu werfen; „weil wir ſterben müſſen, ſollen wir
tapfer ſein!" Gegen Erwarten zogen die Franzoſen ſchon am
20. Oct. aus Rußland ab, am 30. Dec. ſchloß York mit den
Ruſſen den Vertrag zu Tauroggen, Anfang Januar 1813
kehrte Stein mit Arndt nach Deutſchland zurück. Das waren die Männer, die Thaten und die Vorarbeiten, welche die
Welt aufriefen, nicht Friedrich Wilhelm mit ſeinem Breslauer Aufruf; bei der Nachricht von York's verwegenem Ent-
ſchluß war der König noch in die Worte ausgebrochen: „Da
möchte Einen ja der Schlag rühren!" Und jene Männer,
welche für Preußen arbeiteten und Preußen die Miſſion und
Ehre zuſprachen, waren ſo wenig wie Blücher, Scharnhorſt
und Andere Preußen von Geburt. Grund genug, wenn
wir fordern, daß Preußen deutſch, nicht daß Deutſchland
preußiſch wird. Arndt ſchrieb noch in ſeinem 89. Lebens-

jahre: „Ich werde das Schwingen, Klingen und Ringen dieser Morgenröthe deutscher Freiheit, diesen so leuchtenden Aufgang eines neuen jungen Lebens nimmer vergessen." Damals aber schrieb er auf Steins Geheiß das zuerst in Königsberg, zuletzt in Cöln gedruckte Büchlein: „Was bedeutet Landsturm und Landwehr?" Landwehr und Landsturm wurden dann am 17. März 1813 von König Friedrich Wilhelm aufgerufen und das ganze Volk schien Ein Heer, das ganze Land aber war schon vorher durch Scharnhorst Eine Waffenschmiede geworden. Heutzutage freilich soll Landwehr nichts mehr, junge Soldatesca Alles gelten. Schon um der geheiligten Erinnerungen willen durfte man nicht Hand anlegen an jenes Element der Bürgerwehr! Arndt sang in jenen Tagen auch sein Lied: „Was ist des Deutschen Vaterland?" — Wir fragen noch heute danach.

Für Arndt begann eine Epoche in Dresden, wo auch von seinem „Geist der Zeit" Band 3 erschien. „Mir schwebt, schrieb er damals, der Glaube und das Bild einer deutschen Verfassung vor, einer freien, gerechten, kriegerischen und menschlichen Verfassung, daß sie durch die stille Gewalt ihrer Vortrefflichkeit endlich alle verschiedensten Stämme anziehen und in einer Einheit verbinden könnte, welche Schreibfedern und Degenklingen nie erzwingen werden." Arndt wohnte im Körner'schen Hause, dieser Herberge der Gerechten seit Schiller. Die Lützower, die Genossen des edlen Sohnes Theodor, hatten ihn dahin empfohlen. Auch Goethe kehrte dort ein, und da fiel denn das ewig denkwürdige, beklagenswerth große Wort des großen Dichters, auf das Stein die richtige Entgegnung fand. Der Vater Körner sprach von seinem heldenmüthigen Sohn und wies auf dessen Säbel, der an der Wand hing. Da sprach Goethe's geweihter Mund das geflügelte Wort: „O Ihr Guten, schüttelt immer an Euern Ketten, Ihr werdet sie nicht zerbrechen, der Mann ist Euch zu groß!" So nach Arndt. Nach Pertz hat er gesagt: „Ihr werdet Euch die Ketten nur noch tiefer ins Fleisch ziehen"; Stein aber, als er die Worte erfuhr, erwiederte: „Laßt ihn, er ist alt geworden!"

Arndt schrieb in Dresden auch seine „Zwei Worte über die Entstehung und Bestimmung der deutschen Legion", und sein Lied auf Scharnhorst, „den Waffenschmied deutscher Freiheit." Napoleon und die Franzosen, sagte er, seien „glücksfest gegen kleine Gesinnung"; nur mit den allerhöchsten, mit gottgeweihten Gefühlen könne man ihre Herrschaft stürzen, und in hellen Haufen müsse man über den Rhein dringen und die deutschen Länder jenseits, Elsaß, Lothringen, Luxemburg, Flandern, wieder deutsch machen. Halbheit zerstöre das Ganze; die zersplitterte Vielherrschaft aber müsse unter uns ebenfalls aufhören, Deutschland einen Kaiser aus seinen Fürsten wählen. Den einzelnen Erbfürsten solle bleiben, was sie 1792 vor dem Revolutionskriege besaßen, sie seien Richter und Verwalter ihrer Lande, auch Heerführer ihrer Banner, aber unter Kaiser und Reich. Arndt dachte es sich leicht, die im Luneviller Frieden beseitigten geistlichen Reichsfürsten wiederherzustellen ohne

Schaden allgemeiner bürgerlicher und vernünftiger Wohlfahrt. Wie der gewählte Kaiser, der alle drei Jahre in Person mit den persönlich versammelten Fürsten Reichstag, also einen Fürstentag halten sollte, seine deutsche Allgemeinherrschaft verwalten könne, ohne sein eigen Land an die Spitze zu drängen: darüber gab Arndt keinen Wink. Der Adel, wollte er, müsse wieder wirklicher, d. h. hoher Adel werden mit gefestetem und geschlossenem Rang. Alle drei oder fünf Jahre werden Nationalspiele gefeiert. Die Geschworenengerichte verlangt er mit Recht als einen Sproß altgermanischer Freiheit. Es ist nur ein Traum! rief Arndt 1813, und es blieb selbst 1848 ein Traum.

Nach der Leipziger Schlacht trennte sich Stein von ihm; Arndt blieb bis zu Ende des Jahres in Leipzig, für die Presse thätig. Er dichtete dort: „Einladung zum Tanz, Das Schwert ist gefeget, Wer ist ein Mann, Wo kommst Du her in dem rothen Kleid"; auch sein Blücherlied: „Was blasen die Trompeten, Husaren heraus?" Er schrieb ferner dort: „Das preußische Volk und Heer im Jahre 1813, Ueber das Verhältniß Englands und Frankreichs zu Europa, Grundlinien einer deutschen Kriegsordnung, Der Rhein Deutschlands Strom, aber nicht Deutschlands Grenze." Die letztgenannte Schrift sicherte ihm den preußischen Staatsdienst. — Er zieht die deutsche Grenze gegen Frankreich in gerader Linie von Dünkirchen südlich unter Mons und Luxemburg, von da über Saarlouis an der Saar und dem Vogesus bis Mömpelgard und bis zur Rheinbucht bei Basel. So lange

Frankreich Lothringen und Elsaß inne hat, ist Deutschlands Zukunft nicht gesichert. — Arndt folgte Stein nach Frankfurt und lernte auf Schloß Nassau an der Lahn Dessen Schwester kennen, die ebenfalls geächtet, als Aufruhrstifterin lange Zeit in Frankreich gefangen gehalten war. Nach Wanderungen am Rhein, zum Theil an der Seite des Turnvater Jahn, der in Greifswald sein Zuhörer gewesen war, ging er nach Berlin und besuchte Kleists Grab bei Potsdam, gewiß mit schmerzlichem Gefühl, daß diese Flamme, die sich selbst verzehrte, nicht mehr ins Vaterland schlug. Arndts Feder war unerschöpflich in Broschüren und Büchern: „Ueber künftige ständische Verfassungen in Deutschland, Phantasieen für ein künftiges Deutschland, Ueber Sitte, Mode und Kleidertracht, Blick aus der Zeit auf die Zeit (mit Hinblicken auf die Zugehörigkeit Hollands und der Schweiz zu Deutschland), Ansichten und Aussichten der deutschen Geschichte." Dem J. 1815 gehören an Arndts Loblieder auf Scharnhorst, Blücher, Gneisenau, Boyen, Grolmann und Stein; auch sein Bundeslied: „Sind wir vereint zur guten Stunde." Die gute Stunde wollte freilich nicht schlagen, um auf Freiheit nach außen Freiheit nach innen folgen zu lassen. Gegen die Thorheit, Napoleon in Elba abzusetzen, ohne die nordfranzösischen Festungen in der Hand zu behalten, hat Arndt vergeblich gekämpft. In Cöln erschien 1815, 16 und 17 Arndt's „Wächter", eine Zeitschrift in drei Bänden. Arndt in Cöln und Görres in Cöln! Zwei Teutonen gewaltiger Art, und doch wie grundverschieden! Arndt hat nie in Sachen des Glaubens gemittelaltert, der schwarze Rock des Burschenschafters verschmähte die Falten und Schlingen des schwarzen Schlepptalars. Arndt's Christenthum war reine Gottesfurcht, blieb frei von allen hohenpriesterlichen, dogmatisch-hierarchischen Arabesken, Schnörkeln und mystischem Dunst. Görres hatte die Jacobinermütze getragen und sie mit der Kapuze vertauscht; deshalb die Höllenbreugheltinten in seinen Plänen und Entwürfen. Arndt blieb ein getreuer Eckart des Königthums. Sein Germanenthum hat gegen das Görres'sche ohnedies voraus, daß es die Thaten mitschlug, die uns wenigstens nach außen hin frei machten. Denn Arndt's Lieder gehören mit zu den Thaten der Freiheit.

Das Jahr 1817 war auch sonst noch für Arndt wichtig. Nanna Maria Schleiermacher ward sein Weib; ein Jahr darauf begann seine Professur in Bonn, die freilich bald genug, schon 1820, in Folge seines „Geist der Zeit" Band 4, auf Betrieb der Wittgensteinianer, der Kampßianer und Schmalzianer „stille gestellt" wurde. Die Anklage der preußischen Dunkelmänner ging auf Theilnahme an geheimen Gesellschaften, zu denen man sich nicht schämte den Tugendbund zu rechnen, auf Verführung der Jugend, auf Träume von republikanischem Aufbau des Vaterlandes. Polizeischergen führten die hochnothpeinlich halsgerichtliche Untersuchung wider Arndt; seiner Papiere blieb er lange Zeit beraubt. Er ertrug diesen Druck mit besonnenem Gleichmuth, fühlte aber doch tief, wie er sagte, „die langsame

Zerreibung und Zermürfung" seiner besten Kräfte. Er ward in der Zeit, wo man ihn brach legte, nicht müßig, die Zeitfragen des Tages zu besprechen, nordisches und germanisches Leben in seiner Verwandtschaft zu beleuchten. Seine „Schwedischen Geschichten unter Gustav dem Dritten, vorzüglich aber unter Gustav dem Vierten Adolf" erschienen 1839. In seinen Liedern herrschte eine fromme, gottgetreue Stimmung vor; der Tod eines neunjährigen Sohnes im Rheine, der Verlust seines Gönners Stein, der am 29. Juni 1831 auf Schloß Kappenberg in Westfalen starb, bedrückten nicht weniger sein Gemüth wie die Wirren Deutschlands in Folge der Julirevolution. Er blieb der Alte, er glaubte sogar an Jung-Germania; die französischen Sympathien des Jungen Deutschlands, wie sie sich in Laube und Gutzkow verriethen, waren ihm zuwider.

Nach zwanzig Jahren, ein Greis über die Siebenzig hinaus, ward er 1840, als ein neuer König in Aegypten aufkam, in Amt und Ehren wieder hergestellt. Er zog seinen „Verhaftungssack" aus dem dunkeln Winkel hervor und veröffentlichte die Urkunden der demagogischen und antidemagogischen Umtriebe jener Zeit. „Nothgedrungener Bericht aus seinem Leben" nannte er die zwei Bände Briefschaften, die eine Ergänzung zu seinen „Erinnerungen" bilden, welche er gleich nach seiner amtlichen Wiedereinsetzung herausgab. Diese Sammlung „beschlagener" Papiere, wie er sie nannte, war von einem grünen Tisch zum andern gewandert, von einem geheimen Secretär, von einem Staatsversteck zum andern. Staub und Moder klebte an ihnen, Ratten und Mäuse, Inquisitionsrichter und Demagogenriecher hatten daran genagt. Der Alte hatte beim Anblick der schicksalvollen Papiere lange geschaudert, sich vor den Erinnerungen, die ihn dabei überliefen, gescheut. Denn wie sagte doch jener Mann der Inquisition? Gebt mir von irgend wem zwei geschriebene Zeilen, und ich drehe ihm daraus einen Strick! Etwas Verwesung duftete aus den Briefschaften, aber der Alte mußte doch daran, er hat den Sack auskramen, seinen Gehalt lichten und ordnen wollen, damit das den Nachkommen erspart bliebe. Er wollte nicht als „Marteler", sondern nur ehrlich dastehen vor Zeit und Nachwelt. Natürlich war Sand's Ermordung Kotzebue's der langersehnte, vielwillkommene Anlaß gewesen, um gegen den „Geist der Zeit", nachdem man ihn ausgenutzt hatte, einzuschreiten. Man hielt jene That nicht für das vereinzelte Verbrechen eines Schwärmers; sie stand auch wie jede Erscheinung im Zusammenhang mit der Stimmung des Zeitalters, aber als Verirrung und Verbrechen ohne Theilnahme, ohne Mitverschuldung. Der Feldzug gegen die schwarzberockte, offenbusige, langgehaarte deutsche Jugend war allgemein; der deutsche Bund, gut genug, um ihm gehässige Maßregeln aufzubürden, die man nicht gern selbst vertrat, setzte eine Commission nieder. Diese zog die Führer der Jugend zur Rechenschaft, sie glaubte an eine weitverzweigte geheime Verschwörung gegen die Throne, sie erstreckte sich auch gegen Arndt. Auf dessen Klagebrief erwiederte Fürst

Hardenberg, nicht Preußen, sondern der Bund führe die
Sache; nach beendigter Untersuchung werde ihn der Staat,
dem er angehöre, schützen! Nach einer kurzen halbtägigen
Verhaftung seiner Person erfolgte die Beschlagnahme und
lange Haft seiner Papiere; auf die Amtsenthebung begann eine anderthalbjährige Criminaluntersuchung. Arndt
war nicht lässig; er schrieb dem Staatskanzler seine Verthei-
digungsbriefe, er ging von Behörde zu Behörde, seine
Schriften und Briefe wurden selbst der Majestät vorgelegt. König Wilhelm der Dritte las den vierten Theil vom
„Geist der Zeit", fand Unpassendes, für die Jugend nicht
Gehöriges, aber nichts Hochverrätherisches darin; seine akademischen Hefte wurden ihm als völlig unverdächtig zurückgegeben. Arndt schrieb öffentlich sein „Abgenöthigtes Wort"
(1821); er schrie laut um bloße Gerechtigkeit, er forderte
nur den ihm zustehenden Richter. Die Specialcommission
blieb mit der Polizeiuntersuchung in Kraft, anderthalb Jahre
dauerte die Untersuchungsfolter. Wie der alte Kämpe sich
gewehrt, ist beinahe ein ergötzlich Schauspiel. Neue Gesetze
und Verordnungen jagten sich damals und nahmen ihn wie
seine Leidensgefährten arg in die Klemme, indem sie rück-
wirkend auf ihre Sache angewendet wurden. Ueber alle
seine Bücher, auch was er in Greifswald als schwedischer
Unterthan geschrieben, in Schweden selbst hatte drucken
lassen, mußte er vor Gericht Erläuterungen geben, über
jede Anspielung in seinen Privatbriefen, über jeden Einfall
und Scherz des Augenblickes die Inquisition über sich er-

gehen lassen. In seinen Schriften lag der Geist der Aufregung gegen fremde Knechtschaft und nationale Schmach deutlich am Tage. Sie gehörten einer Zeit an, die sich insgeheim langsam waffnete gegen Tyrannei von außen, wie gegen Erniedrigung im Innern. Nicht ohne diese Aufrüttelung der niedergedrückten und sittlich erschlafften Gemüther hatten jene Schlachten der Freiheit geschlagen werden können, die Deutschland wieder in die Reihe der berechtigten Völker emporgehoben. Diesen nationalen Geist einer sittlichen Energie begann man jetzt zu fürchten, als er, siegreich von den Feldern Frankreichs heimkehrend, sich auf die Neugestaltung eines auch innerlich freien Deutschlands wandte. Man hatte das Volk freiwillig in Waffen gesehen. War der Löwe, nachdem er Feindesblut gekostet, jetzt am heimischen Heerde furchtbar? Sann er fortgesetzt auf Thaten, die gegen den allgemeinen Feind Triumphe waren, gegen die Fürsten des eignen Landes Verbrechen zu werden drohten? — Hier fehlt uns in Sachen der Burschenschaft noch immer die öffentliche Darlegung der verbrecherischen Plane. Der Buchstabe des Gesetzes hat auch gegen den Anschein hart erkannt, es sind viele unschuldige Opfer gefallen, in der Untersuchungshaft Hunderte um die Blüthe ihres Lebens gebracht. Der Argwohn sah die ganze deutsche Jugend in einer Verschwörung, auch die edelste Begeisterung, die da Lust bezeigte für die Sache des Vaterlandes geistig und sittlich in Waffen zu bleiben, galt für Hochverrath; wachsam zu sein, und ein starkes, sittenstrenges Geschlecht

heranzuziehen, erschien staatsgefährlich; man wollte keine
Spartaner mehr, nachdem Frankreich besiegt war. Der
Uebermuth der Tollköpfe schien willkommen, man mußte die
Gespenster, die man in feiger Furcht gesehen, auch beweisen.
So kam es, daß auch die Edelsten der Nation verkannt, be-
straft und geächtet wurden; so kam es, daß Deutschland,
kaum frei vom Tyrannen, sich in wüsten Hetzereien abmattete;
so kam es, daß wir unsere Freiheit nach außen nicht auch
zur nationalen Gestaltung nach innen benutzten, noch heute
damit immer wieder von vorne anfangen, das Geschlecht
von neuem dazu erziehen müssen. Jugendverführer, Revolutionäre, moderne Jacobiner, Hochverräther hießen die
Männer, die ein allgemeines und einiges Deutschland wollten, der patriotischen Begeisterung auch auf dem Friedens-
boden das Wort gaben. Demagogische Verbindungen, staats-
gefährliche Umtriebe hießen die Stichwörter der Verfolgungs-
süchtigen. „Ich trieb nichts um, sagte der alte Arndt, ich
ward nur umgetrieben!" Der Geist einer aufgeregten Zeit
hatte die Besten erfüllt, Deutschland sollte auch im Frieden
groß, mannhaft, wehrhaft, stark und einig sein, und woran
wir noch heute von allen Seiten mühsam bauen, was jetzt
für Fürsten allgemein als Ziel und Zweck, als Rettung und
Glorie vor Augen steht, das galt damals für gefährlich, für
verrätherisch und wurde verfehmt. Arndt's Vertheidigungs-
brief, den er in Bonn an die Majestät von Preußen schrieb,
beginnt mit dem Worte: „Die Gewissenhaftigkeit Ew.
Majestät ist getäuscht worden." Dies traf den rechten

Punkt. König Friedrich Wilhelm der Dritte war mit seinem Gewissen in die Enge getrieben und hatte Befangenheit genug, die Männer des feindlichen Argwohns, die ihm die Sache deutscher Begeisterung verdächtigten, walten zu lassen. Schon seine Hausdurchsuchung, welche die Beschlagnahme seiner Papiere zum Zweck hatte, begann mit ungebührlicher Willkür. Man stöberte, wie bei einem des Raubes und Mordes Verdächtigen, selbst Wäsche und Kleider durch; ein blutiges Hemd mit einer Pistolenkugel reizte die Inquisitoren nicht wenig und konnte den beutegierigen Händen kaum entzogen werden. An diesem Hemd klebten jene Blutstropfen, die Arndt vor langen Jahren im Duell mit dem schwedischen Offizier vergossen, der die Ehre der deutschen Sprache geschmäht. Arndt hatte Kugel und Hemd in seinem Pulte bewahrt, und auch dies Blut hätte fast gegen ihn gezeugt! — Nicht ohne Lächeln erzählt der Alte seine inquisitorischen Verhöre. Der Untersuchungsrichter Pape und sein Gehülfe Dambach vollzogen den Auftrag, alle seine Briefe zu incriminiren. Sie legten jedem Ausdruck, der ihm oder seinen Freunden entwischte, Daumschrauben an. Des Buchhändler Georg Reimer's Briefe schienen besonders stoffreiche Anspielungen auf ein geheimes Bündniß zu bieten. Dieser hatte geschrieben: „Gott erhalte Dir Leib und Muth frisch in diesen schlechten Zeiten!" Schlechte Zeiten? frugen die Inquisitoren, was versteht man unter der Schlechtigkeit der Zeiten? wo will man diese Schlechtigkeit suchen? auf den Thronen? Und Muth, frischer Muth! In welchem Sinne

wird hier Muth genommen? Reimer muß vor Gericht
Rede stehen, wer der „wackere Gesell" sei und die „frischen
Leute", die er brieflich grüßen läßt. Eine Verschwörung
vorausgesetzt, mußten die unschuldigsten Aeußerungen Grund
zum Verdacht, Chiffern aber, die sich die Freunde im Scherz
ertheilten, den willkommensten Anhalt für einen Argwohn
geben, der fast mit Gewalt geheimen Verbrechen auf der
Spur sein wollte. Arndt's unschuldiger „Entwurf einer
deutschen Gesellschaft", aus dem Jahre 1814, wurde alle-
gorisch verstanden. In seinen „Phantasien für ein künftiges Deutschland" vom Jahre 1815 fand sich eine Stelle,
wo es hieß: „Volk, ich will Dich zum Haupt machen und
nicht zum Schwanze, und sollst oben schweben, nicht unten
liegen!" Das wurde vor Gericht nicht vom deutschen
Volke unter den Völkern Europa's, sondern als Herrschaft
des Pöbels wider die Fürsten verstanden. Pape und Dambach führten beim Verhöre Arndt's oft ergötzliche Zwiege-
sprache, in denen Jeder den Andern an Scharfsinn zu über-
bieten suchte. Ich weiß nicht, war der Eine von ihnen
dumm und stellte sich schlau, oder war der Andere schlau und
stellte sich dumm. Man fand in einem Briefe Arndts die
Aeußerung: „Das ist über meine Sphäre!" Man witterte
Verrath auch in dieser Wendung, denn man brachte jedes
Wort unter die Lupe, legte es nicht blos auf die Goldwage,
sondern setzte auch die Feile daran. Pape sagte zu Dambach: Sphäre? was ist Sphäre? Dambach sagte: Sphäre
heißt griechisch Ball. Pape sagte: Ball? über meinen Ball?

was soll das heißen? — Das erzählt Arndt wörtlich. — Wir sind so arm an Lustspielstoffen. Mich dünkt, eine deutsche, oder vielmehr preußische Lustspielscene wäre aus diesem Zwiegespräch der beiden Untersuchungsrichter bald fertig.

Nach anderthalb Jahren solcher Untersuchung erfolgte die Freisprechung des Angeklagten. Das Wort „unschuldig" im Munde solcher Richter klang dem Alten wie eine Beleidigung. Er war zwanzig Jahre lang amtsunthätig, ohne Ehrensühne, ohne Genugthuung, ohne Anerkennung seiner Berechtigung, seine gerechte Sache vor der Welt offen darzuthun. Die preußische Staatszeitung hatte unter den actenmäßigen Nachrichten eine öffentliche Ehrenschändung seines menschlichen und schriftstellerischen Charakters gebracht und Arndt durfte sich nicht auf dem Forum der öffentlichen Sittlichkeit vertheidigen. Jahn's Frau hatte gegen Herrn von Kampz eine Calumnienklage erhoben. Nachdem das Kammergericht zu Berlin vom Justizminister einen Bescheid, vom Staatskanzler eine Belehrung erhalten, wie es sich in dieser Sache zu benehmen, erfolgte als ultima ratio der Cabinetsbefehl, die Klage sei unstatthaft. Arndt meinte, es hätte ihm noch schlimmer ergehen können; hat er doch unausgesetzt sein Gehalt bezogen, hat nicht betteln brauchen, ist aus Bonn nicht ausgewiesen. Einige Ohrenbläser hätten ihn gern an einen stillen fernen Ort gebracht; allein der alte König, wenn auch befangen, war doch wenigstens leidenschaftslos. Das Wort des vierten Friedrich Wilhelm gab ihm seine Ehre wieder; seine Wiedereinsetzung in Amt und Würden war für die Stadt Bonn ein Fest, alle Professoren bis auf Einen, A. W. Schlegel, begrüßten ihn, die Facultäten ernannten ihn zum Rector und er hielt als solcher seine lateinische Antritts= rede. Wie altes Eisen hatte er so lange still gelegen, war eingerostet, war über die Siebenzig hinaus, war zu alt ge= worden, sagte er, für einen frischen und lebendigen Mund. In dem Alter, wo die Weisesten vom Lehrstuhl abtreten, sollte er ihn wieder besteigen. Meine Trompete, sagte er, war lange zerblasen, ich war für die Hochschule und für die akademische Jugend nur noch ein Mann mit Schall, aber ohne Ton. Er hätte gern für die Gnade gedankt. Allein Wei= gerung wäre wie Troß erschienen, und so nahm er sie an, und legte der Welt den ganzen Handel vor, man kann sagen ohne Groll und Haß, aber doch auch ohne gedemüthigt zu sein, ohne es verlernt zu haben, als Mann und Mensch um sein gutes Recht zu wissen.

Arndt's Briefwechsel ist zur Charakteristik der Zustände in Preußen auch sonst von Gewicht. Der spätere Minister Eichhorn, Arndt's vertrauter Freund und Duzbruder, schreibt ihm im Juni 1815 entzückt von des Königs freudiger Ge= nehmigung einer Constitution für sein Volk. Gneisenau ergeht sich in einem denkwürdigen Briefe desselben Jahres aus Paris über die Nothwendigkeit, Preußen eine Verfassung zu geben. So= gar Motive der Staatskunst geböten das; so etwas erwerbe den Primat über die Geister; nur dieser dreifache Primat der Waffen, der Wissenschaften und der Verfassung könne Preu= ßen aufrecht erhalten zwischen seinen mächtigen Nachbarn.

— Schleiermachers Mittheilungen an Arndt schildern die Zeit der gesunkenen Hoffnungen, der verkümmerten Wünsche, des geknickten Schwunges aller Geister. Auch Schleiermacher bei seiner Polemik gegen Schmalz, bei seiner Betheiligung an einem akademischen Gutachten, de Wette's Absetzung betreffend, war von der Gefahr bedroht, einer Untersuchungstortur unterzogen zu werden. Ein gewisser Schulz machte den Verleumder; Schleiermacher habe, so lautete die Anschwärzung, bei allen Gelegenheiten den Staat zu „gelinden" Maßregeln gegen die Burschenschaften verführt. Eine Demagogie sondergleichen, die sich ein Lehrer des Christenthums, ein Verkünder der Humanität kraft Amt und innerem Beruf zu Schulden kommen ließ! Jener Schulz, meinte Schleiermacher, befördere unmäßig die Landsmannschaften, und diese seien doch der Ruin des Universitätslebens. Noch im Jahre 1825 sah sich Schleiermacher von der Inquisition des Staates bedroht.

In Stein's Briefen an Arndt findet sich unter anderm ein Wort über die damaligen Zeitbedrängnisse, das für den „Minister Vorwärts" gleich sehr wie für Arndt bezeichnend ist und das politische Glaubensbekenntniß Beider zusammenfaßt. „Wir leben in einer Zeit des Uebergangs, schreibt Stein aus Frankfurt im Januar 1818, wir müssen also das Alte nicht zerstören, sondern es zeitgemäß abändern und uns sowohl den demokratischen Phantasten, als den gemietheten Vertheidigern fürstlicher Willkür widersetzen. Beide vereinigen sich, um Zwietracht unter den verschiedenen Ständen der bürgerlichen Gesellschaft zu erregen, in entgegengesetzten Absichten, die Einen um alle Versuche, eine repräsentative Verfassung zu bilden, zu vereiteln, die Andern um eine unhaltbare ins Leben zu bringen. Dieser Haß unter den Ständen, unter Bürgern und Adel, bestand in den blühendsten Zeiten der deutschen Städte, im 13. bis 14. Jahrhundert, nicht. Jeder Stand hatte seine Ehre, zwischen ihnen bestand ein wechselseitiges Band der Dienstleistungen, des Umgangs, durch Verfassung und Sitten geknüpft. Diese Stände müssen neben einander bestehen, nicht durcheinandergemengt, ein Geschlechts- und Güteradel; kein Dienst- und Briefadel, ein tüchtiger Bürger- und Gewerbestand, ein ehrsamer freier Bauernstand, kein Tagelöhnergesindel: und so steht der alte, durch den Lauf der Zeit geschwächte Stand der Freien wieder da, erscheint in der Gemeinde, am Amts- oder Kreistage, auf dem Landtage, auf dem Reichstage zum Berathen und Beschließen, und greift in gemeinsamer Noth zu Wehr und Waffen."

Unter Arndt's Papieren aus den Jahren 1810 und 1811 finden wir einige Lebensregeln und Glaubensmaximen, die nicht wenig geeignet waren, den Inquisitionsrichtern von damals Bedenken zu erwecken. Je aphoristischer sie hingestellt sind in sein Tagebuch, desto mehr fiel der lauernde Argwohn darüber her, geheime Strafwürdigkeiten dahinter witternd. Zu diesen Sätzen gehören folgende:

„Sei nicht zu deutsch: brüte und träume nicht, aber denke, dichte muthig und still!"

„Lieber muntere Hölle als fauler Himmel!"

„Halte das Heroenbild der Menschheit dir vor, das Heroenalter der Welt in Kühnheit und Trotz."

„Zerstöre hinter dir, daß vor dir etwas werde!"

„Hüte dich vor Weibern, aber liebe und ehre das Weib!"

„Qui se ipse regit, rex est."

„Willst du glücklich sein, bete täglich zu deinem Gott, deiner Schönheit und Liebe."

„Zermalme täglich deinen Ehrgeiz, deine Eitelkeit, daß du ein heiterer und kräftiger Kämpfer werdest!"

Zu diesen deutschen Kern- und Kraftsprüchen Arndt's fügen wir noch Stein's Wort aus dessen politischem Testament: „Der Wille freier Menschen ist der unerschütterliche Pfeiler jedes Thrones."

Als die Throne wankten, im Jahre 1848, weil sie den Willen freier Menschen nicht für ihre besten Pfeiler gehalten, als die Männer in der Paulskirche zu Frankfurt tagten, war Arndt schon schwach, nicht blos alt geworden. Als Alter hielt er sich an die Illusionen seiner Vergangenheit; er stand als kleindeutscher Kaisermacher Uhland gegenüber. Nach der Tradition standen Geister auf Seiten Preußens, denen Arndt zeitlebens gehuldigt; Stein, Humboldt, Niebuhr, Scharnhorst, Gneisenau hatten in der Franzosenzeit für Preußen gefochten, während für Oesterreich Renegaten die Feder führten, wie Friedrich Schlegel, Adam Müller, Zacharias Werner, Friedrich Gentz, Joseph Görres. Wer in der Zeit der

Freiheitskriege wählen sollte, hätte auf Preußens Seite treten müssen. Weiter hinauf aber griff Arndt nicht in seiner Einsicht, noch blickte er tiefer in die Zukunft; er hat den deutschen Süden nie gekannt, deshalb mußte er an seinem Vaterlandsliebe zum Lügner werden. Als er für ein Kleindeutschland, d. h. für ein Großpreußen mit Ausschluß Oesterreichs seine Stimme in der Paulskirche abgab, erhoben sich ganze Schaaren demokratischer Männer, den greisen Sänger an sein Lied erinnernd: Nein nein, nein nein! mein Vaterland muß größer sein! Der Alte war matt und müde geworden, er sympathisirte mit den Burschenschaftlern und wollte einen deutschen Kaiser haben, es koste was es wolle und der Compromiß mit der Linken sei welcher er wolle. Er war auch mit der Kaiserdeputation in Berlin. Er kannte Friedrich Wilhelm den Vierten, er wußte, daß „Der es nicht thun würde"; aber er dachte vielleicht: Zureden hilft! Phantasie und Gelüst zur deutschen Kaiserkrone, der Krone Karls des Großen, war ja auch vorhanden, nur nicht der Muth, und wer keinen Muth zur Sache hat, hat auch keinen Beruf dazu. Der Alte schmunzelte, wie er den König sah, der das Unrecht Friedrich Wilhelm des „Gerechten" an ihm wieder gutmachen gewollt. Auch der König schmunzelte, klopfte dem getreuen Eckart auf die Schulter und zog ihn bei Seite und flüsterte ihm zu: Ja, lieber Freund, aus den Händen der Fürsten — o ja, aber aus den Händen des Volkes — pfui nein! Ein König von Gottes Gnaden kann nicht Kaiser von Volkes Gnaden sein! — Auf Vater Arndt's geographisches Vaterlandslied:

„Was ist des Deutschen Vaterland?" suchen wir nun noch immer die Antwort.

Der Jubelgreis erlebte noch seinen 90. Geburtstag. Die Freude über so hohes, von Gott begnadetes Alter war groß in deutschen Landen; Hochachtung und Liebe schienen ihn fast erdrücken zu wollen. „Die Freunde und die Narren haben mir's angethan", sagte der Alte und fühlte sich matt und müde bei all dem Jubellärm. Vier Wochen darauf, am 29. Januar 1860, schloß der alte getreue Kämpe das Auge.

VII.

Uhland.

VII.

Uhland.

*Wenn heut ein Geist herniederstiege,
Zugleich ein Sänger und ein Held!*

Mit diesen Versen beginnt die eine der beiden Uhland-
schen Hymnen auf die Leipziger Völkerschlacht. Können wir
nicht in gleich schwungvollen Zeilen des Dichters Andenken
unter uns feststellen, so sei's in einfach schlichter Prosa. Denn
auch einfach war sein Wesen, und beides muß in ihm gefeiert
werden, einer der edelsten, reinsten Dichter und der beste Bürger Deutschlands. Zum besten Bürger Deutschlands in ihm
gehört aber auch jedes Wort, das er im Ständesaal und in
der Volksversammlung gesprochen. Jeder seiner Verse ist
Gold, jedes seiner gesprochenen und geschriebenen Prosaworte
Stahl. Je weniger deren sind, desto mehr soll man das Zer-
streute aufsuchen und zusammenstellen, damit der ganze
Uhland, der Dichter, der Forscher und der Bürger, der Staats-
mann und der Anwalt fertig vor uns stehe. Klagt man, daß
er nicht ergiebiger gewesen in gebundener und ungebundener
Rede, so wolle man erwägen, daß die knappe Kürze, die ihm

eigen, zur Einfachheit seiner poetischen Grazie und zur unerbittlichen Kraft und Schärfe seiner Ansichten, seiner Auffassungen und seiner Gesinnung gehört. Dazu kommt, daß auch bitterer Groll über Versagtes und Verkümmertes stumm oder schweigsam macht. Und die Zeit der Versagung dessen was Deutschland braucht und fordert, ist ein langer, langer Winter gewesen; eine Verkümmerung aber des Völker- und Freiheitsblüthenfrühlings hat Uhlands Herz wiederholt erlebt, bitter empfunden, schmerzlich betrauert.

  Singst Du nicht Dein ganzes Leben,
  Sing' doch in der Jugendzeit!

rief er sich schon früh zu, in der Ahnung fast, der Ton der Musen werde mit der geschwundenen Freudigkeit in ihm verstummen.

  Wenn Verrath, was Gott verhüte!
  Einen edlen Sänger trifft,
  Stirbt ihm seiner Dichtung Blüthe —

klingt ein anderes Wort von ihm. Seine Nation hat gegen ihn keinen Verrath geübt, aber die waltenden Mächte seiner Zeit haben in jedem Frühling, der über Deutschland geistig heranbrach, sein Herz verdorren machen.

Am 26. April, in einem verspäteten Lenz des Jahres 1787 geboren, 18 Jahre jünger als Arndt, selbst um etwas jünger als Schenkendorf und nur 4 Jahre älter als Theodor Körner, gehört er nicht eigentlich zu den deutschen Tyrtäen, die den kriegerischen Aufschwung der Nation gegen den gemeinsamen Feind mit Gesängen begrüßten, wecken halfen oder begleiteten. Ein dreizehnjähriger Knabe betrat er die

Schwelle des neuen Jahrhunderts, erlebte als akademischer Jüngling in Tübingen die Zeit des Napoleonischen Glanzes, der seiner besondern Heimath auch Schimmer und Machterweiterung brachte. In den engen Winkelthälern Schwabens wird die Seele bekanntlich spät reif; scheu, in sich gedrückt und schüchtern, führt die Vertiefung hier fast zu einer Verengerung des Bewußtseins, wenn sie nicht, wie Wieland, Schiller, Schelling, Hegel hinaustreten ins weitere, größere Vaterland; um so nachhaltiger aber ist dann die zähe Kraft und die Dauerbarkeit des von unverfälschten Quellen genährten und erquickten Gemüths. Uhlands Vater war Universitätssecretär, sein Großvater Professor der Theologie. Das Tübinger Stift kennzeichnet leicht alle Diejenigen, die zu ihm gehören, als Theosophen. Ludwig Uhland studierte seit 1805 die Rechte, er hatte auch als Mensch wenig oder keine Sympathie für die speculative Forschung der theologischen Probleme der Tübinger Schule. Schwäbisch war er von Grund aus, wie seine ganze Familie seit Jahrhunderten. Doch auch eine kaufmännische Firma seines Namens besteht in Tübingen, und einer seiner Vorfahren hatte in der Schlacht bei Belgrad (1688) im Einzelgefecht einen Pascha so zugerichtet, wie er's in seinen „Schwabenstreichen" so kernhaft drastisch und mit epigrammatischem Humor erzählt. Sein Theelied und sein Metzelsuppenlied kennzeichnen ebenso sehr den Schwaben, während seine Balladen, Romanzen und Liebesgesänge den reinsten Frühlingsduft der Minnesänger in der besten Zeit der Schwäbischen Hohenstaufenzeit athmen. Uhland ging auf allen Gebieten klarer, krystallheller Form und der durchsichtigen Faßbarkeit des Inhalts nach, so daß ihm für Vers und dichterische Sprache Goethe mit der plastischen Formvollendung Muster war und blieb. Man zählt Uhland zu den Romantikern. Die Gewalt der Unmittelbarkeit und ungesuchten Frische bei strenger Selbstbeherrschung und Herrschaft der Grazien kennzeichnet seine Poesie in Form und Inhalt und hält sie fern von aller Verschwommenheit, aller Schwelgerei, allem Uebermuth, der sich verpufft, allem Luxus, der sich vergeudet; an keuscher Zartheit reiner, gesund einfacher Gesinnung und Stimmung sucht Uhlands Muse ihresgleichen. Er vergrub sich nicht in unser Mittelalter, um Schatten und Schemen, die blos locken und schrecken, heraufzubeschwören. Aus den deutschen und nordischen Heldenliedern entnahm er sich den Styl seines einfach drastischen Balladentons; die höfische Geziertheit und Mystik der mittelalterlichen Rittergedichte blieb ihm fern. Und auch später, als seine Leier verstummte, als er sich ganz der Forschung in den Dichtungsstoffen unseres Mittelalters hingab, blieb ihm, vom Geist unserer Volkslieder und Sagen beseelt, nichts ferner als die krankhafte Gereiztheit und musikalische Zerflossenheit der romantischen Schule. Mit der Hinneigung zu altdeutschem Sang und Sage bezweckte und erstrebte er die Rückkehr verlorengegangener Treue, Einfalt, Kraft, nicht die Anbetung mittelalterlicher Traumseligkeiten. Die erzene Kraft des Nibelungenliedes, die tiefzarte Grazie und Einfalt Walthers v. der Vogelweide, nicht die schwelgerische Romantik der aus provençalischen Vorbildern entlehnten Gralbichtungen waren ihm mustergültig. Nicht die süd-, sondern die nordfranzösischen mittelalterlichen Dichtungen, die sich im Sagenkreise Karls des Großen bewegen, unterzog er der liebevollen, emsigen Pflege seiner Studien. Aus seinem sechs- und siebzehnten Lebensjahre hat man Gedichte von ihm gekannt, welche Ossianische Stimmung verriethen; zwei davon, „der sterbende Held" und „der blinde König" aus dem Jahre 1804, sind in die Sammlung übergegangen; auch die Gesänge der Bruchstücke gebliebenen Fortunat und Konradin sind frühe Arbeiten. Saxo Grammaticus und skandinavische Sage und Dichtung beschäftigten ihn schon früh. Zwanzig Jahre alt hatte er schon ausstudiert, im Jahr darauf ward er Advocat. Ein kleines Oelbild aus seiner ersten Jugend zeigt einen goldhaarigen Knaben, blauäugig, träumerisch sinnenden Blicks, um die Lippen bereits den festen, geschlossenen Zug.

Von Bedeutung für den dreiundzwanzigjährigen Jüngling war 1810 und 1811, gleich nach seiner Beförderung zum Doctor der Rechte in Tübingen, ein achtmonatlicher Aufenthalt in Paris. Der Code Napoleon stand für Württemberg zu gewärtigen; es konnte also wohl zur schließlichen Ausbildung eines jungen schwäbischen Juristen zweckdienlich erscheinen, die französischen Rechtsverhältnisse kennen zu lernen. Uhland lebte dort viel im Verkehr mit jenen deutschen Freunden, die später Berlin angehörten, Chamisso, Immanuel Bekker; sie begannen den Dichter in ihm entweder erst zu entdecken oder schon hochzuhalten, denn die Entwickelung des

kargen Mannes überraschte, sie nährte sich von verborgenen
Quellen. Auch ein Wiener, Joseph Stoll, gehörte in Paris
zu seinem Umgang, derselbe, der ihm bei seinem Liede vom
„verhungerten Dichter" vorschweben mochte. Mit Arnim und
Brentano verkehrte er in Heidelberg. Zwei Freunde verlor
er früh, Schober, der in der Ostsee ertrank, und Harpprecht,
der vom russischen Feldzuge nicht wiederkehrte. Daheim im
Schwabenlande stand ihm Justinus Kerner sehr nahe, so wenig
er dessen krankhafte Phantasmata theilte; von dessen Grabe
brachte er sich den Keim der Krankheit nach Hause, von welcher der sonst nie Kranke nicht wieder genas. Karl Mayer hat
seinerseits den Edlen auf dem letzten Gange begleitet und be-
sungen. Wir fassen das zusammen, weil man ihn fälschlich
für ungesellig und ungenießbar im Umgang geschildert; er
war nur karg bei lautem Lärm, verschlossen gegen die Phrase
der Geselligkeit, immer in sich gesammelt, abgeneigt aller
Kraftvergeudung. Und so war er auch in der Liebe, vielleicht
karg, aber treu, tief und innig, schüchtern und zart. Seine
Ehe, die er in seinem dreiunddreißigsten Jahre schloß, war
glücklich, aber kinderlos. Seine Gestalt war klein und unscheinbar; Chamisso schalt ihn „dickrindig". Er war allezeit
ernst, spröde, unbeugsam. Sein Feuer brannte unterirdisch.
Was man Kälte bei ihm nannte, war nur eine Kruste, welche
die innere Wärme schirmt. Seine Sprödigkeit war der Argwohn gegen so häufige Veruntreuung edler, unantastbarer
Güter, seine Unbeugsamkeit und sein Trotz blos die Treue
gegen anerkannte, heilige Rechte. Er war bescheiden, weil er

das prunkende Heraustreten des Ichs am Menschen und am Dichter verschmähte. Byrons Titanomachien und Himmelstürmereien waren ihm fremd; um so süßer die traulichen Abendschatten eines tiefen Friedens, der Gott fühlt, auch wo ihn die lärmenden Menschen vermissen. Selbst als Lyriker hält er gern sein Ich zurück und läßt statt seiner den Dichter, den Hirten, den Jäger, den Wandrer singen und sagen. Es ist nur selten Oden- oder Hymnenschwung in ihm, aber immerwährender Lerchengesang zur Morgen-, und Nachtigallenklang zur Abendfeier. Seine Liebeslieder sind Alpenrosen, seine Lieder von der Minne alter Zeit Vergißmeinnicht und Veilchen im Schatten riesiger deutscher Eichen. Nicht die Nebel der Vergangenheiten unseres Mittelalters besang er, nicht der Karfunkel dunkler Schlünde lockte ihn abseits von der Sonne des Bewußtseins, nicht Kobolde und Gespensterfurcht führten ihn irre, Sumpf und Irrlicht reizten ihn nicht, er war als Dichter und als Mensch zu keusch und rein, um mit Dämonen zu buhlen.

Für die Reize der Pariser Gesellschaftswelt war er als Jüngling unempfänglich, die Gelüste des Palais Royal widerten ihn an; er grub auf der Bibliothek einen ganzen Winter hindurch in Büchern und Handschriften altfranzösischen Dichtungen nach, oft bei spärlichem Kohlenbeckenfeuer, so daß er im Abschreiben der vergilbten Manuscripte auch die linke Hand an den Schreibdienst gewöhnen mußte, solange die rechte sich von ihrer Erstarrung an der Kohlengluth erwärmte. Der Ertrag seiner philologischen Studien in Paris war be-

deutend genug, aber er beutete ihn wenig aus; er geizte nicht
mit seinem Gewinn, er theilte ihn freigebig mit, so daß er
nur zum allgemeinen Besten zu arbeiten schien, wie er auch
als Dichter aus Paris an Fouqué schrieb, er scheine bestimmt
zu sein, nicht als einzelne Stimme vorzutreten, sondern nur
in den Chor deutschen Gesanges einzustimmen. So bescheiden war die einfache Kernkraft dieses Mannes. Immanuel
Bekker und Adalbert v. Keller brachten ihre Ausgabe des Flor
und Blancheflor und ihre Uebersetzung des Guillaume d'Angle-
terre nach den Abschriften Uhlands. Bei der Rückkehr von
Paris zu Anfang des Jahres 1811 besprach Uhland mit
Justinus Kerner, an dem er die somnambulen Visionen un-
gläubig, aber vergeblich belächelte, die Herausgabe eines „Poetischen Almanachs für 1812", in welchem er neben einer
ganzen Reihe von Liedern und Balladen auch die altfranzösischen Gedichte, von ihm übersetzt, oder vielmehr neu gedichtet, brachte. Zu jener Zeit schrieb er auch seine Abhandlung über das altfranzösische Epos, begleitet von den Nach-
bildungen alter Lieder, die er in Paris handschriftlichen und
gedruckten Quellen abgewann, einen Ertrag, den er mitten
in der Zeit des Kaiserreichs zu einem „Mährchenbuche des
Königs von Frankreich" zu vervollständigen gedachte. Die
Abhandlung erschien 1812 in Fouqué's „Musen"; sie war
bahnbrechend, sie verkündete mit heller Freude die Entdeckung
eines innigen Zusammenhangs der altfranzösischen Lieder
mit denen unseres eigenen Volkes. Im J. 1813 folgte dem
Almanach ein „Dichterwald"; er brachte Uhlands „Singe

wem Gesang gegeben", die acht Wanderlieder, die Trinklieder, „der Wirthin Töchterlein", „König Karls Meerfahrt", „Roland Schildträger", „das Märchen von der deutschen Poesie". Erst Ende 1814 brachte Uhland es zu einer Zusammenfassung seiner lyrischen Gedichte, und diese erste Cotta'sche Ausgabe umfaßt denn auch zum Schluß gleich „des Sängers Fluch", dies Cabinetsstück, oder soll man sagen dies Altarblatt seiner romantischen Muse. Seine politischen Gedichte, auf die Leipziger Völkerschlacht, deutsche Zustände und vor allem den württembergischen Verfassungsstreit betreffend, kamen 1817 zuerst in einzelner Sammlung heraus, bevor sie dem ganzen Bande seiner lyrischen Poesie beigefügt wurden, die von da ab nur geringen Zuwachs erlebte, mit der Ausgabe von 1835 ihren Abschluß erhielt und dann für 1847 und in den letzten der 40 Auflagen nur zwei, drei Stück Bereicherung erfuhr, den „letzten Pfalzgrafen", den „Lerchenkrieg", wofür der Dichter nach seiner strengen Selbstkritik Anderes aus der Jugendzeit tilgte und beseitigte. Schon mit dem Jahr 1817 hatte Uhland, 30 Jahre alt, als Dichter sich erschöpft, als sollte Goethe's bedenkliches Prophetenwort, „der Politiker werde den Poeten in ihm aufzehren", Wahrheit werden. Der hohe Weise von Weimar, der in der Zeit der bittern Kämpfe der Nation sich in sein großes Herz zurückzog und mit seinen Gefühlen an die Wiege der Menschheit, in den Orient floh, hat auch sonst nicht viel von politischer Dichtung gehalten. Den deutschen Kern in seiner eignen Natur hat er nicht tilgen können, er hätte ja müssen seinen

Göz verleugnen, allein seine Gedanken und Empfindungen waren kosmopolitisch geworden und ein Bewunderer Napoleons, hielt er zumal von deutscher Gesammtheit, von deutscher Nation nicht viel. Nur das Einzelwesen galt ihm in deutscher Natur etwas, und doch konnte er Individuen und deren Berechtigung verkennen, wenn er von Dichtern sprach, die die Armuth ihres poetischen Bettlermantels mit politischen Fetzen ausflickten. Von Schiller weiß man nur in Bezug auf Bürger und dessen populären Balladenton ein herbes Wort gleicher sublimer Vornehmigkeit; die Erhebung des Vaterlandes fand ihn nicht mehr unter den Lebenden, aber er hatte sie, wie ein Prophet, der seine Zeit überragt, in seinem Schwanensang, im Tell, hoch und heilig heraufbeschworen. Uhland hat Goethe als Apollojüngling im Gedicht "Münstersage" gefeiert, den olympischen Greis Goethe in seiner satyrisch elegischen "Wanderung" angeklagt. Damals als die siegreich von Gallien heimgekehrten deutschen Heere die alte Knechtschaft im Innern nicht lösten und sühnten, auf den Sieg über den Feind nach außen kein Sieg über die Widersacher deutscher Volkswohlfahrt im Innern folgen wollte, wanderte der Dichter durch alle Gebiete unsers Lebens, von den Palästen zu den Hütten, von den Hochschulen zu den Hospitälern, wo ein Mann im Fieber vom Bundestage phantasirte. "Untröstlich", sang er im Octoberliede zur Feier der Leipziger Völkerschlacht, "untröstlich ist's noch allerwärts", doch sah er "manches Auge flammen, und hörte klopfen manches Herz." Das Herz des großen Dichters zu Weimar aber hatte er in jener

„Wanderung" auch klopfen und schlagen hören, aber es klopfte und schlug nur für sich.

> Ich schritt zum Sängerwalde,
> Da sucht' ich Lebenshauch;
> Da saß ein edler Skalde
> Und pflückt' am Lorbeerstrauch;
> Nicht hatt' er Zeit, zu achten
> Auf eines Volkes Schmerz,
> Er konnte nur betrachten
> Sein groß, zerrissen Herz.

Die Deutung dieser Stelle auf Goethe ist gar nicht abzustreiten, und es war doch derselbe Goethe, den Uhland in der einfachen Grazie des Liedertons und in der plastischen Gestaltung des Balladenstyls als den höchsten Altmeister erkannte. Es war derselbe Goethe, an dessen Herz Bettina, das verzückte „Kind", mit der Mahnung geklopft: Schicke deinen Wilhelm Meister aus dem Logen= und Komödientrödel hinaus in die Tyroler Berge, wo die Stutzen den Feind treffen und die Feuer der Freiheit lodern!

Uhlands württemberger Heimath lag auch noch nach der Besiegung Frankreichs lange Zeit fest in den goldnen Banden der Nachwehen französischer Despotie. Uhland sargte sein Dichterherz ein und kroch als Accessist in die Kanzlei des Justizministers. Aber er konnte sich nicht gewöhnen, im Sinne einer Cabinetsjustiz zu arbeiten, und kühlte heimlich sein Müthchen, indem er in seinen Arbeiten und Anträgen den Sachverhalt oft der Wahrheit gemäß umgestaltete. Solche Selbständigkeit konnte den Volontär nicht fördern und er

trat 1814 aus dieser Stellung, so schmerzlich es ihm war,
seinen Eltern, denen er zur Last war, schreiben zu müssen, sein
Innres hätte bei solchem Dienste von Tag zu Tag immer mehr
gelitten und seine Seelenruhe eingebüßt. Uhland war eine
Zeitlang in Stuttgart Advocat; daß seine Dichtungen ihm
einen Ertrag böten, lag noch in weiter Ferne, da die Nation
erst viel später in ihm einen Lieblingsdichter, an seinem Lieder-
buche einen Hausschatz fand. Erst in den dreißiger Jahren
begann die starke und dann unabläßige Reihenfolge seiner
Auflagen, nachdem das Herz des Dichters subjectiv schon mit
sich abgeschlossen, sein ganzer Mensch dem politischen Dienst
des Vaterlandes sich hingegeben.

Und dieser Dienst war groß, mannhaft und gewichtig;
ein Ritter Bayard ohne Furcht und ohne Tadel, steht Uhland
als Politiker da. Sein Wirken galt zuvörderst seiner besondern Heimath, und seine „Vaterländischen Gedichte" seit
1817 sind der tiefgeschnittene, fein und hell polirte Krystall-
spiegel der württembergischen Verfassungskämpfe. Sie begannen schon bei Lebzeiten des 1816 verstorbenen König
Friedrich. Ein Freund und Bewunderer Napoleons und des
französisch centralisirten Polizeistaates, mußte dieser Fürst,
der sich König von Gottes Gnaden nannte und die Krone
doch blos von Napoleons Gnaden erhielt, ernstlich und mit
aller Macht deutscher Ehrlichkeit bedeutet werden, daß er,
wenn von Gottes Gnaden, dann doch nicht ausschließlich im
Staate so heißen könne, sondern neben ihm, als dem Ersten
der Nation und obersten Beamten, Stände und Körperschaf-

ten zur Seite habe, die, wo nicht gleichberechtigt zur Handhabung staatlicher Rechte, doch ebenso alt im Gebrauch ihrer Berechtigungen, mit Einem Wort, daß er als Fürst nicht mit Knechten und Sklaven, sondern in Vereinbarung mit vernünftigen Wesen, nach Vertrag und hergebrachtem Recht, des Staates Wohl festzustellen habe. Der Hand eines Fürsten, der willkürlich und gewaltsam ohne alle Rücksicht auf das nie erloschene Recht der alten Stände des Landes regiert, wollte man keine neue Verfassung als Gnadengeschenk verdanken, und diesem Könige gelten Uhlands mit „Nachruf" überschriebene Verse:

> Noch ist kein Fürst so hoch gefürstet,
> So auserwählt kein ird'scher Mann,
> Daß, wenn die Welt nach Freiheit dürstet,
> Er sie mit Freiheit tränken kann,
> Daß er allein in seinen Händen
> Den Reichthum alles Rechtes hält,
> Um an die Völker auszuspenden
> So viel, so wenig ihm gefällt.
> Die Gnade fließet aus vom Throne,
> Das Recht ist ein gemeines Gut u. s. w.

Der fürstlichen Willkürherrschaft gegenüber mußte der Ruf nach dem „alten guten Recht" in Schwaben, ob es schon aus dem 15. Jahrhundert stammte, auf die Fahne geschrieben werden. So lautete sein „Gebet eines Württembergers". In einem Aufruf an die Volksvertreter: „Keine Adelskammer!" rühmte Uhland (1817) an der altwürttembergischen Verfassung, daß sie das Vertragsverhältniß zwischen Regenten und Volk klar ausgesprochen darlege, keine „Bourbonische Legi-

timität" in dem Gesellschaftsvertrage freier vernünftiger
Wesen, kein angeblich von oben soufflirtes Haupt neben beschränktem Unterthanenverstande hinstelle, das rein Menschliche, sachlich Vernünftige in bürgerlich staatlichen Dingen
festhalte. „Der Adel, heißt es in der Schrift, nehme denjenigen Standpunkt ein, der seinen geschichtlichen Beziehungen
und seinem Grundbesitz angemessen ist! Wir machen dem Adel
seine Rechte nicht streitig. Aber man spreche uns nicht von
Söhnen Gottes und Söhnen der Menschen, man stelle nicht
Geburt und Verdienst in Vergleichung! Adelsvorurtheile ertragen wir nicht u. s. w. —— Dreißig Jahre lang hat die
Welt gerungen und geblutet. Menschenrecht sollte hergestellt,
der entwürdigende Aristokratismus ausgeworfen werden;
davon ist der Kampf ausgegangen. Und jetzt nach all den
langen, blutigen Kämpfen soll der Aristokratismus durch
neue Staatsverträge geheiligt werden? Hiezu einwilligen,
Ihr Volksvertreter, hieße den Todeskeim in die Verfassung
legen, neue Umwälzungen vorbereiten, unsere vernünftige
altwürttembergische Verfassung entweihen, die Sache des
Vaterlandes und der Menschheit verlassen." Diese Flugschrift
gehört, wie alle seine in den württembergischen Landtagsacten
begrabenen, in der Paulskirche beim Gewirr der Leidenschaften verhallten Reden und Vorträge, zu Uhlands gesammten
Werken, sollen sie uns ein Bild vom Bürger und Dichter, ein
Bild des ganzen Uhland geben. Jedes seiner Worte ist ein
Eckstein gesunder, einfach klarer Charakterkraft. Uhland war
kein Redner, er riß nicht augenblicklich hin, denn die Leiden-

schaft, sagt Cicero, macht den Redner. Aber zur Charakterkraft des Mannes gesellte sich bei Uhland der advocatorische
Scharfsinn des Juristen, der ruhige feste Umblick des Staats-
mannes und der Instinct des wärmsten deutschen Herzens.
Daß die Ecksteine solches politischen Baumeisters im Sturm
der Parteistimmen verworfen wurden, erhöht nur noch ihren
nachträglichen Werth.

Mit dem Regierungsantritt König Wilhelms, der als
Prinz sich am Kampf gegen Frankreich betheiligt und dessen
deutsche Gesinnung sich glorreich angekündigt, begann für
Württemberg ein neues Zeitalter. Der am 13. März 1817
berufenen Ständeversammlung ward ein neuer Verfassungsentwurf mit möglichster Berücksichtigung der alten Landes-
rechte vorgelegt. Die Saat des Mißtrauens wucherte aber
fort und der Minister des verstorbenen Königs, Karl August
von Wangenheim aus Koburg, war als Vermittler geblieben
zwischen Thron und Ständen. Mancher Vers in Uhlands
vaterländisch politischen Gedichten galt dem neuen König
und dem alten Minister; die Stände wurden aufgelöst und
es erfolgte wiederum ein verfassungsloses Interim. Uhland
verlor nie die reinmenschliche Stimmung, als Patriot und
als Dichter. Der Königin Katharina, die 1819 in der Blüthe
ihrer edlen Hoheit und Schönheit starb, brachte er das herr-
lichste Todtenopfer, das je einer deutschen Fürstin geworden.
Selbst dem Minister Wangenheim galt sein ungetrübtes
menschliches Wort in der Kammer, als diese ihm später, nachdem er entlassen, als „Ausländer" keine rechtliche Stätte in

Schwaben mehr einräumen wollte; Uhlands Antrag zur
Wahrung des Rechts, aller Parteilichkeit und Engherzigkeit
gegenüber, stützte sich auf die Behauptung, daß es in Deutsch=
land, unter Deutschen, die noch immer von „Ausländern"
auf ihrem Boden sprächen, ein geistiges Heimathsrecht gebe.
Die Karlsbader Beschlüsse brachten im Sommer jenes Jah=
res rasch einen vorläufigen Austrag in dem württembergi=
schen Verfassungsstreit. König Wilhelm war deutsch genug,
um dem Bundestage und seinem Ansinnen, mit Hülfe jener
Beschlüsse die Entwickelung des staatlichen Lebens in Deutsch=
land zu ersticken, entschlossen entgegenzutreten. Er berief von
neuem die Stände und legte einen neuen Verfassungsentwurf
vor. Unter den drohenden Gewitterwolken der Frankfurter
Septembermaßregeln ward dieser Entwurf von der Ver=
sammlung, der auch Uhland angehörte, angenommen. Von
seinen beiden Dramen ward der 1817 gedichtete „Ernst von
Schwaben" mit einem Prologe, in welchem er „Heil diesem
König, diesem Volke Heil!" rufen konnte, am 18. October
1819 zur Feier des glücklich abgeschlossenen Verfassungsver=
trags zum ersten Mal in Stuttgart aufgeführt. Eßlair spielte
den Werner von Kyburg im Stücke, dies Bild der deutschen
Treue, die sich hier wie eine Eiche gen Himmel streckt, wäh=
rend deutsche Liebe, wie Heine sagte, unmerklich und doch
wie Veilchenduft sich verrathend, zu ihren Füßen blüht. Es
fehlt dem Bau dieses Stücks wie dem „Ludwig des Baiern"
bei romanzenhafter Haltung die dramatische Structur, und
doch ist ein Volk und ein Theater zu bedauern, dem Kraft

und Anmuth dieser Gestalten, Hoheit und Adel dieser Gesinnungen, die unverfälschte Reinheit und plastische Vollendung dieser Grazie keinen Reiz mehr bieten. Den krankhaft romantischen gleichzeitigen Schicksalsdramen Zacharias Werners, Müllners und Houwaldts gegenüber sind die Dramen Uhlands wahre Edelsteine. Die Hetärenwirthschaft der Musen an unsern großen Hofbühnen hat dem Dichter Uhland keinen Anlaß geben können, das deutsche Drama auf Grund und Boden unserer Historie weiter, glücklicher und erfolgreicher, anzubauen. War mit dem, was er gegeben, sein Inhalt nicht erschöpft, so preßte ihm doch der Groll die Lippe zu. Und auch für seine Kargheit und Schweigsamkeit hat er die verdiente Bewunderung gefunden; Ludolf Wienbarg, selbst ein verdrossener und an Inhalt nicht allzu reicher, karger Epigone, wollte dem Dichter dieser zwei Dramen just um seines Schweigens willen die Lippen küssen. Der halb verschwiegene Groll ward im Tacitus weiland zur Tugend; der Mißbrauch im tändelnden Liebesverkehr mit den Musen ist oft genug in Leichtsinn und Frevel ausgeartet.

Dreimal hat Uhland die Verkommenheiten in der Stimmung und in den Schicksalen seiner Nation, dreifach den Rückschlag in einer Zeit der Reaction nach kurzer patriotischer Aufwallung erlebt; die Jahre 1815, 1830, 1848 brachten Frühlingsanfänge mit nachfolgenden Verkümmerungen, die schließlich andauern. Bis zum Jahre 1820 hatte der Dichter Uhland als Patriot und als Mensch noch volle Empfindungen des Glücks. Er war Abgeordneter der Stadt Tübingen,

und der Mai jenes Jahres führte ihm das Herz und den
Besitz seiner Gattin zu. Seine politische Thätigkeit zerbröckelte
stückweis an der Ungunst des herben und gebrochenen deutschen Schicksals, sie ward endlich wiederholt brachgelegt. Im
nächsten Jahre ward der Kammer das Ansinnen gestellt,
Friedrich List, ob er schon seine burschenschaftlichen Vergehen
auf dem Hohenasperg verbüßt, von der Versammlung aus-
zuschließen. Uhland machte vergeblich seine Berichterstattung
dagegen; der Verfolgte entzog sich dem Conflict, indem er
freiwillig seine Heimath mit Nordamerica vertauschte, derselbe Nationalökonom, der den Deutschen später eine neue
Praxis ihres Nutzens systematisirte, als Consul der Frei-
staaten seinen Wohnort in Leipzig nahm, den Anstoß
gab zur ersten deutschen Eisenbahn, um dann, in seine besondere Heimath zurückgekehrt, beim Scheitern seiner Wohl-
fahrtspläne freiwillig endend zusammenzubrechen. Nach pein-
licher Auslegung der Gesetze ward damals Uhland auch die
Führung der Advocatur versagt. Man weiß in Stuttgart
von einigen Processen, die Uhland als Armenadvocat mit
Glück geführt hat. Es tauchte von neuem litterarische Arbeits-
lust in ihm auf und er gab 1822 sein Büchlein über Walther
v. d. Vogelweide, diese kleine Musterschrift in der Art, wie
ein Dichter einen Dichter versteht, auffaßt und litterarisch
behandelt. Es war ein Anfang zu weiterer Ausbeute
unsrer mittelalterlichen Dichterschätze; Uhland, gedrückt und
beengt, suchte nach einer Lehrkanzel für deutsche Litteratur
und wandte sich, so lieb ihm Schwaben war, doch vergeblich,

nach Basel, Freiburg, Bonn. Er gehörte, so patriotisch er war, zu den mißliebigen, "unruhigen" Köpfen in Schwaben. Mit Mühe ward endlich eine Professur in Tübingen für ihn ermittelt. Seine akademische Thätigkeit bezeichnete eine seltene Frische und ein ungewöhnlicher Schwung. Er las seit dem Sommer 1830 über die Geschichte der deutschen Dichtung vom 13. bis zum 16. Jahrhundert, romanische und germanische Sagengeschichte, erklärte das Nibelungenlied und leitete freie stylistische Uebungen an der Hochschule. Sein Buch über den Mythus von Thor (1836) war als erster Theil seiner Sagenforschungen ein gediegener Vorläufer eines zweiten, unvollendet gebliebenen über Gott Odin. Seine Herausgabe "Alter hoch- und niederdeutscher Volkslieder" (2 Bde. 1844 u. 45) geschah im Zusammenhang mit Abhandlungen, die zum Theil nur zerstreut in die Welt traten. Von diesen Aufsätzen zu den Volksliedern erschienen 3 Stücke in Pfeiffers "Germania". Von seinen litterarischen Arbeiten im "Sonntagsblatt" vom J. 1807, einem Seitenstück zum Morgenblatt, das sich Anfangs wenig poetisch anließ, lieferte das Weimarische Jahrbuch) seinen Artikel "über das Romantische", der also seinen Studentenjahren angehört. Seine letzte Arbeit, "über die Todten von Lustnau" (aus dem J. 1862), brachte ebenfalls Pfeiffers Germania, während Aufsätze über den Minnesang, über die Tell- und die Winkelriedsage unter seinem Nachlaß vermuthet werden.*)

---

*) Von Uhlands "Schriften zur Geschichte der Dichtung und Sage" (herausgegeben von W. L. Holland, A. v. Keller und F.

Uhlands akademische Thätigkeit ward nach drei Jahren gewaltsam unterbrochen. Das Jahr 1830 brachte von Paris aus eine neue politische Bewegung über die Welt. Die Deutschen ließen sich von den Franzosen gemahnen, daß sie ihren staatlichen Fortbau wieder in Angriff zu nehmen hätten; sie erinnerten sich dann auch wieder ihrer brachgelegten Kräfte daheim. Uhland besuchte in seinem Lande die Volksversammlungen und nahm 1833 die Wahl für Stuttgart zur Volkskammer an. Da galt es dann wieder auf engem Boden für Licht und Luft, für Recht und Freiheit zu kämpfen. Vier sogenannte Demagogen, die jedoch ihre Jugendirrungen gerichtlich abgebüßt, wollte die Regierung von der Kammer ausgeschlossen wissen, als ob auf verbüßte Festungsstrafe vom Cabinett noch nachträglich ein Urtheil der Ehrlosigkeit zu verhängen sei! Paul Pfizers Antrag gegen die Bundes-

---

Pfeiffer) erschien bereits Bd. 1, des Dichters „Sang und Sage des deutschen Mittelalters" enthaltend, so weit dies auf drei Bände berechnete Werk sich aus dem Nachlaß zusammenstellen ließ. Wir empfinden in Uhlands Ansicht über die Entstehung des Nibelungenliedes eine freudige Genugthuung, der unter Philologen weitverbreiteten Auffassung Grimms und Lachmanns gegenüber, wonach die große Dichtung nur eine zusammengeflickte Compilation von Volksliedern sein sollte. Nach Uhland deutet die Handhabung desselben Costüms, die Stellung der Kriemhild als Centrum des Ganzen, ihre Entwickelung von jungfräulicher Harmlosigkeit bis zur Furie der Rache, und endlich die durchgängige, ahnungsvolle Vorbereitung zum tragischen Ausgang der Katastrophe — auf die Hand eines epischen Dichters, der mit Bewußtsein schuf und gestaltete, wenn er auch nur rhapsodisch wie die Sänger der Homerischen Epen zum Vortrag kam. Die Annahme eines bloßen „Ordners" vorhandener Lieder — die ihm allerdings vorlagen — kann nur der philologischen Pedanterie möglich sein, die von schöpferischer Thätigkeit des Dichtenden keine Ahnung hat.

beschlüsse vom 28. Juni 1832 wünschte die Regierung von der Kammer „mit verdientem Unwillen" zurückgewiesen zu sehen. Uhland empfahl, in einer Adresse auszusprechen, daß die Kammer sich eine Stimmung nicht vorschreiben lasse. Die Regierung antwortete mit Kammerauflösung. Als Uhland abermals für Stuttgart gewählt wurde, erklärte man ihn in der Verweigerung des Urlaubs für unentbehrlich als Lehrer an der Hochschule. Uhland hielt das Mandat des Volkes für dringend wichtig und verlangte als Professor seinen Abschied, den man ihm dann „sehr gern" bewilligte, nachdem er wenige Tage zuvor über die Sagen von Herzog Ernst seine feierliche Antrittsrede gehalten. Uhland brachte sein Lehramt zum Opfer der Bürgerpflicht, jenes „Sehr gern" aber im Entlassungsdecret des Ministers Schlayer sollte so denkwürdig bleiben wie das „Recht gern" des Prinzen in Lessings Emilia Galotti!

Auf dem folgenden Landtag blieb Uhland fortgesetzt in der Minderheit. Vergeblich stellte er den Antrag auf Herabsetzung des Militärbudget, das für Württemberg bei der Unmöglichkeit einer selbständigen Politik und zumal mitten im Frieden ungebührlich hoch sei; „Niemand würde es billigen, war sein Wort, wenn Jemand Den weise nennen wollte, der sich die Nahrung entzöge, um für den Fall einer zukünftigen Krankheit mit Arzneimitteln versehen zu sein!" Vergeblich forderte er Preßfreiheit, vergeblich eine allgemeine deutsche Nationalvertretung. Auch auf dem außerordentlichen Landtag von 1838 focht er ohne Erfolg gegen gewisse Bestimmungen eines neuen Strafgesetzbuchs. Man sprach von Maßregelungen, welche die Wahlfreiheit beeinträchtigten, und so lehnte er mit seinen Genossen, Schott und Paul Pfizer, eine Neuwahl für 1839 ab. Mit Paul Pfizer theilte er sonst nicht alles, auch nicht die Sehnsucht nach einer preußischen Hegemonie Deutschlands; die Maxime, Deutschland preußisch zu machen, in der Hoffnung, Preußen werde damit deutsch werden, war nicht die seinige.

Uhland zog sich nach Tübingen zurück und bewohnte seitdem das von dem nach Leipzig berufenen Kanzler Wächter verlassene, am Neckar gelegene Haus mit Garten und Weinberg, um in der Stille und auf eignem Grund und Boden seinen Studien zu leben. In der Pflege seines eignen Gewächses, zugleich ein tapferer Schwimmer, ein rüstiger Fußwanderer, war er glücklich und zufrieden, wenn sich freilich der Hang zur Vereinsamung in seiner schwäbischen Römernatur von neuem in ihm festsetzte. Er machte Reisen nach den Bücherschätzen großer Städte, um deren Treiben blieb er sonst unbekümmert. So erschien er, wie früher in Paris, jetzt in Wien, Berlin, Kopenhagen; seine Schweigsamkeit wurde unter Ovationen, die ihn verfolgten, fast zur entschiedenen Menschenscheu. Nur in der Germanistenversammlung 1846, im Frankfurter Römer, überkam ihn, als ob die alten Kaiserbilder aus ihren Nischen träten, der Geist der Ahnung und lieh ihm das prophetische Wort, daß Deutschlands Geschichte noch nicht beendet sei, von neuem beginnen werde. Und als 1848, abermals von Westen her, der Sturm aufstieg, trat

Uhland mit dem granitnen Ernst seines Angesichts freiwillig unter versammelte Männer. Im März jenes Jahres, in der Volksversammlung seiner Stadt erhob er sich und sprach, Anfangs leise, fast tonlos, allmählich jedoch, obwohl immer epigrammatisch und in abgeschnittenen Keilsätzen, aber mit steigender Fülle und Macht, und es war, als wenn mit der Gewalt des Inhalts seine unscheinbar kleine Gestalt wuchs; sein Auge entzündete sich, das verborgene Feuer seiner Seele loderte auf und er sprach eine volle Stunde lang von dem, was in seinem Herzen jahrelang in verborgnem Groll gelebt, was Deutschland noththue und jetzt von neuem als das einzige Heil erscheine. Unwillkürlich, als er geschlossen — sagt ein Berichterstatter, — entblößten sich in der Versammlung alle Häupter und stimmten Alle sein Lied an: „Wenn heut ein Geist herniederstiege!" Uhland ging zum Vorparlament nach Frankfurt. Einige, von den Bauherren verworfene Ecksteine deutscher Nation wurden im Sturm der Bewegung wieder hervorgesucht; wie Sylvester Jordan in Kassel, Welcker in Baden, ward Uhland von der Regierung in Württemberg zum Vertrauensmann für Frankfurt ernannt, auf sein ausdrückliches Verlangen jedoch ohne bindende Instruction. Bei dem Fackelzug, den ihm Stadt und Hochschule von Tübingen brachten, sprach er von dem Mißlichen, plötzlich das Vertrauen der Regierung haben zu sollen; aber er habe das Vertrauen seiner Mitbürger, wenn auch wenig zu sich selbst. In der Unterredung mit König Wilhelm blieb er frostig und karg, wohl fühlend, das Vertrauen sei ein nothgedrungenes. In der Paulskirche stimmte er gegen die Permanenz des Vorparlamentes, verwarf aber doch die Vereinbarung mit den Höfen und stimmte für Auflösung des Bundestages, sogar für Abschaffung des Adels, der Orden und leeren Titel. Daß man ihm später dennoch von Seiten Berlins und Münchens Orden anbot, die er bescheiden, aber entschieden ablehnte, geschah wohl nur aus Unkenntniß seines Charakters, nicht um ihn in Versuchung zu führen, gegen sein eignes Votum, gegen seine Ueberzeugung zu handeln.

Uhland stimmte in der Paulskirche — was wichtiger war — gegen Gagern's Antrag eines kleinen, engern Deutschlands, gegen den Ausschluß Oesterreichs. Ehedem, sprach er d. 26. October 1848, habe die Fremdherrschaft Deutschland zerrissen, und jetzt, wo der Tag der Ehre, der Freiheit, angebrochen, jetzt stehe es uns nicht an, mit eigenen Händen das Vaterland zu verstümmeln. Oesterreich habe 150 Abgeordnete nicht in die Paulskirche geschickt, um blos ein völkerrechtliches Verhältniß hinzustellen; dazu hätte ein diplomatischer Bevollmächtigter genügt. Oesterreich (das damals schwankende) müsse wollen und somit werde es mit Deutschland gehen. Uhland beschwor die Männer der Paulskirche, durch Ausschluß Oesterreichs, das so oft mit seinem Blut den Mörtel zur Existenz Deutschlands genetzt, nicht selbstmörderisch die Hand an Germaniens Leib zu legen. Auch verirrte Brüder seien noch Brüder, und wenn er einen Laut der Mundart Oesterreichs vernehme, glaube er einen Gießbach in den Tyroler Alpen oder die rauschende Woge der Adria zu hören.

„Zum Befremden des neben ihm sitzenden Dahlmann," sprach Uhland am 22. Jan. 1849 gegen die Erblichkeit eines deutschen Oberhauptes. Sein Wort war: „Revolution und ein Erbkaiser, das ist ein Jüngling mit grauem Haar! Verwerfen Sie die Erblichkeit, schaffen Sie keinen herrschenden Einzelstaat, retten Sie das Wahlrecht, dieses kostbare Volksrecht, dies letzte fortwirkende Wahrzeichen des volksmäßigen Ursprungs der neuen Gewalt! Glauben Sie, meine Herren, es wird kein Haupt über Deutschland leuchten, das nicht mit einem vollen Tropfen demokratischen Oels gesalbt ist!" — Am 28. März bei der Wahl eines Erbkaisers enthielt er sich der Stimme, sprach laut: „Ich wähle nicht!" und stimmte schließlich (d. 11. April) gegen die ganze Reichsverfassung. Er war kein Mann der Frankfurter Klubbs, er hielt sich einsam mit seinem besten Denken und Empfinden, aber er ließ sich auch nicht zu einem, der Linken abgefeilschten Compromiß bestimmen, wie er in den Klubbs verhandelt wurde. Seine warnende Stimme blieb freilich die Stimme des Einsiedlers in der Wüste.

Die Frankfurter Sendboten kehrten gebeugten Hauptes von Berlin zurück, enttäuscht von der eitlen Hoffnung, König Friedrich Wilhelm der Romantische werde sich doch noch gewinnen lassen „zum Ritt ins alte romantische Land". Da schrieb Uhland, d. 26. Mai, seine „Ansprache an das deutsche Volk", mit dem Rufe: Noch ist Deutschland nicht verloren! Der große Schweiger, wie man ihn nannte, legte dann noch zum dritten Male in der Paulskirche sein Wort — ebenfalls vergeblich — in die Wagschaale der Abstimmung. Er sprach gegen den Antrag, die gesetzgebende Nationalversammlung nach Stuttgart zu verlegen, aber er unterwarf sich der Mehrheit, die dies in Ausführung brachte; die Mitglieder zurückzurufen, die Versammlung aufzulösen, dazu erkannte er in der Macht der Regierungen kein Recht, da sie von diesen anerkannt war zum Zweck, der Nation eine Gesammtverfassung zu geben, ohne Zeit und Modus dazu bedingt zu haben. Die Auflösung des Rumpfparlaments ward dann eine gewaltsame Sprengung mit gewaffneter Hand. Mit Albert Schott voran, den Präsidenten Löwe in der Mitte, schritt Uhland zu Stuttgart nach dem von Soldaten besetzten Versammlungsgebäude, — wie weiland Mirabeau entschlossen, nur der Gewalt der Bayonette zu weichen. Württembergische Lanzenreiter trieben mit gezogenen Säbeln den feierlich friedlichen Zug der von allen Regierungen anerkannten Gesetzgeber Deutschlands auseinander. Niedergetreten von den Rossen ward Uhland nicht, äußerlich nicht verwundet, die Lanzenreiter hatten Scheu vor seinem ehrwürdigen Haupt; — aber im Innern war er tief schmerzlich verletzt, daß just sein besonderes Heimathsland es war, das an dem Rest der gesetzlich anerkannten Nationalversammlung Deutschlands diese Unbill vollzog. Mit Römer, der sich als Minister dazu verstand, hatte er oft genug im März des Jahres zuvor einmüthig auf derselben Bank gesessen.

Der Rest für ihn war Schweigen. Uhland verstummte seitdem bis in den Tod, der am 13. November 1862 für immer seinen getreuen Wahrheitsmund verschloß. Nur von einer einzigen Aeußerung in politischen Dingen weiß man noch, und diese einzige Aeußerung, neben der Ablehnung der Ordenszeichen, war ebenfalls abweisender Art. Mit Vischer verweigerte er trotz verhängter Geldstrafe, sich über Mitglieder der Paulskirche auf Kurhessens Forderung verhören zu lassen, da über deren Verhalten in der Nationalversammlung Deutschlands Niemand zu richten befugt sei.

Ludwig Uhlands Name hat im schwarzen Buch gestanden. Dies Buch ist sehr vergänglich. In einem goldnen Buche, im Herzen seines Volkes, wird Uhlands Name unvergänglich stehen. Wir schließen mit ihm diese Gallerie von Helden in deutscher Kunst, Sitte und Art. Wir können keinen bessern Abschluß finden; möchte es nicht ein Abschluß, sondern ein Markstein sein zu neuem Anlauf. Wir haben größere, reichere, mächtigere Dichter gehabt, keinen edleren, reineren. Unter den Romantikern Deutschlands hat sich Heine den Letzten genannt, und dieser Letzte unter den Genossen der romantischen Schule, sagte er selbst, hat damit geendet, seine Schulmeister zu prügeln. Wir schließen unsere Reihe deutscher Charaktere mit Uhland auch als dem letzten der alten Romantiker, um dieser Richtung in deutscher Kunst und Art nicht blos die traulichen Dämmerungen deutscher Abendandachten, sondern auch die frische, reine Keuschheit der Morgenröthe und die Farben der Iris zu sichern, jenes Himmel und Erde verbindenden Bogens, den, glückverkündend, Noah begrüßte, als er wieder festes Land unter sich sah.

Corrigenda in Band 1 der Deutschen Charaktere.

Seite 5 Zeile 11 lies: **Eingeständniß** statt Einverständniß.
„ 7 „ 13 „ **hartköpfigem** statt hartknöpfigem.
„ 7 „ 14 tilge: aber.
„ 15 in der Note lies: **Tänzerin** statt Sängerin.
„ 39 Zeile 11 lies: **Pfennige** statt Groschen.
„ 39 „ 11 von unten lies: **1757** statt 1759.
„ 46 „ 8 u. folg. von unten lies: Und der Witz mit seinem „reizenden Blödsinn" kam dem König zu Hülfe; die „eilende", durch einen Druckfehler in eine „elende" verwandelte Reichsarmee hieß seitdem Reißausarmee, u. s. w.
„ 55 „ 9 von unten lies: **Feinde** statt Freunde.
„ 63 „ 4 lies: **Dessant** statt Dessant.
„ 88 „ 1 tilge: aber.
„ 95 „ 3 von unten lies: **Apollotempel** statt Apolltempel.
„ 145 „ 5 von unten lies: **ist so wichtig als** u. s. w.
„ 150 „ 3 „ „ „ **dem** statt das.
„ 151 „ 15 lies: **Männern des Theaters** u. s. w.
„ 226 „ 6 von unten tilge: aber.
„ 229 „ 11 „ „ lies: **erliegen** statt unterliegen.
„ 246 „ 8 lies: **verfiel** statt zerfiel.

In Band 2.

Seite 4 Zeile 3 von unten lies: **Germanisirungsproceß**.
„ 45 „ 6 „ „ **die Sie nicht verständen**.
„ 56 letzte Zeile lies: **und gewann ihn doch nicht lieb**.
„ 80 Zeile 9 von unten lies: **di** statt de.
„ 87 „ 10 lies: **gerettet, geadelt**.
„ 118 „ 11 von unten lies: **Freitags sich nicht** u. s. w.
„ 120 „ 13 „ „ „ **Ton** statt Hauch.
„ 223 „ 8 „ „ „ **geherrscht** statt gefehlt.
„ 258 „ 8 lies: **wie der wieder nach Rußland** u. s. w.

In Band 3.

Seite 10 Zeile 11 lies: **streifte** statt grenzte.
„ 55 „ 6 von unten tilge: endlich.
„ 75 „ 13 von unten lies: **Mittelpunkt** statt Gipfelpunkt.
„ 97 „ 10 lies: **Riesenschritte** statt Riesenschritten.
„ 152 „ 7 „ **noch** statt nach.
„ 258 „ 2 „ **Instinct** statt Institut.
„ 275 „ 6 „ **31.** statt 30. October.
„ 290 „ 1 „ **und in der ersten.**
„ 388 „ 4 von unten lies: Schanze.
„ 444 „ 12 „ „ „ **ein** statt im.
„ 450 „ 8 : **,** statt ;